Maria Teresa Sciacca

Theater ohne Publikum
Literatur im Exil am Beispiel Friedrich Wolfs

Maria Teresa Sciacca hat Germanistik in Italien studiert und über Friedrich Wolfs Exiltheater promoviert. Zu diesem Thema hat sie Seminare an den Universitäten Palermo und Potsdam gehalten. Als Entsandte des italienischen Außenministeriums unterrichtet sie derzeit an einer deutsch-italienischen Schule in Berlin.

Maria Teresa Sciacca

Theater ohne Publikum

Literatur im Exil
am Beispiel Friedrich Wolfs

Neofelis Verlag

Bibliografische Information der Deutschen Nationalbibliothek
Die Deutsche Nationalbibliothek verzeichnet diese Publikation in der Deutschen Nationalbibliografie; detaillierte bibliografische Daten sind im Internet über
http://dnb.d-nb.de abrufbar.

Umschlaggestaltung: Marija Skara
Druck: PRESSEL Digitaler Produktionsdruck, Remshalden
Gedruckt auf FSC-zertifiziertem Papier.
ISBN (Print): 978-3-943414-61-5
ISBN (PDF): 978-3-943414-82-0

Abb. S. 7: Friedrich Wolf, 1935. Akademie der Künste, Berlin, Friedrich-Wolf-Archiv, Foto-Nr. 2_3_53.

Inhalt

Vorwort ... 9

Leben und Werk ... 17

Theater ohne Publikum – Dramatiker auf der Flucht ... 37

Theater im Niemandsland ... 37
Die Produktionsbedingungen ... 41
Die Reichstheaterkammer und die Schweiz ... 44
Frankreich: Distanz und Nähe ... 51
Großbritannien: Die falsche Neutralität ... 54
Dänemark, Schweden und Norwegen: Das Prinzip Vorsicht ... 55
Sowjetunion: Keine Experimente ... 59
USA: Kulturindustrie statt kritischer Reflexion ... 63
Lateinamerika: Kunst und Überleben ... 69
Shanghai: Kunst im Ghetto ... 73

Das Zürcher Schauspielhaus ... 79

***Professor Mamlock* – Die Rezeption** ... 95

***Professor Mamlock* – Rasse oder Klasse?** ... 101

Spurensuche ... 104
Von der ‚Judenfrage' zum Klassenkampf ... 109
Das Exil im Drama ... 127

Zerrissene Identität und Zivilcourage in *Professor Mamlock* ... 133

„Mut zum Leben“ –
Von *Floridsdorf* bis *Was der Mensch säet* 137

Das Drama im Exil 163

Die Grenzen der Kunst 169

Danksagung 172
Literaturverzeichnis 173

Friedrich Wolf, 1935.

Vorwort

Dieses Buch erzählt das Leben und analysiert das Werk des Schriftstellers Friedrich Wolf (23. Dezember 1888 bis 5. Oktober 1953). Es legt hierbei den Schwerpunkt auf die Exilzeit als besondere existenzielle Erfahrung sowie als außerordentlichen Einschnitt in der literarischen und politischen Entwicklung des Autors.
Der heute fast vergessene Friedrich Wolf war in den 1930er Jahren der bekannteste antifaschistische Theaterautor deutscher Sprache und galt in der späteren DDR als Ikone des Widerstands. Der jüdische Arzt und Kommunist – attraktiver Mann, Frauenliebhaber, Vater zahlreicher Kinder – wird in den 1920er Jahren mit seinen Zeit- und Agitpropstücken zu aktuell brennenden Themen bekannt. Kurz nach Hitlers Machtübernahme muss er Deutschland verlassen, um einer Verhaftung zu entgehen. Es beginnt seine Exilzeit, die ihn über Frankreich in die Sowjetunion, dann zurück nach Frankreich und wieder in die Sowjetunion führt, wo er bis zum Ende des Zweiten Weltkriegs bleibt.
Die Lebens- und Arbeitsbedingungen eines Theaterautors im Exil haben massive, bislang noch kaum beachtete Auswirkungen auf den gesamten Kontext der literarischen Produktion. Das Theater im Exil ist in erster Linie ein Theater ohne Rezipienten.[1] Die Autoren, die Deutschland verlassen, verlieren auch ihr Publikum und sind dazu gezwungen, sich an neue Bedingungen anzupassen. Auf der Suche nach Zuhörerschaft schreiben die Exilautoren vorwiegend für ein Publikum von Emigranten, die mit ihnen die gleiche

1 Wenn hier und im Folgenden die „männliche“ Pluralform gewählt wird, sind damit Männer und Frauen gleichermaßen gemeint.

Existenzlage und einen ähnlichen ideologischen Horizont teilen. Darüber hinaus wenden sie sich auch an die Leser und Theaterbesucher aller Länder, die über die Gefahren der Appeasementpolitik oder des Isolationismus aufgeklärt und vor Hitler und dem Faschismus gewarnt werden sollen. Nicht immer haben die Exilautoren aber die Möglichkeit, ihre Werke an die Öffentlichkeit zu bringen. Neben dem Problem der Sprache bzw. Übersetzung finden sie auch in der zur Fluktuation gezwungenen Exilgemeinde kein wirklich festes und zuverlässiges Publikum. Gleichzeitig müssen sie mit der gegenüber Deutschland vorsichtigen Kulturpolitik des jeweiligen Gastlandes rechnen.

Der Exilhorizont verändert dadurch zum Teil die Form des Theaters, indem die Exilautoren nun sowohl den Aufbau als auch den Ton ihrer Dramen an die durch das Exil bedingten Inszenierungsmöglichkeiten anpassen: wenige Figuren, karge technische Ausstattung, veränderte Örtlichkeiten. In dieser Ausgangslage entsteht 1933 *Professor Mamlock*, das Wolf zum weltweit bekanntesten deutschsprachigen antifaschistischen Theaterautor macht. Der große Erfolg verdankt sich vor allem einer Inszenierung am Zürcher Schauspielhaus. Durch die Emigration vieler jüdischer und kommunistischer Künstler aus Deutschland hatte sich dieses Theater in den 1930er Jahren zur wichtigsten antifaschistischen Bühne im deutschsprachigen Raum entwickelt. Die Inszenierung in Zürich macht das Stück zum politischen Skandal und sorgt für heftige Auseinandersetzungen. *Professor Mamlock*, das inmitten dramatischer historischer Ereignisse spielt, möchte durch das tragische Schicksal des Juden Mamlock sowie durch die Schilderung der Folgen der antisemitischen nationalsozialistischen Politik die Grundlagen und das Wesen des Faschismus freilegen. Das Stück wird zum Welterfolg und kommt in vielen Ländern zur Aufführung. Und fast überall entzünden sich Debatten und Auseinandersetzungen um das Drama; oftmals versucht die deutsche Botschaft, die Aufführung zu verhindern.

Die Frage nach dem Publikum, an das sich der Autor mit *Professor Mamlock* wendet, ist mit dem Leben im Exil aufs Engste verknüpft. Als Wolf 1933 die Arbeit an *Professor Mamlock* beginnt, steht er noch ganz unter dem Eindruck seiner Erfahrungen in Deutschland – und er ist überzeugt davon, dass der Nationalsozialismus nur von kurzer Dauer sein wird. Wolf muss realisieren, dass eine andere Umgebung und ein anderes Publikum auch das Stück selbst nicht unbeeinflusst lassen. Tatsächlich sieht er sich gezwungen, das Drama schon zwischen 1933 und 1935 nach den Forderungen der Ensembles und den Wünschen des Publikums oder der Führung der deutschen Kommunistischen Partei im Moskauer Exil mehrfach zu verändern. Insbesondere der Parteieinfluss markiert einen wichtigen, bislang unbeachtet gebliebenen Einschnitt im Werk des Autors.

Als die erste Druckversion 1935 veröffentlicht wird, beginnt eine neue Phase des Exils. Die Emigranten wissen nun, dass die nationalsozialistische Diktatur nicht von kurzer Dauer sein wird. Die antifaschistischen Kräfte versuchen, sich in der Volksfront zu einigen. In dieser Phase bekommt auch *Professor Mamlock* ein neues Profil. Während in der ersten Version die ‚Judenfrage' im Vordergrund steht, verändert sich das Drama in der Druckversion aus dem Jahr 1935 zur „Tragödie der westlichen Demokratie". Im Vordergrund steht jetzt der Arbeiterkampf.

Die politische Motivation des Autors, ebenso wie die zeitgeschichtliche Konstellation, in der er agiert, haben Konsequenzen, die bereits die Genese des Stücks *Professor Mamlock* beeinflussen und den Autor immer wieder zu Veränderungen veranlassen. Als Folge davon liegt das Drama in verschiedenen Fassungen vor. Diese Variationen sind für die Literaturhistorikerin von großem Wert, da sie einen Blick auf die literarischen Produktionsbedingungen des Exils freigeben.

Dokumente aus dem Nachlass Friedrich Wolfs und aus dem Bundesarchiv, die bis 1990 unter Verschluss waren und nun zugänglich sind, eröffnen eine neue Perspektive auf das Stück *Professor Mamlock* und auf seine Entstehungsgeschichte. Die entsprechende Spurensuche steht im Zentrum dieser Arbeit.

Die späteren Exilstücke Wolfs gelangen nicht zum selben Ruhm wie das erste. Seine Dramen sind alle dem Kampf gegen den Faschismus gewidmet. Aber wie bei *Professor Mamlock* entscheidet zumeist die Partei über Schicksal und Gestaltung seiner weiteren Exilstücke. *Floridsdorf* schildert den Kampf der Wiener Arbeiter 1934 als Probebühne des antifaschistischen Widerstands. Das Drama wird jedoch in der Sowjetunion kritisiert, weil es die Sozialdemokratie als Sozialfaschismus darstellt. Die Partei, die in dieser Zeit versucht, eine Volksfront aufzubauen, hält eine Konfrontation mit den Sozialdemokraten aktuell für politisch unpassend. Aus diesem Grund wird das Stück erst 1936, ein Jahr nach seiner Fertigstellung, aufgeführt.

In *Das Trojanische Pferd*, dem zweiten Stück aus Wolfs erster sowjetischer Exilzeit, wird schon offensichtlich, dass es dem Autor an einer direkten Erfahrung des Geschilderten mangelt. Das Drama spielt in Deutschland und soll die Lage des antifaschistischen Widerstands darstellen. Leider ist das Land 1936 für Wolf schon zeitlich und geographisch recht weit entfernt, um ein der Realität nahes Bild des deutschen Alltags zu bieten. Auch hier fordert die Partei Veränderungen in der dramatischen Konzeption. So darf das Stück kein tragisches und pessimistisches Ende haben: Der Held soll den direkten Kampf meiden und darf nicht sterben – Wolf fügt sich, wohl wissend, dass er damit seine literarische Freiheit um der ‚politischen Sache' willen preisgibt.

Ab 1935 spitzt sich die politische Situation in der Sowjetunion weiter zu, Abweichungen von der Parteilinie werden nicht mehr geduldet, sondern auf das Heftigste verfolgt. Das Regime führt Schauprozesse gegen Oppositionelle und angebliche Verräter. Auch für Wolf wird die Lage zusehends unübersichtlich und gefährlich, da viele seiner Freunde und Kampfgenossen verhaftet und vor Gericht gestellt werden.

Schon 1936 beantragt Wolf deshalb – zunächst jedoch erfolglos – eine Ausreisegenehmigung, um die republikanischen Kräfte in Spanien als Arzt zu unterstützen.

1937 wird die Aufführung von *Die Matrosen von Cattaro* in der Sowjetunion verboten. Die regierungstreue Zeitung *Iswestjia* verurteilt das Stück als politisch gefährlich und defätistisch. Wolf interpretiert die Kritik als ein klares Zeichen der Gefahr. Ende 1937 gelingt es ihm schließlich, nach Frankreich auszureisen, um von dort aus die Internationalen Brigaden in Spanien zu erreichen. Aber in Frankreich verweigert man ihm als Staatenlosem den Grenzübertritt nach Spanien.

In Paris erhält Wolf jedoch Gelegenheit, an verschiedenen Filmprojekten mitzuarbeiten. Auf Vermittlung des Kinoregisseurs Leo Mittler kommt er in Kontakt mit amerikanischen Filmproduzenten. In dieser Zeit entsteht als Filmprojekt und Theaterstück *Das Schiff auf der Donau*. Das Drama ist eine jüdische Flüchtlingsgeschichte. Wolf distanziert sich darin von dem belehrenden Ton der

letzten Dramen der sowjetischen Exilzeit und wendet sich neuen Themen zu: Das Politische verbindet sich hier mit der Liebe und dem Schicksal von Einzelnen.
Währenddessen versucht Wolf mit Hilfe amerikanischer Freunde, eine Einreisegenehmigung für die USA zu erhalten. Das amerikanische Konsulat weigert sich jedoch, ihm die nötigen Papiere auszustellen, weshalb er 1939, mit Kriegsausbruch, in eine beinahe tödliche Falle gerät. Obwohl staatenlos wird er wie die meisten anderen Deutschen in Frankreich verhaftet und ins Sammellager Le Vernet gebracht. Hier entsteht *Beaumarchais oder Die Geburt des Figaro*. Ganz bewusst beruft sich Wolf darin auf die revolutionäre Tradition Frankreichs und schreibt ein Drama über die Rolle des Intellektuellen. Er kritisiert die Schriftsteller, die Politik und Kunst getrennt halten. Stattdessen, so die Botschaft, soll der Intellektuelle das Bewusstsein der Gesellschaft sein.
Nach der deutschen Besetzung Frankreichs wird die Lage Wolfs in Le Vernet immer schwieriger. Er hat keine gültigen Papiere, so dass ihm eine Auslieferung an die Deutschen droht. Im buchstäblich letzten Moment retten ihn die Sowjets, indem sie ihm die sowjetische Staatsbürgerschaft zuerkennen und ihm die für eine Ausreise nötigen Papiere verschaffen.
Nach seiner Rückkehr nach Moskau stellt sich Wolf rückhaltlos in den Dienst der Partei und produziert Propagandamaterial, das die deutschen Soldaten zum Widerstand aufruft. Parallel dazu schreibt er drei Stücke, die aber erst nach dem Krieg aufgeführt werden können. In den beiden ersten Dramen handelt es sich um Geschichten aus dem Widerstand in Frankreich (*Patrioten*) und in Deutschland (*Dr. Lilli Wanner*). Beide Stücke haben französische Helden und widmen sich stärker als bisher der Liebe und der Lebenslust – womit Wolf dem vom deutschen Regime gefeierten Todesmystizismus entgegentritt.
Das letzte Exilstück Wolfs, *Was der Mensch säet*, ist kein Kampfdrama mehr. Wir sind am Ende des Krieges, die Deutschen haben nicht gegen das Regime rebelliert. Die meisten haben sich angepasst, und viele haben von Krieg und Raub profitiert. Was den Deutschen zu tun bleibt, ist die eigene Verantwortung und Schuld einzusehen.
Nach Kriegsende werden die Stücke Wolfs in Deutschland inszeniert. Sein *Professor Mamlock* zählt zu den am meisten aufgeführten

Stücken dieser Zeit. Keinen großen Erfolg haben allerdings die anderen antifaschistischen Dramen Wolfs, die der Autor eigentlich für seine besseren Stücke hält. Insbesondere wird *Was der Mensch säet* von Journalisten und Theaterexperten stark kritisiert. Alle wollen den Horror der nahen Vergangenheit vergessen. Niemand ist dazu geneigt, sich mit Fragen der allgemeinen und individuellen Schuld auseinanderzusetzen.

Am Anfang seines Exils stellt Wolf in seinen Dramen den Widerstand und den antifaschistischen Kampf in den Vordergrund. Am Ende werden Themen wie der Mut zum Leben und die Schuldfrage wichtiger. Die Exilerfahrung rückt zunehmend die Identitätsfrage ins Zentrum. Die Identität Wolfs zersplittert sich in verschiedene Fragmente: deutscher Schriftsteller, Jude, Kommunist. Wolf ist zwischen der unerreichbaren Heimat, seiner jüdischen Identität und dem Nicht-Ort des Exils zerrissen. Daher flüchtet er in die Utopie der Literatur. Schon vor 1933 hatte seine Produktion messianische Akzente. In seiner expressionistischen Phase ist der „Dichter" der Prophet der Wahrheit, der dem Volk den Weg weist. Später konzentriert sich die utopische Qualität seiner Dramen auf den politischen Helden, der den „richtigen Weg" geht. Die politische Utopie des unermüdlich ersehnten Widerstands endet zusammen mit dem Horror des Krieges. Auch die Aufrufe Wolfs zur Zivilcourage bleiben ungehört. Seine Enttäuschung wird in seinem letzten Drama vor Kriegsende offensichtlich.

Infolge des Kalten Krieges wird der Autor im Westen nicht mehr inszeniert. Obwohl er als Exil- und Widerstandsikone im Osten gefeiert wird, kommen seine Stücke bald auch hier nicht mehr auf die Spielpläne der Theater. Sein Publikum aus der Weimarer Republik existiert nicht mehr. Die Dramen Wolfs sind zeitgemäße Agitationen, die für eine Veränderung der Gesellschaft eintreten, ihr Erzählhorizont ist die Weimarer Republik. Doch im Exil rückt die deutsche Realität in die Ferne, und nach dem Weltkrieg sind Wolfs Stücke allenfalls historische Reminiszenzen; im Osten wie im Westen formieren sich Gesellschaften, in denen seine Agitationen ins Leere gehen.

Friedrich Wolfs Grenzgängertum zwischen verschiedenen Orten und Identitäten, das sein Schreiben sowohl bereichert als auch gehemmt hat, steht im Zentrum dieser Arbeit. Im ersten Kapitel werden Leben und Werk des Autors in Kürze rekapituliert, von

seinen Anfängen im Kaiserreich bis zu seinem Tod in der DDR. Danach werden im zweiten Kapitel die Bedingungen des Exiltheaters in den verschiedenen Gastländern analysiert. Das dritte Kapitel konzentriert sich auf das Zürcher Schauspielhaus als wichtigste deutschsprachige Bühne der freien Welt nach 1933. Das vierte Kapitel rekonstruiert die Geschichte der Inszenierung von *Professor Mamlock* in diesem Theater. Das fünfte Kapitel konzentriert sich auf die Rezeption des Stücks in den Gastländern. Das sechste Kapitel rekonstruiert die Geschichte der Entstehung *Professor Mamlocks* und seiner verschiedenen Fassungen. Die weiteren Kapitel beschäftigen sich schließlich mit den anderen Exilstücken Friedrich Wolfs und ihrer Rezeption.
In der DDR galt Friedrich Wolf als Ikone der antifaschistischen Literatur. Seinem Leben und Werk wurden Monographien wie die von Walter Pollatschek (*Friedrich Wolf. Leben und Schaffen*)[2] und Werner Jehser (*Friedrich Wolf. Leben und Werk*)[3] gewidmet, die sich vor allem mit den biographischen und politischen Aspekten des Autors beschäftigt haben. Seit den 80er Jahren hat sich Henning Müller in zahlreichen Publikationen mit dem Autor auseinandergesetzt. Beispielhaft sei hier sein letztes Buch zu diesem Thema erwähnt: *Friedrich Wolf (1888–1953). Deutscher Jude – Schriftsteller – Sozialist*[4], in dem Müller den Einfluss der jüdischen Kultur und Religion auf das Werk von Wolf untersucht. Auch andere Autoren haben sich seit den 90er Jahren immer mehr für die jüdischen Aspekte der literarischen Arbeit Friedrich Wolfs interessiert. Viele dieser Publikationen sind in der Schriftenreihe *Einspruch* erschienen. Erwähnt sei vor allem der Beitrag von Sebastian Schirrmeister über das hebräische Manuskript *Professor Mamlocks*, in dem, wie der Autor zeigt, die jüdischen Aspekte stärker herausgearbeitet sind als in den späteren deutschen Fassungen.[5]

2 Walter Pollatschek: *Friedrich Wolf. Leben und Schaffen*. Leipzig: Reclam 1974.

3 Werner Jehser: *Friedrich Wolf. Leben und Werk*. Berlin: Volk und Wissen 1977.

4 Henning Müller: *Friedrich Wolf (1888–1953). Deutscher Jude – Schriftsteller – Sozialist*. Teetz / Berlin: Hentrich & Hentrich 2009.

5 Sebastian Schirrmeister: Der erste Mamlock. Eine Spurensuche. Das hebräische Bühnenmanuskript von *Professor Mamlock* im Kontext der verschiedenen Fassungen des Dramas. In: Hermann Haarmann / Christoph Hesse (Hrsg.): *Friedrich Wolf. „Was bleibt und was lohnt!"* (*Einspruch. Schriftenreihe der Friedrich Wolf Gesellschaft* 3). Marburg: Tectum 2014, S. 117–153.

Leben und Werk

Friedrich Wolf wird 1888 als Sohn einer wohlhabenden Familie des jüdischen Großbürgertums in Neuwied am Rhein geboren. In seiner Jugend folgt er der Wandervogelbewegung, nach dem Abitur studiert er Medizin, Philosophie und Kunstgeschichte u. a. in Heidelberg, München und Berlin.

Angesichts der Gräuel des Ersten Weltkriegs, die er als Truppenarzt sowohl an der West- wie auch an der Ostfront hautnah miterlebt, wird er zum entschiedenen Kriegsgegner. 1918 verweigert er daraufhin den Kriegsdienst, tritt der ein Jahr zuvor gegründeten Unabhängigen Sozialdemokratischen Partei Deutschlands (USPD) bei und engagiert sich zunehmend politisch, etwa indem er aktiv die – sich gegen Krieg und Kaiserreich wendende – Novemberrevolution 1918/19 unterstützt. 1920 arbeitet er als Arzt in Remscheid und beteiligt sich an den bewaffneten Widerstandsaktionen gegen die Soldaten Lützows und den Kapp-Putsch.[1]

1921 zieht Wolf nach Worpswede, wo er einige Monate im Barkenhoff des Künstlers Heinrich Vogeler verbringt. Vogeler hatte hier

1 In seinem 2011 veröffentlichten Buch versucht Stefan Gotthelf Hoffmann, einige Aspekte der Biographie Wolfs als Mythen zu entlarven, die vom Autor selbst entworfen und von der Sekundärliteratur zu Wolf unreflektiert übernommen worden seien. U. a. wird seine aktive Beteiligung an den Widerstandsaktionen gegen die Soldaten Lützows und am Kapp-Putsch in Frage gestellt. Entgegen der tradierten Darstellung, die den Autor in führender Position als „Roten General" präsentiert, sei der überzeugte Pazifist an den Widerstandsaktionen lediglich als Arzt beteiligt gewesen. Vgl. Stefan Gotthelf Hoffmann: *Der andere Wolf. Fremde Einblicke in Leben und Werk Friedrich Wolfs (1888–1953).* Berlin: Edition Schwarzdruck 2011, S. 227–246.

eine Gruppe von Arbeitslosen, Erwerbsunfähigen und Künstlern versammelt, um mit ihnen eine autarke kommunistische Lebensform zu entwickeln. In dieser Zeit gerät Wolfs erste Ehe mit Käthe Gumpold in eine Krise, in deren Verlauf er Vogelers Barkenhoff verlässt.[2] Bereits kurz nach der darauf folgenden Scheidung heiratet er Else Dreibholz und zieht nach Hechingen, wo er als Arzt arbeitet.

Nachdem Wolf bereits 1912 erste Gedichte und kurze Erzählungen in den Münchner Zeitschriften *Simplizissimus* und *Jugend* veröffentlicht hatte, schreibt er hier, in Hechingen, 1923 sein erstes Erfolgsstück *Der arme Konrad* – ein Drama über den Bauernkrieg. Zuvor hatte Wolf schon andere, allerdings bis dahin wenig beachtete Werke vorgelegt: zunächst die beiden Dramen *Mohammed* und *Das bist Du* (1918–1919).[3] Darin schwärmt er von einer Revolution im Zeichen von Wissen und Handlung sowie von der Widergeburt des Individuums im Geist von Brüderlichkeit und Liebe. In dieser frühen Phase seiner literarischen Produktion sind die Erneuerungsideen Wolfs eng mit einer Vision des Intellektuellen als messianischer Figur verbunden. Die Aufgabe des Intellektuellen bestehe darin, die Volksmassen zu führen.[4]

Es folgen die Stücke *Der Unbedingte* (1919), *Die schwarze Sonne. Tamar* (1921), *Die Schrankkomödie* (1922) und *Der Mann im Dunkel* (1924). Zentrales Thema dieser Dramen ist eine Kritik an der modernen, ‚gefühllosen' Zivilisation, die der Autor durch eine mythische, in messianischen Figuren symbolisierte Rückkehr zur Natur zu überwinden hofft. Diese Rückkehr steht aber nicht auch für eine Rückkehr zum Naturrecht, sondern verknüpft sich mit modernen Gerechtigkeits- und Klassenkampfforderungen. Auch im Roman *Kreatur* aus dem Jahr 1925 stehen sowohl die Kritik an der modernen Zivilisation als auch der Klassenkampf im Mittelpunkt.

2 Auch zu diesem Aspekt der Biographie Wolfs liefert Hoffmanns Buch eine neue Perspektive. Während Wolfs Selbstdarstellung wie auch die bisherige Sekundärliteratur immer wieder ausschließlich auf die enge Verknüpfung von Leben und politischer Mission hingewiesen haben, versucht Hoffmann, die private Motivation des Autors zu beleuchten und in der Ehekrise zwischen Wolf und Käthe Gumpold den eigentlichen Grund dafür zu finden, warum Wolf Vogelers Barkenhoff verließ. Vgl. Hoffmann: *Der andere Wolf*, S. 353–359.

3 UA: Landestheater Stuttgart, 14.02.1924.

4 Vgl. Werner Jehser: *Friedrich Wolf. Leben und Werk*. Berlin: Volk und Wissen 1977, S. 21.

Seinen ersten großen Theatererfolg feiert Wolf allerdings erst mit *Der arme Konrad*. In diesem Werk befreit sich der Autor von seinen früheren romantisch-expressionistischen Tendenzen und sein Stil wird realistischer. Im Drama über den Bauernkrieg findet Wolf so zu dem Hauptthema all seiner späteren Werke: Es geht ihm von nun an vor allem um den Kampf für ein Reich der Gerechtigkeit und Gleichheit.

Im selben Jahr wie *Der arme Konrad* entsteht auch *Das Heldenepos des Alten Bundes*, eine Nachdichtung der Heldengeschichten der Bibel. Damit reagiert Wolf ganz direkt auf den in Deutschland wachsenden Antisemitismus, indem er die jüdischen Wurzeln der westlichen Zivilisation freilegt.

Aber Wolf ist nicht nur ein politischer Schriftsteller, der seinem Judentum verbunden bleibt, sondern auch ein engagierter Arzt. So kämpft er für eine Reform des Gesundheitssystems und setzt sich ab Ende der 1920er Jahre für die Abschaffung des Paragraphen 218 ein, der jede Abtreibung mit einer Gefängnisstrafe ahndete. Aus diesem politischen und zivilen Engagement heraus entstehen darüber hinaus zahlreiche populäre medizinische Aufklärungsschriften. Diese Informationstexte, darunter das zwischen 1926 und 1927 verfasste Werk *Die Natur als Arzt und Helfer*[5], erfreuen sich in den 1920er Jahren großer Beliebtheit und machen Wolf deutschlandweit bekannt.

Im Jahr 1926 entsteht das Stück *Kolonne Hund*[6], in dem der Schriftsteller seine Erfahrungen und Erlebnisse im Barkenhoff Heinrich Vogelers verarbeitet.[7] Im selben Jahr zieht die Familie Wolf nach Stuttgart. Hier schreibt der Autor den kleinen Roman *Kampf im Kohlenpott*[8], dessen Hintergrund die Widerstandskämpfe gegen den

5 Friedrich Wolf: *Die Natur als Arzt und Helfer. Das neue naturärztliche Hausbuch. Mit 455 Abbildungen und 8 Farbtafeln*. Stuttgart / Berlin / Leipzig: DVA 1928.

6 Friedrich Wolf: Kolonne Hund. In: Ders.: *Gesammelte Werke in sechzehn Bänden*, Bd. 2: Dramen: Der arme Konrad. Kolonne Hund. Koritke. Vor- und Nachspiel zu Tolstois „Und das Licht leuchtet in der Finsternis". Cyankali, hrsg. v. Else Wolf / Walter Pollatschek. Berlin: Aufbau 1960, S. 83–175. UA: Hamburger Schauspielhaus, 28.04.1927.

7 Vgl. Walter Fähnders: Friedrich Wolf, Worpswede und *Kolonne Hund*. In: Haarmann / Hesse (Hrsg.): *Friedrich Wolf. „Was bleibt und was lohnt!"*, S. 79–110.

8 Friedrich Wolf: Kampf im Kohlenpott. In: Ders.: *Gesammelte Werke*, Bd. 9, hrsg. v. Else Wolf / Walter Pollatschek. Berlin: Aufbau 1966, S. 201–261.

Kapp-Putsch bilden. Ein Jahr später, 1927, folgt das Drama *Koritke oder die Zeche zahlt Koritke*[9].

1928 tritt Wolf in die KPD ein. Aus demselben Jahr stammt das dramatische Fragment *Marsch auf Mossul*[10], in dem der Autor, nun ganz entlang der Parteilinie, die Verflechtung zwischen Imperialismus, Klassenkampf und Befreiungsbewegungen in den Kolonien thematisiert.

Für die Tagung des der KPD nahestehenden *Bundes proletarisch-revolutionärer Schriftsteller*, zu dem Wolf jetzt gehört, entsteht 1928 der programmatische Essay *Kunst ist Waffe*[11]. Darin erläutert der Autor seine Auffassung, wonach die Aufgabe der Literatur darin bestehe, sich mit den Konflikten der Zeit auseinanderzusetzen: die Kunst als Waffe im Dienste der Revolution. Auch wenn sich ein Schriftsteller der Vergangenheit widme, beschäftige er sich im Grunde mit der Gegenwart und ihren Konflikten. Seine Qualität als Schriftsteller erweise sich stets darin, die Gefühle und Interessen seines Publikums zu antizipieren und die brennendsten Themen der Zeit auf die Bühne zu bringen. Indem Wolf selber dieses Prinzip beherzigt, gewinnen seine Stücke an Popularität.

Ende der 1920er Jahre ist er als Zeitstückautor landesweit bekannt und erlangt 1929 durch *Cyankali*[12] sogar Weltruhm. Das Drama plädiert für die Abschaffung des Paragraphen 218, der Millionen Frauen aus armen Milieus mit Gefängnis bedroht, und sorgt für heftige Diskussionen, in deren Verlauf Wolf kurzzeitig verhaftet und der gewerbsmäßigen Abtreibung beschuldigt wird.[13]

Ende der 1920er Jahre entdeckt Wolf die durch die neuen Massenmedien sich ergebenden Möglichkeiten und schreibt 1929

9 Friedrich Wolf: Koritke oder die Zeche zahlt Koritke. In: Ders.: *Gesammelte Werke*, Bd. 2, S. 177–259. UA: Württembergisches Landestheater Stuttgart, Kleines Haus, 05.11.1927.

10 Friedrich Wolf: Marsch auf Mossul. Typoskript, undatiert [ca. 1928], 32 Bl., 32 S., unveröffentlicht. Archiv der Akademie der Künste, Nachlass Friedrich Wolf, Sign. 7.

11 Friedrich Wolf: *Kunst ist Waffe*. Leipzig: Reclam 1969.

12 UA: Lessing-Theater, Berlin, 06.09.1929, R: Hans Hinrich.

13 Wolf fordert in *Cyankali*, dass der Arzt auch die soziale und ökonomische Situation der Patientin in seinem Gutachten zur Möglichkeit der Abtreibung berücksichtigen sollte, weil das Leben der Mutter und des Neugeborenen von Armut gefährdet werden können.

zwei Hörspiele für das Radio: In *Krassin rettet Italia*[14] nutzt er die Geschichte einer dramatischen Polarexpedition, um die Größe der Sowjetunion zu preisen und den Wert internationaler Solidarität anschaulich zu machen; in *John D. erobert die Welt*[15] bedient er sich der Biographie von John D. Rockefeller, um die Gesetze des Kapitalismus und seine Entwicklung zum monopolistischen Imperialismus zu entlarven. Der Kapitalismus, so die leitende These, stelle nur eine Übergangsphase der Geschichte dar und werde sich zwangsläufig zum Sozialismus weiterentwickeln. In beiden Hörspielen verwendet Wolf dokumentarisches Material, um das Geschehen so realitätsnah wie möglich schildern zu können und die politischen Botschaften der Stücke gewissermaßen mit Authentizität aufzuladen. Aufgrund wachsender politischer Zensur sieht sich Wolf allerdings schon in dieser Phase dazu gezwungen, die „indirekte Technik", die er später auch in *Professor Mamlock* befolgen wird,[16] anzuwenden. In einem Brief vom 29. Juli 1930 schreibt er an Georg W. Pijet:

> Wollen wir da etwas erreichen, ich meine zu Worte kommen, so müssen wir *nicht direkt* aus offener Stellung heraus schießen, sondern taktisch aus verdeckter Stellung im Bogenschuss. [...] Meine beiden Hörspiele sind *indirekte* Stücke, die unter der Maske des Literarischen alles das sagen, was heute durch den Funk direkt noch nicht zu sagen ist.[17]

Obwohl sich der Autor also taktische Zurückhaltung auferlegt, wird er schon kurze Zeit später dennoch nicht mehr im Radio gesendet. Aufgrund der Eskalation der politischen Situation wird er ab Anfang der 1930er Jahre auch in den bürgerlichen Theatern nicht mehr aufgeführt. Seine Stücke werden nur noch in privaten Theatern oder von Laienschauspielern des proletarischen Theaters inszeniert. Seine offen revolutionären Dramen – die von der

14 Vgl. Friedrich Wolf: Krassin rettet Italia. In: Ders.: *Gesammelte Werke in sechzehn Bänden*, Bd. 7: Hörspiele, Laienspiele, Szenen, hrsg. v. Else Wolf / Walter Pollatschek. Berlin / Weimar: Aufbau 1965, S. 7–41.

15 Vgl. ebd.

16 Vgl. Friedrich Wolf: Brief an Theatre Union, 21.08.1933. In: Ders.: *Briefwechsel. Eine Auswahl*, hrsg. v. Else Wolf / Walter Pollatschek. Berlin / Weimar: Aufbau 1968, S. 261–264, hier S. 262.

17 Friedrich Wolf: Brief an Georg W. Pijet, 29.07.1930. In: Ders.: *Briefe. Eine Auswahl*, hrsg. v. Else Wolf / Walter Pollatschek. Berlin / Weimar: Aufbau 1969, S. 121–123, hier S. 122.

„indirekten Technik“ keine Verwendung machen –, wie zum Beispiel *Kolonne Hund*, waren schon im Laufe der 1920er Jahre aus den Staatstheatern verbannt worden.[18]

1930 schreibt Wolf *Die Matrosen von Cattaro*[19]. Anhand der Geschichte einer Meuterei in der Bucht von Cattaro am Ende des Ersten Weltkriegs werden mit pädagogischem Elan die Fehler der revolutionären Aktion und der richtige Weg zum endgültigen Sieg des Sozialismus geschildert.

Anfang der 1930er Jahre arbeitet Wolf mit Erwin Piscator an der Inszenierung seines Dramas *Tai Yang erwacht*[20]. Das Werk spielt in China während der Revolution und zeigt, wie die Hauptfigur nach verschiedenen Erfahrungen schließlich die Notwendigkeit des Kampfes einsieht. Auf die zunehmende Verhärtung des politischen Klimas reagiert der Autor mit der Komödie *Die Jungens von Mons*[21], in der sich Wolf erstmalig mit dem Faschismus auseinandersetzt.

1932 wird er von der Kommunistischen Partei damit beauftragt, eine Agitproptheatergruppe in der Nähe von Stuttgart zu bilden, woraufhin die Spieltruppe Südwest entsteht. Überhaupt bedient sich Wolf nun immer mehr der Stilmittel des Agitproptheaters. Seit Ende der Zwanziger Jahre werden seine Dramen fast ausschließlich von solchen Gruppen inszeniert. Die Kommunistische Partei verabschiedet jetzt einen neuen Kurs, der die ästhetische Form immer stärker in den Vordergrund rückt.[22] Zu dieser neuen Linie in der Kulturpolitik sieht sich die Kommunistische Partei veranlasst, weil sie nunmehr eine Einheitsfront der antifaschistischen Kräfte

18 Vgl. Walter Pollatschek: *Friedrich Wolf. Leben und Schaffen.* Leipzig: Reclam 1974, S. 102.

19 UA: Volksbühne Berlin, 08.11.1930.

20 UA: Wallner-Theater, Berlin, 15.01.1931, R: Erwin Piscator. Vgl. Hermann Haarmann: *Erwin Piscator und die Schicksale der Berliner Dramaturgie. Nachträge zu einem Kapitel deutscher Theatergeschichte.* München: Fink 1991, S. 57.

21 UA: Berliner Theater, 20.12.1931.

22 Auf der Tagung des 1. Plenums des erweiterten Präsidiums des Internationalen Arbeiter-Theater-Bunds in Moskau (25. Juni bis 2. Juli 1931) erging der Beschluß, daß der Begriff des revolutionären Theaters nicht länger auf das Agitproptheater einzuschränken sei. Gefordert wurde nun, daß eine enge Verbindung zu Berufsschauspielern, Regisseuren und Dramatikern angestrebt werden sollte, um das künstlerische Niveau zu heben. Bestätigt wurde der neue Kurs auch 1932 auf dem zweiten Plenum des Theaterverbandes in Moskau. Vgl. Susanne Seelbach: *Proletarisch-Revolutionäres Theater in Düsseldorf 1930–1933. Die Bühne als politisches Medium.* Frankfurt am Main / Berlin / Bern: Lang 1994, S. 236.

aufzubauen, also auch andere soziale Schichten, nicht nur das Proletariat, in den Kampf einzubeziehen versucht. Aufgrund dieser neuen politischen Zielsetzung, so die Parteiauffassung, seien auch in der Kunst neue Wege und Formen gefordert.

Den proletarischen Theatergruppen werden deshalb nunmehr Schriftsteller an die Seite gestellt, die den Stücken und Aufführungen eine höhere künstlerische Qualität verleihen sollen – in diesem Zusammenhang war bereits der Auftrag an Wolf zur Gründung einer Theatergruppe ergangen. Durch eine komplexere, anspruchsvollere Form soll der politische Inhalt stärker akzentuiert werden. Wie im Folgenden geschildert wird, werden das Agitproptheater und die Kunstexperimente im Verlauf der 1930er Jahre innerhalb der von der Parteilinie genehmigten Kulturpolitik immer weniger Platz finden, bis der sozialistische Realismus ab etwa Mitte der 1930er Jahre schließlich zur dominanten literarischen Strömung wird. Bis dahin wird das Agitproptheater allerdings weiterhin von der KPD geduldet und als Kampfmittel eingesetzt.[23] Während des Wahlkampfs kurz vor der Machtübernahme Hitlers beispielsweise sollen die Agitpropgruppen für die Partei informieren und agitieren. In diesem Zusammenhang entstehen drei Dramen Wolfs: *Wie stehen die Fronten*[24], *Von New York bis Schanghai*[25] und *Bauer Baetz*[26]. Obwohl sich der Autor darin noch der Mittel des Agitproptheaters (Zwischenszenen, Plakate, Songs, Masken etc.) bedient, versucht er in diesen Stücken bereits, eine ästhetisch reiche Form zu entwickeln. Stets auf aktuelle Ereignisse Bezug nehmend, schildert er die Chancen des politischen Kampfes bei Gewerkschaftsauseinandersetzungen in der Fabrik (*Wie stehen die Fronten*), während des japanischen Angriffs und Maos Revolution in China (*Von New York bis Schanghai*) und unter den Bauern in Deutschland (*Bauer Baetz*). Die Spieltruppe Südwest arbeitet weiter bis zum Reichstagsbrand.

23 Das Agitproptheater war für die KPD als Kampfmittel wichtig. Allerdings hatte die Partei seinen Kunstwert immer in Frage gestellt. Verdächtig waren ihr auch seine Ablehnung der bürgerlichen Tradition und seine kritischen Kunstformen, die auch gegen die KPD hätten gerichtet werden können. Zu Fragen des Ästhetikdiskurses in der Weimarer Republik vgl. Michael D. Richardson: *Revolutionary Theater and the Classical Heritage. Inheritance and Appropriation from Weimar to the GDR*. Bern: Lang 2007, S. 19–49.

24 UA: Gewerkschaftshaus Stuttgart, 06.05.1932.

25 UA: Stadthalle, Stuttgart, 03.09.1932.

26 UA: Rohracker bei Stuttgart, 03.12.1932.

Am 1. März 1933 flieht Wolf aus Deutschland, um seiner drohenden Verhaftung zu entgehen. Er überquert die Grenze nach Österreich und reist von dort aus am 18. März nach Basel weiter. In der Schweiz schreibt Wolf sogleich das Pamphlet *Der Reichstag brennt! Ein Wort an das deutsche Volk von Ulrich von Hutten*[27]. Hier, in der Schweiz, beginnt er auch die Arbeit an einem Drama mit dem Titel *Professor Mamlock*.
Im Mai hält sich Wolf in Paris auf, wo er mit anderen an einem *Braunbuch über Reichstagsbrand und Hitlerterror* arbeitet. Den Juni 1933 verbringt er mit seiner Familie auf der bretonischen Insel Bréhat,[28] wo er sein neues Stück *Professor Mamlock* fertigstellt.
Für viele Autoren jüdischer Herkunft, wie Wolf selbst, hat die Erfahrung des Exils eine Rückbesinnung auf die eigenen kulturellen Quellen zur Folge. Schon durch den Antisemitismus der Nationalsozialisten waren sie sich ihrer jüdischen Identität stärker bewusst geworden. Aus diesem Grund kreisen viele ihrer Werke um die Themen Assimilation, Verfolgung und Exil. Mehr als die anderen Autoren im Exil durchleben die jüdischen Exilanten eine Identitätskrise. Sie wurden nicht nur aus politischen, sondern auch aus ‚rassischen' Gründen von der Gesellschaft ausgeschlossen, der sie sich bis vor kurzem zugehörig gefühlt hatten. Und auf der Suche nach einer neuen Identität wenden sie sich nun verstärkt wieder ihrer jüdischen Kultur und Religion zu.
Jonathan Maurice Ross weist darauf hin, dass der größte Teil der Exilliteratur der frühen 1930er Jahre, in der die ‚Judenfrage' in ihrem historischen Zusammenhang thematisiert wird, aus der Feder jüdischer Autoren stammt. In Bezug auf *Professor Mamlock* schreibt Ross:

> Wolf's play is one of several exile works from the early 1930s which thematise the contemporary or historical circumstances of German or other Jews. With very few exceptions, these works were by authors of Jewish descent and can be seen as attesting to an upsurge in their Jewish self-identification and in their concern for the Jewish predicament in response to the rise of the racist NSDAP and its implementation of anti-Semitic policies.[29]

27 Vgl. Jehser: *Friedrich Wolf*, S. 104.

28 Vgl. Henning Müller (Hrsg.): *Wer war Wolf? Friedrich Wolf (1888–1953) in Selbstzeugnissen, Bilddokumenten und Erinnerungen.* Köln: Rugenstein 1988, S. 131.

29 Jonathan Maurice Ross: *Anti-Fascist Literature and Authors of Jewish Origin in the Early German Democratic Republic.* London: University of London King's College 2002, S. 177.

Im November 1933 reist Wolf nach Moskau; seine Familie kommt im Februar 1934 nach. Die Möglichkeit einer Emigration in die Sowjetunion verdankt der Autor der Fürsprache seines Schriftsteller-Freundes Wsewolod Wischnewski, der die Werke Wolfs ins Russische übersetzt hat. Und Moskau ist in mancher Hinsicht ein interessantes Ziel für einen parteitreuen Schriftsteller – nicht nur wegen der kommunistischen Ideologie. Attraktiv für Wolf ist auch, dass er hier wieder ein deutschsprachiges Publikum vorfindet. Denn in der Sowjetunion stehen ihm zahlreiche deutschsprachige Verlagshäuser, Zeitungen, Zeitschriften[30] und Theater zur Verfügung, wo er seine Werke veröffentlichen und seine Stücke inszenieren lassen kann. In dieser ersten Phase des sowjetischen Exils arbeitet Wolf an *Laurencia*[31]. Das Drama ist eine Verarbeitung von Lope de Vegas *Fuente Ovejuna*. Kurz darauf entsteht ein weiteres Stück: *Floridsdorf. Ein Schauspiel von den Februarkämpfen der Wiener Arbeiter*[32].

Im Jahr 1936 stellt Wolf das Stück *Das trojanische Pferd. Ein Stück vom Kampf der Jugend in Deutschland*[33] fertig. In dem Drama über den im nationalsozialistischen Deutschland von jungen Kommunisten geleisteten Widerstand zeigt sich der Autor inspiriert von der auf dem 8. Kongress der Komintern von Georgi Dimitrow dargelegten Infiltrationstheorie.

1937 schreibt Wolf *Peter kehrt heim*[34]. Das Drama spielt am Ende des Ersten Weltkriegs während der deutschen Besatzung der Ukraine. Die Hauptfigur ist ein deutscher Gefangener, der allmählich die Berechtigung des ukrainischen Widerstands zu verstehen lernt und

30 Im sowjetischen Exil arbeitet Wolf aktiv für die Zeitschrift *Internationale Literatur. Deutsche Blätter* als Mitglied des Herausgeberrats (vgl. Jehser: *Friedrich Wolf*, S. 125).

31 Vgl. Friedrich Wolf: Laurencia. In: Ders.: *Gesammelte Werke in sechzehn Bänden*, Bd. 3: Dramen: Die Matrosen von Cattaro. Tai Yang erwacht. Die Jungens von Mons. Professor Mamlock. Laurencia, hrsg. v. Else Wolf / Walter Pollatschek. Berlin: Aufbau 1960, S. 367–431. UA unter dem Titel *Der Kampf um die Schafsquelle*: Deutsches Akademisches Staatstheater, Engels, 07.11.1934.

32 UA: Arbeitertheater des Deutschen Arbeiter- und Farmerverbandes, Toronto, Kanada, 16.02.1936. Die sowjetische Premiere fand im November 1936 im Moskauer Wachtangowtheater statt.

33 UA: Deutsches Akademisches Staatstheater, Engels, Dezember 1936. Am 11.01.1937 hatte das Stück am Moskauer Wachtangow-Theater Premiere.

34 UA: Deutsches Akademisches Staatstheater, Engels, Oktober 1937.

sich schließlich auf die Seite des sowjetischen Volkes stellt. Das Stück möchte auf diese Weise vor den neuen aggressiven Plänen Deutschlands warnen.

Zwischen März und Mai 1935 hält sich Wolf zu verschiedenen Vorträgen an amerikanischen Universitäten in den USA auf und nimmt am ersten Kongress der amerikanischen Schriftsteller teil. Im Folgejahr, 1936, reist er nach Skandinavien, wo er ebenfalls Vorträge hält, aber in erster Linie, um in Oslo die Premiere von *Professor Mamlock* zu besuchen.[35]

Ab 1935 verschärft sich die politische Situation in der Sowjetunion zunehmend. Das Regime führt Schauprozesse gegen vermeintliche Oppositionelle und angebliche Verräter. Auch für Wolf wird die Lage immer schwieriger. Zwischen dem 4. und dem 8. September 1936 nimmt er mit Johannes R. Becher, Hans Günther, Ernst Ottwalt und Georg Lukács an der *Geschlossenen Parteiversammlung der Deutschen Kommission des Sowjetschriftstellerverbandes* teil.[36] Wolf übt Selbstkritik und bekräftigt seine Parteitreue, erfährt jedoch aus dem Ende September vorliegenden Bericht der deutschen Abteilung des Schriftstellerverbandes, dass es ihm offenbar nicht gelungen ist, alle Zweifel gegen sich auszuräumen:

> Friedrich Wolf: Ist gefühlsmäßig Kommunist. Sein Bestreben ist, durch seine literarische Arbeit der Partei immer das zu geben, was sie braucht. Er ist jedoch wenig geschult und besitzt eine geringe innerliche Parteidisziplin und greift deshalb manchmal daneben.[37]

In dieser Zeit werden Freunde und Kampfgenossen Wolfs verhaftet und vor Gericht gestellt, darunter Sergej Tretjakow, Carola Neher und Asja Lacis. Verhaftet wird auch seine Geliebte Lotte Rayss, mit der er die gemeinsame Tochter Lena hat und die ihm ins Exil gefolgt war.

Das erdrückende Klima von Verdächtigung und Verfolgung veranlasst Wolf 1936, eine Ausreisegenehmigung zu beantragen, er

35 Vgl. Walter Pollatschek: *Friedrich Wolf. Leben und Schaffen*. Leipzig: Reclam 1974, S. 187–188.

36 Vgl. Johannes R. Becher / Georg Lukács / Friedrich Wolf et al.: *Die Säuberung. Moskau 1936: Stenogramm einer geschlossenen Parteiversammlung*, hrsg. v. Reinhard Müller. Reinbek: Rowohlt 1991.

37 Zit. n. Henning Müller: „Ich warte nicht, bis man mich hier verhaftet". Das Moskauer Exil der Familie Friedrich Wolf. In: *Tel Aviver Jahrbuch für deutsche Geschichte* 24 (1995): Deutschland und Russland, S. 193–216, hier S. 207.

möchte die republikanischen Kräfte in Spanien als Arzt unterstützen. Der Antrag wird jedoch abgelehnt. Ebenso erfolglos bleibt auch sein Versuch, die sowjetische Staatsbürgerschaft zu erwerben, die er beantragt, weil ihm 1935 die deutsche Staatsbürgerschaft entzogen worden war.[38]
1937 wird die Aufführung von *Die Matrosen von Cattaro* in der Sowjetunion verboten. Die regierungstreue Zeitung *Iswestjia* verurteilt das Stück als politisch gefährlich und defätistisch. Im politisch aufgeheizten Klima interpretiert Wolf die Kritik als ein klares Zeichen der Gefahr. Nachdem ein neuerlicher Ausreiseantrag überraschend genehmigt wird, setzt er sich daraufhin nach Frankreich ab, um von dort aus die Internationalen Brigaden in Spanien zu erreichen.[39] Am 18. Januar 1938 versucht Friedrich Wolf, von Frankreich aus nach Spanien einzureisen, darf aber – als Staatenloser – die Grenze nicht passieren und steckt erst einmal fest.

38 Der Entzug der Staatsbürgerschaft erfolgte im Falle Wolfs offiziell aufgrund eines am 21. November 1934 vom Autor in der Prager Ausgabe des *Gegen-Angriff* veröffentlichten Artikels. Dieser trug den Titel „Wir beschwören euch: Stimmt für den Status quo! Deutsche Schriftsteller an die freiheitsliebende Bevölkerung" und wurde im Zusammenhang mit dem Wahlkampf im Saarland geschrieben. Mit ihm wollte Wolf die Einwohner des Landes dazu auffordern, gegen den Anschluss an Deutschland zu stimmen, um damit die Autonomie der Region aufrechtzuerhalten. Wolf war aber schon seit *Professor Mamlock* dem Naziregime ein Dorn im Auge. Wie unbequem der jüdische Autor und Kommunist für die Nationalsozialisten war, wird offensichtlich durch die Erfolgsgeschichte des Stücks, die damit verbundenen Skandale sowie durch die zahlreichen Versuche seitens deutscher Diplomaten, Aufführungen des Stücks in verschiedenen Ländern verbieten zu lassen. Entscheidend für den Entzug der Staatsbürgerschaft waren die vom deutschen Botschafter in der Schweiz, Ernst von Weizsäcker, verfassten Berichte zur Zürcher Inszenierung *Professor Mamlocks*. Vgl. Henning Müller: *„Der jüdische Arzt und Kommunist Dr. Friedrich Wolf". Dokumente des Terrors und der Verfolgung 1931–1944. Ein Memorial anlässlich des Jahres der 50. Wiederkehr der „Reichspogromnacht" vom 9. November 1938. Zum 100. Geburtstag Friedrich Wolfs aus Neuwied im Jahre 1988*, hrsg. v. der Stadt Neuwied. Neuwied: Strüder 1988, S. 13–21.

39 Nachdem er mehrfach erfolglos die Genehmigung beantragt hat, den Internationalen Brigaden in Spanien beizutreten, möchte Wolf im April 1937 nach Skandinavien fahren. Der Autor will Material für ein Projekt über die Emigration in den Westen sammeln und einige Inszenierungen verhandeln. Gleichzeitig beantragt Wolf noch einmal und erfolglos die sowjetische Staatsbürgerschaft. Im November 1937 darf er endlich die Sowjetunion verlassen, um sich den Internationalen Brigaden in Spanien anzuschließen. Vgl. Dieter Schiller: Vom „Mamlock" zum „Beaumarchais". Friedrich Wolf im Exil 1933 bis 1940. In: *Friedrich Wolf 2003. Zum 50. Todestag Friedrich Wolfs. Beiträge zu den Friedrich-Wolf-Kulturtagen 2003 in Berlin, Lehnitz und Potsdam*, hrsg. v. d. Friedrich-Wolf-Gesellschaft e. V., Lehnitz. Lehnitz: Friedrich-Wolf-Gesellschaft [2004], S. 61–75, hier S. 66–68.

Die nächsten Wochen und Monate sind gleichwohl ausgefüllt. Wolf lebt zwischen Paris und Sanary sur Mer und arbeitet an *Zwei an der Grenze*, einem Roman über den antifaschistischen Kampf im Exil. In Frankreich gilt er als einer der prominentesten Emigranten.[40] In Sanary fühlt sich Wolf wohl und pflegt Kontakte zu dem Freund Lion Feuchtwanger und zu Franz Werfel.[41] In Paris kommt er zudem in Kontakt mit dem Kinoregisseur Leo Mittler. Mittler wiederum hat Verbindungen zu amerikanischen Filmproduzenten und animiert Wolf zur Zusammenarbeit. Der Autor entwickelt daraufhin verschiedene Filmprojekte – u.a. arbeitet er an einer Geschichte über Lilo Hermann, Heldin und Opfer des deutschen antifaschistischen Widerstands. Das Werk wird erst 1950 als Dichtung fertig.

Ein weiteres Filmprojekt aus dem Jahre 1938 ist *Das Schiff auf der Donau*. In Zusammenarbeit mit Leo Mittler entsteht eine Drehbuchfassung.[42] Parallel arbeitet Wolf an einem gleichnamigen Theaterstück, das jedoch erst nach dem Krieg veröffentlicht und aufgeführt wird.[43] *Das Schiff auf der Donau* ist die Geschichte einer Gruppe von Häftlingen, die von den Nazis in einem Schiff gefangen gehalten werden – und schließlich gemeinsam die Freiheit erlangen.

1938, nach dem Anschluss Österreichs und der Besetzung der Tschechei, wird die Situation in Europa immer schwieriger für die Emigranten. Alles deutet auf einen neuerlichen Krieg hin, vor dem Wolf schon im verschärften politischen Klima der Weimarer Republik gewarnt hatte. Seine Briefwechsel aus den Jahren 1938 und 1939 – vor allem die Korrespondenz mit den Freunden Anne und Leonard Mins – offenbaren die Gefühle und Sorgen dieser Monate.

40 Welche Achtung ihm entgegengebracht wird, zeigt nicht nur ein Geburtstagsartikel des Regisseurs Alwin Kronacher in Willi Münzbergs Zeitschrift *Die Zukunft*, sondern auch eine Rezension Paul Westheims zum sowjetischen Film *Professor Mamlock*. Vgl. Dieter Schiller: *Der Traum von Hitlers Sturz. Studien zur deutschen Exilliteratur 1933–1945*. Frankfurt am Main: Lang 2010, S. 674.

41 Vgl. ebd., S. 673.

42 Vgl. Friedrich Wolf: Brief an Leonard Mins, Paris, 07.02.1939–08.02.1939. Typoskript, 2 Bl., 2 S., unveröffentlicht. Archiv der Akademie der Künste, Nachlass Friedrich Wolf, Sign. 380/1.

43 Friedrich Wolf: Das Schiff auf der Donau. In: Ders.: *Gesammelte Werke in sechzehn Bänden*, Bd. 4: Dramen: Floridsdorf. Das trojanische Pferd. Peter kehrt heim. Das Schiff auf der Donau, hrsg. v. Else Wolf / Walter Pollatschek. Berlin: Aufbau 1960, S. 319–453. UA: Maxim Gorki Theater, Berlin, 02.02.1955.

Über Kontakte in Amerika versucht Wolf, eine Ausreise in die USA vorzubereiten. Er verhandelt mit amerikanischen Studios über eine Verfilmung von *Professor Mamlock*.[44] Von sowjetischer Seite werden die Pläne jedoch nicht gern gesehen.[45]

44 Der erste Plan einer Verfilmung *Professor Mamlocks* stammt aus dem Jahre 1935. Wie aus dem Briefwechsel zwischen Friedrich Wolf und seiner Frau Else hervorgeht, waren die Verhandlungen für eine schweizerische Produktion von Kurt Hirschfeld, dem damaligen Agenten des Schriftstellers, eingeleitet worden, vgl. Friedrich Wolf: Brief an Else Wolf, Stockholm, 07.03.1935. Manuskript, 1 Bl., 2 S., unveröffentlicht. Archiv der Akademie der Künste, Nachlass Friedrich Wolf, Sign. 280; Friedrich Wolf: Brief an Else Wolf, im Zug von Gothenburg, 08.03.1935. Manuskript, 1 Bl., 2 S., unveröffentlicht. Archiv der Akademie der Künste, Nachlass Friedrich Wolf, Sign. 280; Kurt Hirschfeld: Brief an Friedrich Wolf, Zürich, 27.03.1936. Typoskript mit handschriftlichen Anmerkungen, 1 Bl., 2 S., unveröffentlicht. Archiv der Akademie der Künste, Nachlass Friedrich Wolf, Sign. 231/2. Wie aus einem Brief von Else Wolf zu erfahren ist, war auch Erwin Piscator an dem Projekt interessiert. Piscator war aber gegen eine Verfilmung in deutscher Sprache. Er war stattdessen an einer französischen, englischen oder russischen Version interessiert, auch weil er in dieser Zeit noch große Hoffnungen in sein Engels-Projekt setzte. Die Säuberungswelle in Moskau machte solchen Plänen jedoch kurz darauf ein Ende, vgl. Else Wolf: Brief an Friedrich Wolf, Moskau, 14.03.1935. Typoskript, 2 Bl., 2 S., unveröffentlicht. Archiv der Akademie der Kunste, Nachlass Friedrich Wolf, Sign. 282. 1937 kommt Wolf mit der amerikanischen Filmgesellschaft 20th Century-Fox Film Corporation in Kontakt, die eine englisch-amerikanische Version *Mamlocks* produzieren möchte. In einem Brief an Ann und Leonard Mins schreibt Wolf, dass er das interessante Angebot wegen der russischen Filmgesellschaft Lenfilm nicht annehmen konnte, die in der Zeit den Film unter der Regie von Herbert Rappoport produzierte. Der Regisseur war gemeinsam mit Wolf auch an der Verfassung des Drehbuchs beteiligt, vgl. Friedrich Wolf: Brief an Ann und Leonard Mins, Moskau, 27.08.1937. Typoskript, 1 Bl., 2 S., unveröffentlicht. Archiv der Akademie der Künste, Nachlass Friedrich Wolf, Sign. 380/1/3.

45 Am 12. Juni 1938 schreibt Else Wolf an Ann und Leonard Mins: „Ich schrieb an Wolf wegen einer amerik[anischen] Fassung, dass ich und andre Freunde hier es für das Richtigste halten, wenn Du, Leonhard, die ganzen Verhandlungen führen würdest. Ich kann hier garnichts machen, und auch Wolf sollte selbst nichts machen. […] Die abwartende Haltung Wolfs liegt nicht an ihm, sondern an der Stellungnahme hier, die ihn dazu veranlasste." (Else Wolf: Brief an Ann und Leonard Mins, Moskau, 12.06.1938. Typoskript, 1 Bl., 1 S., unveröffentlicht. Archiv der Akademie der Künste, Nachlass Friedrich Wolf, Sign. 380/1.) In einem Brief vom 25. April 1938 schreibt Wolf an Ann und Leonard Mins, dass er Angebote für eine englisch-amerikanische Version von *Professor Mamlock* von den Filmgesellschaften 20th Century-Fox Film Corporation, Paramount und Pommer-prod. London bekommen habe, vgl. Friedrich Wolf: Brief an Ann und Leonard Mins, Sanary sur mer, 25.04.1938. Typoskript mit handschriftlichen Anmerkungen, 1 Bl., 1 S., unveröffentlicht. Archiv der Akademie der Künste, Nachlass Friedrich Wolf, Sign. 380/1/3. In einem späteren Brief vom 12. Juli 1938 schreibt er: „Dieser Tage kam von L[en]film ein ruppiger Brief, in dem sie kategorisch-strictissime

Um ein Einreisevisum in die USA zu erhalten, braucht er eine Einladung von Kulturinstitutionen. Die League of American Writers organisiert aus diesem Grund eine Vortragsreihe für den Schriftsteller,[46] so dass seinen Reiseplänen nichts mehr im Wege zu stehen scheint. Doch nun stellt sich das amerikanische Konsulat quer, erhebt politische Bedenken und stellt Forderungen, die Wolf nicht zu erfüllen bereit ist. So weigert er sich – wie von den amerikanischen Behörden gewünscht –, seine politischen Ideen zu widerrufen, und gibt das Vorhaben schließlich auf – wahrscheinlich nicht zuletzt auch aus Rücksicht auf seine in Moskau verbliebene Familie, die zum Opfer sowjetischer Racheaktionen werden könnte.[47]

Einspruch erhoben gegen eine anglo-amerikanische Version. Mit Rücksicht auf Else habe ich dann bei Oprecht gestoppt, obschon der Einspruch L[en]fil[ms] sich auf ganz völligen falschen Voraussetzungen basierte." (Friedrich Wolf: Brief an Ann und Leonard Mins, Sanary sur mer, 12.07.1938. Typoskript mit handschriftlichen Anmerkungen, 1 Bl., 1 S., unveröffentlicht. Archiv der Akademie der Künste, Nachlass Friedrich Wolf, Sign. 380/1/3.)

46 Die League of American Writers möchte Wolf zu einer Konferenzreihe über die europäische Literatur der Gegenwart einladen. Anschließend soll Wolf zwischen dem 2. und 4. Juni 1939 am dritten amerikanischen Schriftstellerkongress teilnehmen. In einem Brief vom 20. Januar 1939 bittet Franklin Folson – der Sekretär des amerikanischen Schriftstellerverbands – das amerikanische Konsulat in Paris darum, das bürokratische Verfahren für die Ausreisegenehmigung Wolfs zu erleichtern, vgl. Franklin Folson: Brief an den amerikanischen Generalkonsul, o. O., 20.01.1939. Typoskript, 1 Bl., 1 S., unveröffentlicht. Archiv der Akademie der Künste, Nachlass Friedrich Wolf, Sign. 380/1.

47 Auf dem amerikanischen Konsulat, bei dem Wolf sein Besuchervisum für die USA beantragen will, muss er viele Fragen zu seiner politischen Einstellung beantworten. Obwohl er erklärt, er gehöre zu keiner anderen politischen Organisation als dem Schutzverband deutscher Schriftsteller und sei kein Mitglied der KPD, wird ihm mitgeteilt, man werde sich über ihn beim amerikanischen Konsulat in Stuttgart informieren, vgl. Friedrich Wolf: Brief an Franklin Folson, Paris, 21.02.1939. Typoskript, 1 Bl., 1 S., unveröffentlicht. Archiv der Akademie der Künste, Nachlass Friedrich Wolf, Sign. 380/1. Wie der Autor selbst in einem Brief an Leonard Mins erörtert, könne das amerikanische Konsulat in Stuttgart nur über die hiesige Polizei und zwar über die Gestapo Informationen zu Wolf bekommen. Auf diese Weise würde die Gestapo selber von seinen Reisen und Plänen erfahren, vgl. Friedrich Wolf: Brief an Leonard Mins, Paris, 21.02.1939. Typoskript, 1 Bl., 1 S., unveröffentlicht. Archiv der Akademie der Künste, Nachlass Friedrich Wolf, Sign. 380/1. Im Laufe des nächsten Gesprächs auf dem Konsulat wird Wolf gefragt, ob er dem Kommunismus abschwören könne. Wolf weigert sich, Erklärungen dieser Art zu liefern oder zu unterschreiben. Infolgedessen muss er auf die Ausreisemöglichkeit in die USA verzichten. In einem Brief an Leonard Mins begründet er seine Entscheidung: „Ich habe auch heute mit einem verantwortl[ichen] Freund gesprochen: Er glaubt, ich habe richtig gehandelt, da

Mit Kriegsausbruch im September 1939 gerät Wolf in eine beinahe tödliche Falle. Wie alle Deutschen in Frankreich gehört er nunmehr dem Feind an. Obwohl staatenlos wird er als ‚deutschstämmig' am 15. September in Paris verhaftet und ins Sammellager Stade de Colombes gebracht.[48] Infolge der Intervention des französischen PEN-Clubs kommt er zwar am 8. Oktober wieder frei, wird jedoch schon zwei Tage später erneut verhaftet.[49] Gemeinsam mit anderen für gefährlich gehaltenen Gefangenen, etwa Kommunisten und Kämpfern der Internationalen Brigaden, bringt man ihn nun ins Lager Le Vernet[50] in der Nähe der spanischen Grenze, wo Wolf bis September 1940 interniert bleibt.[51]

In seinen Briefen an Margrit Strub schildert er die Lebensbedingungen in Le Vernet wie auch in den anderen Lagern, in die er später gebracht wird: mangelhafte Ernährung, schlechte Hygiene, keine für die niedrigen Temperaturen passende Bekleidung.[52] Wolf flüchtet sich in die Arbeit und schreibt hier, im Lager, zwischen Herbst 1939 und Frühling 1940 das Stück *Beaumarchais oder die Geburt des Figaro* (Uraufführung am 8. März 1946 im Deutschen Theater Berlin). Das Drama will die Qualität der demokratischen Tradition

ich als exponierter Schriftsteller nicht jedes provokatorische Protokoll unterschreiben dürfe, dass man event[uell] gegen mich ausnutzt." (Friedrich Wolf: Brief an Leonard Mins, Paris, 17.03.1939. Manuskript, 1 Bl., 2 S., unveröffentlicht. Archiv der Akademie der Künste, Nachlass Friedrich Wolf, Sign. 380/1/3, hier S. 2.)

48 Nach Kriegsausbruch unternimmt die französiche Regierung als ersten Schritt die Internierung der sogenannten feindlichen Ausländer, speziell der aus dem Deutschen Reich stammenden Migranten. Vgl. Ulrike Voswinckel / Frank Berninger: *Exil am Mittelmeer. Deutsche Schriftsteller in Südfrankreich von 1933–1941.* München: Allitera 2005, S. 113–115.

49 Es gab drei verschiedene Kategorien von Lagern in Frankreich: Die Straflager für die Unerwünschten (wie z. B. Le Vernet), die Halbstraflager für die zu überwachenden Personen und die Sammellager für die „ruhigen Elemente" (vgl. ebd., S. 113–115).

50 Zur Geschichte der südfranzösischen Internierungslager vgl. Volkhard Knigge / Detlef Hoffmann: Die südfranzösischen Lager. In: *Das Gedächtnis der Dinge. KZ-Relikte und KZ-Denkmäler 1945–1995*, hrsg. v. Detlef Hoffmann. Frankfurt am Main / New York: Campus 1998, S. 206–223.

51 Vgl. Doris Obschernitzki: „Friedrich Wolf mit seiner Fraus Else am 19.03.1941, 3 Uhr bei mir. Angekommen in Moskau am 17.03.1941." Unbekannte Dokumente zu Friedrich Wolfs Rückkehr in die Sowjetunion (März/April 1941). In: *Friedrich Wolf 2003*, S. 76–128, hier S. 77.

52 Vgl. Friedrich Wolf: Briefe an Margrit Strub, 07.05.1940, 15.07.1940, 12.08.1940, 16.08.1940, 18.08.1940, 25.08.1940, 27.08.1940, 02.09.1940, [02.10.1940], 03.11.1940, 03.12.1940, 22.01.1941. In: Ders.: *Briefe*, S. 177–187.

Frankreichs hervorheben, behandelt aber auch das Thema des revolutionären Potentials der Kunst.

Mit der deutschen Besetzung Frankreichs verschärft sich die Lage Wolfs, er ist jetzt akut bedroht. Durch erneute Ausreiseanträge in die USA, nach Mexiko[53] und in die Sowjetunion versucht er, der gefährlichen Situation zu entkommen. Das sowjetische Konsulat in der Republik von Vichy erteilt dem Schriftsteller schließlich ein Visum. Allerdings dürfen Gefangene deutscher Herkunft gemäß dem zwischen Frankreich und Deutschland geschlossenen Waffenstillstandsabkommen das Land nicht verlassen. Sie müssen entweder an die Nazis ausgeliefert werden oder bis Ende des Krieges in Le Vernet verbleiben.[54]

Dank der Unterstützung seiner Frau Else und des unermüdlichen Einsatzes seines Freundes Wischnewski in Moskau erhält Wolf schließlich die sowjetische Staatsbürgerschaft, die allein es ihm ermöglicht, Frankreich zu verlassen.[55] Am 2. Oktober 1940 wird er ins Lager Carpiagne und von dort in das Lager Les Milles gebracht, von wo aus die Ausreisen in die Sowjetunion durchgeführt werden. Vom 31. Oktober 1940 bis zum 11. März 1941 muss Wolf noch in Les Milles ausharren, bis er am 17. März 1941 endlich in Moskau eintrifft.[56]

Kurz danach entstehen während eines Aufenthalts auf Jalta zwei Erzählungen, die die Erfahrungen der Gefangenschaft verarbeiten:

53 Wie in einem Brief vom 5. Februar 1940 an den Präsidenten der League of American Writers, Donald Ogden Stewart, zu lesen ist, erhält Wolf dank des Einsatzes des amerikanischen Schriftstellerverbandes ein Ausreisevisum nach Mexiko. Er wartet nun auf die französischen Ausreisepapiere, vgl. Friedrich Wolf: Brief an Donald Ogden Stewart, Camp du Vernet d'Ariège, 05.02.1940. Manuskript, 2 Bl., 2 S., unveröffentlicht. Archiv der Akademie der Künste, Nachlass Friedrich Wolf, Sign. 380/1. Aus einem Brief vom 18. April 1940 an Franklin Folson erfährt man, dass sich Curt Reiss, amerikanischer Korrespondent der Zeitung *Paris Soir*, für Wolf beim französischen Botschafter in Washington eingesetzt hatte, vgl. Friedrich Wolf: Brief an Franklin Folson, Camp du Vernet, 18.04.1940. Manuskript, 2 Bl., 2 S., unveröffentlicht. Archiv der Akademie der Künste, Nachlass Friedrich Wolf, Sign. 380/1.

54 Vgl. Friedrich Wolf: Briefe an Margrit Strub, 25.08.1940, 27.08.1940, 02.09.1940. In: Ders.: *Briefe*, S. 180–182.

55 Auch Jules Romains vom französischen PEN-Club, die englischen Abgeordneten Ellen Wikinson und Sydney Silverman sowie amerikanische Freunde hatten sich vergeblich für die Befreiung Wolfs eingesetzt. Vgl. Schiller: Vom „Mamlock" zum „Beaumarchais", S. 74–75.

56 Vgl. Obschernitzki: Friedrich Wolf mit seiner Fraus Else am 19.3.1941, S. 77.

Jules[57] und *Kiki*[58]. Parallel dazu arbeitet Wolf am Drehbuch des Films *Die unsichtbare Brigade*[59]. Wie in seinen Erzählungen thematisiert er auch in diesem Werk die Erfahrungen der Gefangenschaft.
Nach dem deutschen Angriff auf die Sowjetunion am 22. Juni 1941 stellt sich Wolf ganz in den Dienst der Propaganda. Gemeinsam mit anderen gründet er das *Nationalkomitee Freies Deutschland* und betätigt sich in dessen Auftrag zwischen 1943 und 1944 als Propagandist in verschiedenen Gefangenenlagern. Später unterrichtet er in einer antifaschistischen Schule in Krasnogorsk bei Moskau.
Die Erzählung *Der Russenpelz*[60] (1942) behandelt Wolfs wichtigstes Thema dieser Zeit: die Verantwortung und Schuld des deutschen Volkes. 1944 schreibt er zwei weitere Erzählungen: *Heimkehr der Söhne*[61] spielt im Milieu des Berliner Kleinbürgertums und schildert die Geschichte einer Mutter und ihren durch den Tod eines ihrer Söhne eingeleiteten Bewusstseinsprozess; in *Lucie und der Angler von Paris*[62] verarbeitet Wolf die Erfahrungen seiner Pariser Zeit.
Zwischen 1941 und 1945 verfasst Wolf neben einigen literarischen Werken auch sehr viel Propagandamaterial, wie z. B. Flugblätter, kleine Zeitungsartikel und Rundfunktexte.[63] In diesen Jahren steht der Kampf gegen den Nationalsozialismus für den Autor im Zentrum – eine Aufgabe, die auch seine literarische Produktion stark beeinflusst. Im Jahr 1942 entsteht das Stück *Patrioten*[64], zwei Jahre später das Drama *Dr. Lilli Wanner*[65]. In beiden Werken stehen

57 Vgl. Friedrich Wolf: Jules. In: Ders.: *Gesammelte Werke in sechzehn Bänden*, Bd. 13: Erzählungen 1941–1953, hrsg. v. Else Wolf / Walter Pollatschek. Berlin: Aufbau 1963, S. 67–105.

58 Vgl. Friedrich Wolf: Kiki. In: Ders.: *Kiki und Cora Buntauge. Zwei Hundegeschichten.* Berlin: Alfred Holz 1949, S. 5–26.

59 Vgl. Friedrich Wolf: Die unsichtbare Brigade. In: Ders.: *Gesammelte Werke in sechzehn Bänden*, Bd. 8: Filmerzählungen, hrsg. v. Else Wolf / Walter Pollatschek. Berlin: Aufbau 1963, S. 179–220.

60 Vgl. Friedrich Wolf: Der Russenpelz. In: Ders.: *Gesammelte Werke in sechzehn Bänden*, Bd. 9: Vier Romane, hrsg. v. Else Wolf / Walter Pollatschek. Berlin / Weimar: Aufbau 1966, S. 263–418.

61 Vgl. Friedrich Wolf: Heimkehr der Söhne. In: Ders.: *Gesammelte Werke in sechzehn Bänden*, Bd. 9, S. 419–576.

62 Vgl. Friedrich Wolf: Lucie und der Angler von Paris. In: Ders.: *Gesammelte Werke in sechzehn Bänden*, Bd. 13, S. 322–370.

63 Vgl. Müller (Hrsg.): *Wer war Wolf?*, S. 183–184.

64 UA: Stadttheater Cottbus, November 1946.

65 UA: Städtisches Theater Chemnitz, 02.12.1945.

Frankreich und seine Freiheitsliebe im Vordergrund, werden Barbarei und Verbrechen des Faschismus wie auch die Heldentaten des antifaschistischen Kampfs dargestellt. Vor allem in *Dr. Lilli Wanner* klingen dabei bereits Motive an, die im Mittelpunkt von Wolfs späterem Drama *Was der Mensch säet* stehen werden: Die Verurteilung des vom Nationalsozialismus gefeierten Todesmystizismus, dem der Autor die Werte des Lebens und der Liebe entgegenstellt. Nicht zufällig werden die Helden des Widerstands in beiden Werken von französischen Bürgern verkörpert. In den Briefen aus jener Zeit äußert Wolf seine große Enttäuschung über die Deutschen. Die Barbarei, Erbarmungslosigkeit und Grausamkeit der deutschen Kriegsführung haben Wolf jede Hoffnung genommen, dass es in seiner Heimat zum Aufstand kommen könnte. Eine sozialistische Revolution, die der Autor noch wenige Jahre zuvor für möglich gehalten hatte, ist in utopische Ferne gerückt. Während er in *Dr. Lilli Wanner* noch einige Deutsche auftreten lässt, die als Opfer des Regimes den Widerstand unterstützen, zeichnet er in *Was der Mensch säet*[66] ein hoffnungsloses Bild Deutschlands. Das Drama fordert sowohl von den Tätern als auch von denjenigen, die ‚nur' dabeigestanden haben, sich der eigenen Schuld bewusst zu werden. Nur indem man sich der eigenen Verantwortung stellt, kann aus den Trümmern der Vergangenheit etwas Neues erwachsen.

Nach dem Ende des Krieges und einer komplizierten Rückkehr nach Berlin[67] findet Wolf ein materiell und geistig ruiniertes Land vor. Dennoch wird vor allem sein Stück *Professor Mamlock* schon

66 Verfasst 1945; UA: Thomas Müntzer-Theater, Böhlen, 06.05.1955.

67 Im Juli 1945 beklagt sich Wolf in einem Brief an Stalin darüber, dass er die Sowjetunion noch nicht verlassen darf. In dem Schreiben fragt Wolf schließlich Stalin, ob er die Sowjetunion noch nicht verlassen dürfe, weil er Jude sei, man ihm und seiner Arbeit nicht vertraue oder weil er wegen seines antifaschistischen Engagements in der ganzen Welt bekannt sei, vgl. Müller (Hrsg.): *Wer war Wolf?*, S. 210–211. Die im Brief vorgetragene Tatsache, als deutscher Jude der höchst berühmte Autor von *Professor Mamlock* zu sein, kann als Kritik Wolfs am Antisemitismus Stalins angesehen werden und als Polemik gegen die schlechte Behandlung von Juden in der Sowjetunion sowie gegen den wachsenden Antisemitismus unter den Parteifunktionären, vgl. Henning Müller: *„Das Allerheiligste ist der Mensch!" Friedrich Wolf – Weltbürger aus Neuwied. Eine kritisch-solidarische Würdigung anlässlich des 50. Todestages des Dichters*, hrsg. v. Deutsch-Israelischer Freundeskreis Neuwied e. V. / Friedrich-Wolf-Gesellschaft e. V. in Zusammenarbeit mit der Landeszentrale für politische Bildung Rheinland-Pfalz. Neuwied: Deutsch-Israelischer Freundeskreis Neuwied 2003, S. 34–35.

bald an verschiedenen deutschen Theatern inszeniert und entwickelt sich – durchaus vergleichbar mit *Nathan der Weise* – zu einem Symbol für Menschlichkeit und Toleranz. Seine anderen antifaschistischen Dramen hingegen, die Wolf selbst für die besseren Werke hält, haben keinen vergleichbaren Erfolg. Mit dem in diesen im Vordergrund stehenden Thema der Schuld mögen sich die Deutschen in der unmittelbaren Nachkriegszeit nicht auseinandersetzen.

1946 schreibt Wolf *Die letzte Probe*[68]. Darin beschäftigt sich der Autor vor allem mit privaten Themen. Im Mittelunkt steht eine Liebesgeschichte unter den Bedingungen des Exils. Den Hauptteil seiner Zeit widmet Wolf jedoch in diesen Jahren dem Wiederaufbau der Kulturinstitutionen in Deutschland. Doch während er zu zahlreichen Vorträgen und Reden im ganzen Land unterwegs ist, werden seine Dramen in der zweiten Hälfte der 1940er Jahre sowohl im Osten als auch im Westen immer seltener aufgeführt.

1947 legt Wolf das Drama *Wie Tiere des Waldes*[69] vor, worin er die Frage der Verantwortung für den Tod der kurz vor Kriegsende in Hitlers Volkssturm unsinnig geopferten jungen Leute behandelt. Zwischen 1948 und 1949 verfasst er zusammen mit Philipp Gecht das Drehbuch für den Film *Der Rat der Götter*.[70] Der Film möchte – anhand der Geschichte der IG Farben – über die Verflechtung zwischen Faschismus und Kapital aufklären und betont dabei zugleich eine Mitverantwortung der USA am Aufstieg und Erhalt der IG Farben.[71] Zwischen 1949 und 1951 ist Wolf Botschafter der DDR in Polen. In dieser Zeit schreibt er das Drama

68 Friedrich Wolf: Die letzte Probe. In: Ders.: *Gesammelte Werke in sechzehn Bänden*, Bd. 6: Dramen: Die letzte Probe. Wie Tiere des Waldes. Bürgermeister Anna. Thomas Müntzer, hrsg. v. Else Wolf / Walter Pollatschek. Berlin: Aufbau 1960, S. 5–105. UA: Vereinigte Volksbühnen Dresden, 03.12.1946.

69 Friedrich Wolf: Tiere des Waldes. In: *Gesammelte Werke*, Bd. 6, S. 107–193. UA: Schauspielhaus Leipzig, 01.04.1948.

70 Der vom Regisseur Kurt Maetzig gedrehte Film wird zum ersten Mal am 12. Mai 1950 im Kino Babylon in Ost-Berlin gezeigt. Zur Entstehungsgeschichte des Films vgl. Christoph Rosenthal: Operation am offenen Herzen. Friedrich Wolfs Mitarbeit am DEFA-Drehbuch *Der Rat der Götter* (1950). In: Haarmann / Hesse (Hrsg.): *Friedrich Wolf. „Was bleibt und was lohnt!“*, S. 179–205.

71 Vgl. Hanno Loewy: Der Spielfilm *Der Rat der Götter* (DDR 1950, R: Kurt Maetzig). http://www.wollheim-memorial.de/de/der_spielfilm_der_rat_der_goetter_ddr_1950_r_kurt_maetzig (Zugriff am 01.08.2015).

Bürgermeister Anna[72] (1950), das später auch verfilmt wird.[73] Das Stück schildert den Konflikt zwischen der neuen und der alten Welt in der Wiederaufbauzeit im sozialistischen Deutschland. Im Jahr 1952 entsteht *Menetekel oder Die fliegenden Untertassen*[74]. Der Roman spielt in Amerika während der 1950er Jahre und schildert eine durch die Sichtung von fliegenden Untertassen ausgelöste Panik. Im Zentrum dieses Werks steht das Thema der antisowjetischen Phobie während der nun heißen Phase des Kalten Krieges.

Das Drama *Thomas Müntzer*[75] beschließt die Theaterproduktion Wolfs. Das Stück knüpft an *Der arme Konrad* an und vertieft das Thema des Bauernkriegs. Am 5. Oktober 1953 stirbt Friedrich Wolf in Lehnitz bei Berlin.

72 Vgl. Friedrich Wolf: Bürgermeister Anna. In: Ders.: *Gesammelte Werke*, Bd. 6, S. 195–281. UA: Staatstheater Dresden, 14.10.1950.

73 Der Autor beteiligte sich nicht an den Arbeiten am Drehbuch, das von Richard Nicolas auf der Grundlage des von Wolf entworfenen Projekts verfasst wurde. Hans Müller führte Regie. Der Film wurde zum ersten Mal am 24. März 1950 im Kino Babylon in Ost-Berlin gezeigt.

74 Vgl. Friedrich Wolf: Menetekel oder Die fliegenden Untertassen. In: Ders.: *Gesammelte Werke in sechzehn Bänden*, Bd. 11: Menetekel oder Die fliegenden Untertassen. Berlin: Aufbau 1961.

75 Vgl. Friedrich Wolf: Thomas Müntzer. In: Ders.: *Gesammelte Werke*, Bd. 6, S. 283–403. UA: Deutsches Theater Berlin, 23.12.1953.

Theater ohne Publikum
–
Dramatiker auf der Flucht

Angst vor dem Anachronismus kann sich keiner leisten, der der Idiotie der Gleichzeitigkeit entrinnen möchte. Ein gewisser Eigensinn, der auf letzte Begründungen verzichtet, kann dabei nicht schaden.

(Hans Magnus Enzensberger, *Vermutungen über die Turbulenz*)

Theater im Niemandsland

Sowohl die linken Kräfte wie auch die Kulturapparate der NSDAP waren sich dessen bewusst, dass dem Theater eine zentrale Rolle im Bereich von Propaganda und Kommunikation zukam. Insofern begann der Kampf um das deutsche Theater schon vor 1933. Bereits in den 1920er Jahren wurden die Bühnen zunächst vom fortschrittlichen Bürgertum, dann von der KPD zu einem politischen Medium gemacht. In dieser Zeit spielten die Nationalsozialisten noch keine Rolle in diesem Bereich; so gab es beispielsweise keinen namhaften Autor, der der NSDAP nahe stand. Die Eroberung des deutschen Theaters durch die Nazi-Partei erfolgte erst zu Beginn der 1930er Jahre, insbesondere durch eine Infiltration der Kulturbürokratie. Die NSDAP ergriff zunächst die Kontrolle über die Theaterproduktion in der Provinz. Schon Anfang der Dreißiger Jahre wurden kommunistische Autoren in den Staatstheatern kaum mehr aufgeführt. Ab 1932 wurden auch Friedrich Wolfs Stücke fast nur noch von der von ihm gegründeten Agitprop-Gruppe Spieltruppe Südwest inszeniert. Nach Hitlers Machtübernahme waren dann bald alle Theater in Deutschland der Kontrolle der Partei unterworfen.[1] Tausende Theaterkünstler und Autoren wurden zur Flucht gezwungen, einige aus rassischen, andere aus politischen Gründen.[2] Durch das *Gesetz zur Wiederherstellung des Berufsbeamtentums* vom 7. April 1933 (das aber nur auf die Staatstheater Wirkung hatte) und durch die Gründung der Reichskulturkammer (am 22. September 1933) wurden Juden dann endgültig aus dem Theaterleben ausgeschlossen. Wer im Kunstbereich tätig sein wollte, musste der Reichskulturkammer angehören, die aber für Juden unzugänglich war.[3]

Der Migrationsfluss, der 1933 seinen Anfang nahm, verbreitert sich durch die NS-Eroberungspolitik immer weiter. Laut Hans Christoph Wächter wurden zwischen 1933 und 1945 mehr als 300 (deutschsprachige) Autoren aus dem Bereich Theater, Radio, Oper und Kabarett sowie rund 2.400 Schauspieler und Theatermitarbeiter ins Exil gezwungen.[4] In der Emigration selbst wurden daraufhin etwa 477 Stücke verfasst und 800 Inszenierungen durchgeführt.[5]

Unter den Dramatikern und Regisseuren im Exil befanden sich die größten Namen der Theateravantgarde der Weimarer Republik, u. a. Erwin Piscator, Bertolt Brecht, Max Reinhardt, Leopold Jessner und Friedrich Wolf. An den deutschen Bühnen der NS-Zeit war sowohl die „jüdisch-marxistische" als auch die internationale

1 Vgl. Louis Naef / Paul Walter Jacob / Jürgen Rühle / Walther Schmieding / Roman Szydlowski: Diskussion. In: Lothar Schirmer (Hrsg.): *Theater im Exil 1933–1945. Ein Symposium der Akademie der Künste.* Berlin: Akademie der Künste 1979, S. 98–104, hier S. 101–102.

2 Die Verfolgung betraf ungefähr 5.000 Theater- und Kabarettkünstler, inklusive der Künstler des *Jüdischen Kulturbundes*, vgl. Frithjof Trapp: Entstehung und Konzeption des Projekts. In: *Handbuch des deutschsprachigen Exiltheaters 1933–1945*, hrsg. v. Frithjof Trapp / Werner Mittenzwei / Henning Rischbieter / Hansjörg Schneider, Bd. 1: Verfolgung und Exil deutschsprachiger Theaterkünstler. München: Saur 1999, S. 3–6, hier S. 6. Die Nazis ermordeten etwa 500 Künstler, vgl. Werner Mittenzwei: Verfolgung und Vertreibung deutscher Bühnenkünstler durch den Nationalsozialismus. In: Ebd., S. 7–79, hier S. 28.

3 Vgl. ebd., S. 31–32.

4 Vgl. Hans Christoph Wächter: *Theater im Exil. Sozialgeschichte des deutschen Exiltheaters 1933–1945.* München: Hanser 1973, S. 7.

5 Vgl. Walter Huder: Zur Ausstellung, Filmretrospektive und Konferenz ‚Theater im Exil 1933–1945'. In: Schirmer (Hrsg.): *Theater im Exil 1933–1945*, S. 12–19, hier S. 12.

Literatur verboten. Inszeniert wurden stattdessen nur noch parteitreue Autoren oder politisch ‚gesäuberte' Klassiker. Das Theaterleben wurde durch die Reichskulturkammer organisiert, verwaltet und homogenisiert, die sich als sehr effizientes Kontrollinstrument auch außerhalb Deutschlands erwies. Die Schauspieler und Regisseure, die im Lande verblieben, passten sich mehr oder weniger bereitwillig an; einige arbeiteten unter Zwang, andere profitierten vom neuen Regime sowie von den Möglichkeiten und unbesetzten Stellen, die ihnen durch das Exil berühmter Kollegen jetzt offenstanden.

In Deutschland war dadurch ein Riss entstanden, sowohl zwischen denjenigen, die ins Exil gezwungen wurden, und denjenigen, die im Lande blieben, als auch zwischen der Theaterproduktion Deutschlands und der internationalen Theaterwelt. Das Theater in Deutschland lebte zwölf Jahre lang in einem eingezäunten und von der Welt abgeschirmten Raum. In diesem in sich selbst geschlossenen Universum wurde ein heroischer und deklamatorischer Stil gepflegt, der der Ideologie des Regimes und den Wünschen seines Propagandaapparates entsprach.[6] Die Folgen solcher Abschottung offenbarten sich nach 1945, als die Emigranten nach Deutschland zurückkehrten. Für diese Rückkehrer war es nicht nur aus ideologischen – wie konnte man mit denjenigen zusammenarbeiten, die das Regime unterstützt hatten? –, sondern auch aus ästhetischen Gründen schwierig, sich in der einheimischen Theaterszene wieder einzuleben. Das Exiltheater und das gleichgeschaltete parteitreue Theater in Deutschland hatten sich ganz unterschiedlich entwickelt. Während die deutschen Bühnen in einem eigenen, von der Welt abgeschirmten Raum vor sich hin gelebt hatten und sowohl völkisch gesinnte Stücke als auch die Klassiker des 18. und 19. Jahrhunderts gespielt hatten,[7] hatte das Exiltheater versucht, einerseits die Tradition zu bewahren, andererseits die Experimente der 1920er Jahre fortzusetzen, als eine allgemeine Theaterkrise Auswirkungen auf die Avantgarde der Weimarer Zeit gehabt hatte.

6 Vgl. Louis Naef: Theater der deutschen Schweiz. In: Wächter: *Theater im Exil*, S. 241–264, hier S. 251.

7 Zum deutschen Theater im Nationalsozialismus vgl. Jost Hermand: *Kultur in finsteren Zeiten. Nazifaschismus, Innere Emigration, Exil.* Köln: Böhlau 2010, S. 130–137.

Die Theaterkrise, die Deutschland Ende der Zwanziger Jahre erlebte, war kein rein deutsches, sondern ein europäisches Phänomen. Die verheerende Wirtschaftskrise hatte auch in der Kunstszene Tausende arbeitslos gemacht,[8] zahlreiche Theater wurden geschlossen. Überall wurde daraufhin von der Avantgarde der Weimarer Jahre Abstand genommen und wieder traditionelleren Theaterformen der Vorzug gegeben.[9]

Später, im Exil, versuchten Dramatiker und Regisseure wieder an die Experimente der Weimarer Republik anzuknüpfen. Wie in der Weimarer Zeit wurden nun im Exil sowohl Zeitstücke als auch Unterhaltungsdramen inszeniert – wobei das Unterhaltungstheater im Laufe der Exiljahre überwog. Einen Wendepunkt stellte das Jahr 1938 dar. Bis zu diesem Zeitpunkt hielten sich die meisten Theateremigranten in den europäischen Nachbarländern Deutschlands auf. Sie inszenierten ihre Stücke, um weiterhin auch das deutsche Publikum zu informieren, zu agitieren und zum Widerstand aufzurufen. Nach 1938, die drohende Kriegsgefahr vor Augen, verließen viele Emigranten Europa, um vor allem nach Amerika zu gelangen. Das hatte natürlich Folgen auch für das Theater. Die Exilzentren befanden sich jetzt außerhalb Europas. Das machte es zunehmend schwieriger, weit entfernt von Deutschland, sowohl den antifaschistischen Kern des Emigrantentheaters aufrechtzuerhalten als auch die Weimarer Tradition fortzusetzen.

Und es gab weitere Entwicklungen, die das Exiltheater stark verändern sollten. Hier ist in erster Linie die Kulturpolitik der Sowjetunion zu nennen, die sich Anfang der 1930er Jahre von der bis dahin geförderten Agitpropkunst und der Avantgarde der 1920er Jahre abwandte. Das erklärt auch, warum Brecht in der Sowjetunion nicht rezipiert wurde und warum einige Theaterkünstler (u. a. Maxim Vallentin) ihren Stil änderten. Die Materialästhetik Piscators und Brechts etwa – die durch die Veränderung des Verhältnisses von Kunst und Publikum einen revolutionären Impuls setzen wollten – verlor durch das Exil ihre Wirkungsbedingungen: Das politische Theater, das sich an die Gesellschaft als komplexes System wandte und die Menschen für Veränderungen mobilisieren wollte,

8 1932 waren 48 Prozent der Schauspieler arbeitslos, vgl. Mittenzwei: Verfolgung und Vertreibung deutscher Bühnenkünstler, S. 10.

9 Vgl. ebd., S. 11.

wurde nun in den kleinen Kreis der Emigranten gezwungen. Dazu schreibt Werner Mittenzwei:

> Im Ausland, ohne die organisatorischen Bindungen und den Kontakt mit einem großen Publikum, konnten bestimmte Versuche nicht fortgeführt werden. […] Die neuen Kunstentwürfe, die zu Beginn der dreißiger Jahre erprobt wurden, zielten auf eine Revolutionierung der Rezeptionsebene, auf eine radikale Veränderung des Verhaltens von Kunstproduzenten und Kunstkonsumenten. Verallgemeinert wurden diese Bemühungen unter dem Begriff ‚Materialästhetik'. Die Materialästhetik schöpfte ihre Vorstellungen aus der subjektiven Revolutionsbereitschaft der Massen, […] wie auch aus der organisatorischen Basis, die durch die proletarische Kunstoffensive entstanden war. [10]

Die ideologischen und materiellen Grundlagen, die das Weimarer Theater hervorgebracht hatten, waren nicht mehr gegeben. Der größte Teil des Publikums im Exil bestand aus jüdischen Emigranten. Deren Diskriminierung und Verfolgung in Deutschland ließ eine breite Debatte über die jüdische Identität entstehen, die auch das Theaterleben prägte. Die Auseinandersetzungen zwischen den verschiedenen Emigrantengruppen sowie die Heterogenität des Publikums erschwerten die Produktions- und Rezeptionsbedingungen. Die Schauspieler sahen sich einer zerrissenen und facetten reichen Gemeinschaft von Emigranten gegenüber, die das auf der Bühne Gesehene dem jeweils eigenen Horizont einpassten, daneben aber im Exil über keinerlei Handlungsmacht verfügten. Hier konnte die Kunst keine Waffe mehr sein.

Die Produktionsbedingungen

Dramatiker und Schauspieler hatten es im Vergleich zu anderen Berufsgruppen im Exil am Schwersten. Insbesondere für Schauspieler stellte die Sprachbarriere ein kaum zu überwindendes Hindernis dar. Selbst wer sich in die Theater- oder Kinoszene des Gastlandes intensiv einzuleben versuchte, behielt in der Regel einen nicht zu überhörenden Akzent. Diesen Schauspielern blieben für gewöhnlich allenfalls die Rollen von Ausländern vorbehalten, oft auch von Nazis. Wer sich in der Kunstszene des Gastlandes nicht etablieren konnte, hatte kaum eine andere Möglichkeit, als in einem der vielen Emigrantenensembles zu arbeiten, die aber normalerweise

10 Ebd., S. 43.

eine prekäre Existenz führten und den eigenen Mitgliedern durchaus keine materielle Sicherheit bieten konnten. Kurz nach 1933 versammelten sich die emigrierten Schauspieler meistens noch in Theatergruppen, die durch Europa reisten und auf Tournee ihr Repertoire aufführten. Solche Zusammenschlüsse blieben aber oftmals sehr kurzlebig. Durch Fluktuation der Ensemblemitglieder und des Publikums – das hauptsächlich ebenfalls aus Emigranten bestand –, durch die politischen Bedingungen des Gastlandes oder durch ökonomische Schwierigkeiten war die Situation dieser Gruppen stets prekär. Die am meisten verwendete Theaterform im Exil war das Kabarett, weil es sich einfach inszenieren ließ und weder einer großen technischen Ausstattung noch vieler Schauspieler oder großer Räume bedurfte. Oft gründeten sich die Theatergruppen zunächst mit einem Kabarettprogramm, bevor sie dann größere Projekte und Inszenierungen in Angriff nahmen.[11]

Die meisten Dramatiker schrieben für die Schublade. Ohne ein deutschsprachiges Theater und Publikum mussten ihre Stücke unaufgeführt bleiben. Die Exilautoren, deren Dramen es dennoch auf die Bühne schafften, sahen sich in der Regel einem Publikum von Emigranten gegenüber, das mit ihnen und den Theaterkünstlern die gleiche Existenzlage und denselben ideologischen Horizont teilte. Politische Botschaften, Aufklärung über die Gefahren der Appeasementpolitik oder des Isolationismus, Warnungen vor Hitler und dem Faschismus rannten also gewissermaßen offene Türen ein.

Viele Schriftsteller und Dramatiker hatten seit 1933 (d.h. seit der Bücherverbrennung und dem Verbot vieler jüdischer und politischer Autoren) den Kontakt mit ihrem deutschsprachigen Publikum verloren. Bis 1938 konnte man immerhin noch auf die österreichischen sowie die deutschsprachigen Bühnen in der Tschechoslowakei und in der Schweiz ausweichen. Nach dem Anschluss blieb allein die Schweiz mit ihren Theatern und ihrem Publikum deutscher Sprache als potentielle Rezipienten der Exildramatik übrig. Trotzdem waren die in viele Länder zerstreuten Emigrantenensembles noch

11 Das trifft zum Beispiel für die Gruppe Laterne in Paris zu. Das Ensemble bestand zum Teil aus Mitgliedern der Theatergruppe Truppe 31 wie etwa Steffie Spira und Günther Rüschin. Zur Laterne gehörte auch der Komponist Joseph Cosma.

aktiv – unter allerdings zunehmend schwierigen Bedingungen und einem stetig wachsenden Machteinfluss NS-Deutschlands.

In den anderssprachigen Gastländern konnten die deutschsprachigen Exildramen zumeist nur in Übersetzung aufgeführt werden. Die dadurch erhöhten Kosten für die Verlage und Theater führten dazu, dass fast nur noch berühmte Autoren übersetzt wurden, die einem größeren Publikum bereits bekannt waren. Die Exilsituation hatte darüber hinaus einen kaum zu unterschätzenden Einfluss bereits auf die Entstehung der Stücke. Nicht nur, dass die Theater jedes Risiko, das unbekannte Autoren oder experimentelle Formen mit sich brachten, scheuten, auch die Schriftsteller und Emigrantenensembles selbst mussten den Aufbau eines Dramas an die durch das Exil bedingten Inszenierungsmöglichkeiten anpassen: wenige Figuren, karge technische Ausstattung, Einheit des Ortes. *Professor Mamlock* wurde zum Beispiel nach diesen Kriterien verfasst. Nur Autoren, die solche Flexibilität zeigten und sich an die Bedingungen des Publikums, der Ensembles oder der Partei anpassten, hatten überhaupt noch die Chance, die eigenen Stücke auf der Bühne zu sehen.

Aus diesen Gründen blieb der größte Teil der dramatischen Produktion des Exils bis 1945 ungezeigt. Für die Theaterautoren war das natürlich eine dramatische, ihre berufliche und künstlerische Existenz bedrohende Situation. Denn ein Drama realisiert sich nicht auf Papier, nicht in der intimen Atmosphäre des Autoren- oder Leserzimmers, sondern auf der Bühne. Das Stück entsteht erst im Theater und findet dort sein Leben, seine Erfüllung und seine Berechtigung. Die Bühne ist mithin, wie Brecht hervorgehoben hat, ein grundlegendes Element der Geburt eines Dramas: „Ohne das Ausprobieren durch eine Aufführung kann kein Stück fertiggestellt werden.“[12]

In der dramatischen Produktion der Emigration findet man sowohl antifaschistische Dramen als auch Unterhaltungsstücke – Komödie, Revue und Boulevard –, die unter den Aufführungen im Exil sogar das Gros ausmachten. Durch leichte Unterhaltung wollten die Emigranten ihrer schwierigen existentiellen Lage einen Kontrapunkt entgegensetzen und versuchen, die verlorene Normalität ein Stück weit durch Fantasie zu kompensieren.

12 Bertolt Brecht zit. n. Wächter: *Theater im Exil*, S. 166.

Existenz und Ausdrucksmöglichkeiten des antifaschistischen Theaters waren im Vergleich zum Unterhaltungstheater sehr viel stärker von der politischen Situation des jeweiligen Gastlands, den unsicheren Aufführungsmöglichkeiten und den Erwartungen des Publikums abhängig. Die Emigrantengruppen mussten deshalb ein vielfältiges Programm anbieten, sie inszenierten politisches Theater, Unterhaltungswerke und Klassiker, u. a. Lessing, Goethe, Schiller oder Shakespeare. Gerade die Pflege der Tradition war für die Emigranten mit der Frage der Identität eng verbunden. Einerseits hatte der Theaterkanon die Funktion, die vielen politischen, ideologischen und ästhetischen Strömungen innerhalb der Emigrantengemeinde auf immerhin einen gemeinsamen Nenner zu bringen; mit den in den Klassikern vertretenen Werten konnten sich nämlich alle Emigranten – egal ob politisch oder ‚rassisch' verfolgte – identifizieren. Andererseits erklärte sich die Intelligenzija auf diese Weise zum Erben der Tradition und zum Vertreter des ‚wahren Deutschlands' im Gegensatz zum Nationalsozialismus. So dienten die Klassiker der Einheit der Emigration in der Auseinandersetzung mit dem Faschismus.[13]

Die Reichstheaterkammer und die Schweiz

Dass das Exiltheater nicht ausschließlich, ja, nicht einmal überwiegend durch sein antifaschistisches Engagement geprägt war, ist auch ein Hinweis darauf, dass die Exilkünstler jenseits von politischer Meinung in erster Linie einfach nur Theater machen wollten – und dabei Gemeinschaft fanden. Theater wird stets durch eine Gruppe von Menschen realisiert, deswegen waren Vereine und Clubs im Exil so wichtig. Zusammen versuchte man, das Leben vor dem Exil mit der aktuellen Existenz zu verbinden. Das Theater half dabei, eine drohende Isolation zu verhindern und mit der Gesellschaft des Gastlandes in Kontakt zu kommen. Oft wurde das Theater auf diese Weise in der Tat zum Existenz- und Identifikationszentrum für die Exilgemeinde.

Trotzdem war das Theater im Exil immer auch politisch, selbst wenn es sein Publikum mit Unterhaltungsstücken, Klassikern oder historischen Stücken erfreute. Denn dass die Emigranten überhaupt die Bühne betraten, war schon ein Politikum an sich. Das

13 Vgl. Wächter: *Theater im Exil*, S. 229–230.

zeigte sich insbesondere im deutschsprachigen Raum, wo die Reichstheaterkammer einen großen Einfluss auf das Kulturleben auszuüben versuchte.[14]

Der deutschen Kulturpolitik ging es nicht nur um die Kontrolle des Kulturlebens im eigenen Land. Der nationalsozialistische Staat wusste ganz genau, wie wichtig das Theater als Massenmedium war. Aus diesem Grund wurden viele Ressourcen und Gelder in die dramatische Produktion investiert – auch außerhalb der eigenen Grenzen. Das Theater sollte von „entarteten" Elementen gereinigt werden, die nach Meinung der Nationalsozialisten den deutschen Geist verdorben hatten. In dieser Absicht wurden in einer ersten Phase des neuen Kurses zunächst die Gewerkschaften in Deutschland zerstört. Das hatte Folgen auch für die Arbeitnehmervertretungen in Österreich, in der Tschechoslowakei und in der Schweiz, die sich 1921 mit den deutschen Gewerkschaften im Kartellverband der Deutschen Bühnenangehörigen zusammengeschlossen hatten. Dieser Verband spaltete sich nach 1933 in zwei Fraktionen auf: eine liberal-demokratische und eine faschistische. Schritt für Schritt versuchte die Reichstheaterkammer[15], ihren Einfluss auch auf die Nachbarländer auszudehnen. Die Auseinandersetzung zwischen der faschistischen und der demokratischen Strömung fand dabei in drei Phasen statt:

1) Die deutschen Verbände zogen sich aus dem Kartellverband zurück und sorgten für Unsicherheit unter den Partnern.
2) Nachdem sich die Reichstheaterkammer in Deutschland durchgesetzt hatte, wurde Druck ausgeübt, um den Kartellverband an das deutsche System anzupassen.
3) Nach 1935 versuchte das Dritte Reich, die einzelnen nationalen Theaterverbände zu isolieren. Dadurch wollte man die Anpassung des österreichischen und tschechischen Theaters an die Kulturpolitik Deutschlands erreichen.[16]

14 Zur Frage der Reichstheaterkammer und ihrem Einfluß auf den deutschsprachigen Raum vgl. Louis Naef: Theater der deutschen Schweiz und die Einflüsse der ‚Reichstheaterkammer'. In: Schirmer (Hrsg.): *Theater im Exil 1933–1945*, S. 84–97.

15 In der Reichstheaterkammer waren folgende Verbände versammelt: Genossenschaft der deutschen Bühnenangehörigen, Deutscher Chorsänger-Verband und der Tänzer-Bund. Nach 1935 wurde die Reichstheaterkammer durch die Fachschaft Bühne ersetzt.

16 Zur Frage der Verhandlung unter den verschiedenen Vereinen des Kartellverbands der Deutschen Bühnenangehörigen vgl. Naef: Theater der deutschen Schweiz und die Einflüsse der ‚Reichstheaterkammer'.

Da sich das deutsche und das österreichische Regime ähnelten, wurde die kulturpolitische Gleichschaltung ohne große Schwierigkeiten in Österreich erreicht. Die Schweiz und die Tschechoslowakei (bis zu deren Besetzung) hingegen leisteten Widerstand im Kartellverband, um die eigene demokratische Identität zu bewahren. Das gelang jedoch nur zum Teil. Die Fachschaft Bühne, die 1935 die Reichstheaterkammer ersetzt hatte, forderte eine Änderung des Kartellvertrags. So mussten zum Beispiel alle in Deutschland tätigen Schweizer Künstler der Fachschaft Bühne beitreten – eine Maßnahme, die vom Schweizer Verband des Personals öffentlicher Dienste (VPOD) schließlich widerwillig akzeptiert wurde, weil viele schweizerische Künstler in Deutschland tätig waren.[17] Immerhin setzte der VPOD aber eine Ergänzung durch, die es den Staatsangehörigen der nicht-deutschen Kartell-Länder erlaubte, sich der nationalsozialistischen Homogenisierung zu verweigern: „Staatsangehörige der Kartell-Länder, die im Auslande engagiert sind, dürfen nicht genötigt werden, sich in einem bestimmten Sinne an einer Bewegung zu beteiligen."[18]

Auf die deutschsprachigen Theater (in der Schweiz, in Österreich und in der Tschechoslowakei) wurde darüber hinaus auch durch die in den Ensembles tätigen deutschen Künstler Druck ausgeübt. Neben den Emigranten arbeiteten auch zahlreiche Schauspieler aus dem Reich in diesen Ländern, eine Entwicklung, die lange vor 1933 eingesetzt hatte. Viele Theater waren ohne deutsche Künstler gar nicht funktionsfähig. Insbesondere in der Schweiz konnte der Bedarf an Schauspielern nicht ausschließlich durch Einheimische gedeckt werden. Auch die nach 1933 nun verstärkt zuziehenden Emigranten waren nicht in der Lage, alle verfügbaren Stellen zu besetzen, weshalb viele Künstler aus dem Dritten Reich weiterhin an den Theatern der Schweiz tätig blieben. Diese deutschen Schauspieler wurden für die Reichstheaterkammer zu einem

17 Die schweizerischen Gewerkschaften waren gewissermaßen zu einem Kompromiss genötigt, denn wären die Verhandlungen des Kartellverbands gescheitert, wären sie aus dem Verband des Personals Öffentlicher Dienste der deutschen Staatsbürger ausgeschlossen worden. Dies hätte die Gewerkschaft in den Verhandlungen mit dem Verband Schweizerischer Bühnen geschwächt und deren Existenz in Gefahr gebracht. Vgl. Naef: Theater der deutschen Schweiz und die Einflüsse der ‚Reichstheaterkammer', S. 94–95.

18 Zit. n. ebd., S. 93.

Steuerungselement. Sie gehörten in der Regel sowohl dem Schweizerischen Bühnenkünstlerverband (der schweizerischen Gewerkschaft) als auch der antidemokratischen Deutschen Arbeitsfront in der Schweiz an. Es handelte sich also um Künstler, die dem Regime treu ergeben waren und in nicht seltenen Fällen von Deutschland auch als Informanten eingesetzt wurden. Andererseits waren diese Künstler in einer schwachen Position und leicht erpressbar. Ihre Arbeitsverträge als Ausländer waren weniger sicher als die Kontrakte der Schweizer Staatsbürger, so dass am Ende jeder Spielzeit die Ungewissheit stand, ob sie weiter beschäftigt wurden. Und ein Aufbegehren gegen Weisungen der Reichstheaterkammer oder gar die Teilnahme an einer antifaschistischen Inszenierung hätte sie die deutsche Staatsbürgerschaft kosten und eine Rückkehr nach Deutschland verhindern können.
Dennoch blieb die Schweiz für die deutsche Kulturpolitik ein schwieriges Terrain. Schon Ende des Ersten Weltkrieges war in der Schweiz eine nationalistische Bewegung erstarkt, die die Verteidigung der schweizerischen Kultur und ihrer Werte forderte. Diese auf das ‚Eigene' gerichtete Kulturpolitik, die die Kultur und den Arbeitsmarkt der Schweiz schützen wollte, fand in der Bevölkerung nach 1933 immer größere Unterstützung. Der breite Zuspruch gründete vor allem auf Verdrängungsängsten: Da ein großer Teil des deutschsprachigen Publikums in Deutschland nach 1933 für Schriftsteller und Publizisten verlorengegangen war und infolgedessen immer mehr deutschsprachige Künstler und Autoren in die Schweiz strömten, fühlten sich die schweizerischen Intellektuellen in ihren Arbeitsmöglichkeiten bedroht. So entstand eine protektionistische Kulturbewegung, die sowohl einheimische Künstler als auch schweizerische Themen und Stücke an den Schweizer Bühnen zu privilegieren forderte. Die Schweiz und ihr Theater wollten sich von ihrer zweitrangigen Rolle gegenüber Deutschland emanzipieren und nicht mehr länger als provinzielles Anhängsel der deutschen Kultur gelten. In dieser Absicht bestanden seit 1933 strenge fremdenpolizeiliche Vorschriften, die das Engagement ausländischer Bühnenkünstler unterbinden konnten, wenn für die zu besetzende Stelle eine qualitativ zumindest ebenbürtige, schweizerische Kraft bei der zuständigen Stelle des Bundes gemeldet war.[19]

19 Vgl. ebd., S. 94.

Diese nationalistische und protektionistische Politik galt für jede Berufsgruppe. Die Angst vor Konkurrenz durch die Ausländer und vor einer ‚Überfremdung' führte jedoch, ganz entgegen der eigenen Absicht, zu einer Perpetuierung des provinziellen Kulturstatus. Das Theater in der Schweiz war immer vom deutschen Theater geprägt gewesen, weil es zahlreiche deutsche Künstler beschäftigte, aber auch weil die Spielpläne aus Österreich und Deutschland übernommen wurden. Indem sich die Schweizer nun einerseits vor dem mächtigen und bedrohlichen Nachbarn und seinen expansionistischen Zielen und andererseits vor der Konkurrenz der Emigranten zu schützen versuchten, setzten sie dem deutschen Nationalismus einen schweizerischen Nationalismus entgegen, der letztlich zu einer Verengung des Kulturlebens führte.
Doch obwohl man sich durch solchen Kulturprotektionismus und die Verteidigung der eigenen Identität und Unabhängigkeit den Eroberungszielen Deutschlands widersetzen wollte, waren die Theater in der Schweiz nicht immer in der Lage, sich den Infiltrationsversuchen des deutschen Nachbarlandes zu entziehen. Ein Beispiel hierfür ist der Fall Gustav Hartungs, des ehemaligen Generalintendanten des Landestheaters Darmstadt, dessen geplantes Engagement in der Schweiz zu politischen Verwicklungen führte. 1934 widersetzten sich der Schweizerische Schriftstellerverein, der Schweizerische Tonkünstlerverband und die Eidgenössische Fremdenpolizei dem Willen des Berner Stadttheaters, Hartung einzustellen. Entscheidenden Anteil an diesem Widerstand hatte zweifelsohne die deutsche Botschaft. Hartung war bei den Nationalsozialisten wegen einer am 6. April 1933 im Radio Beromünster gehaltenen Rede in Ungnade gefallen, in der er sich kritisch über die politische Einflussnahme auf die Theater in Deutschland geäußert hatte. Das Berner Theater lenkte ein und verzichtete auf Hartungs Mitarbeit. Zwar wurde er später als künstlerischer Leiter am Stadttheater Basel beschäftigt, doch auch hier wurden die deutschen Behörden aktiv. Einigen im Theater tätigen Deutschen wurden ihre Pässe entzogen, deutsche Verlage verweigerten dem Theater plötzlich die Aufführungsrechte. Zum Schluss breitete sich der Boykott sogar auf die deutschen Opernsänger aus, denen untersagt wurde, Aufträge des Stadttheaters Basel anzunehmen. Das Theater geriet dadurch an den Rand des Bankrotts – und löste den Vertrag mit Hartung nach nur einer Spielzeit. Zwar konnte er auch später noch

Stücke in Basel inszenieren, blieb aber künftig ohne jeglichen festen Vertrag mit dem Theater.[20]

Überhaupt war das Leben in der Schweiz stark reglementiert. Um hier als Nicht-Schweizer arbeiten zu können, benötigte man eine besondere Arbeitserlaubnis der Fremdenpolizei; Schriftsteller und Publizisten mussten darüber hinaus noch eine Genehmigung der Behörden beantragen, wenn sie ihre Werke hier veröffentlichen wollten. Aus diesen Gründen konnte sich in der Schweiz kein eigentliches Exiltheater mit festen Ensembles und festem Spielplan entwickeln. Ausgenommen von dieser Regel waren allenfalls die Inszenierungen in den Internierungslagern.[21]

Zumeist wurden die Emigranten in der Schweiz in schon bestehende Ensembles integriert. Sie kamen in lokalen Theatern unter und prägten dort bald in vielen Fällen den dramatischen Stil und die Spielpläne. Die wichtigste Bühne für deutsche Exil-Künstler war das Zürcher Schauspielhaus, wo sie bald die Mehrheit bildeten. Viele Emigranten arbeiteten aber auch am Berner Stadttheater und am Basler Stadttheater[22]: Gustav Hartung, Carl Ebert, Alfred Braun (die einige Zeit lang auch vom Zürcher Schauspielhaus beschäftigt wurden), Alwin Kronacher oder Hermann Vallentin.[23] Zwischen

20 Vgl. Naef: Theater der deutschen Schweiz, S. 255–256.

21 In den Internierungslagern von Witzwill, Malvaglia, Gondola und Bassecourt wurden folgende Stücke inszeniert: Büchners *Dantons Tod*, Jakob Bührers *Galileo Galilei*, John Steinbecks *Der Mond ging unter* unter dem Titel *Die Fliegen erobern das Fliegenpapier*, Friedrich Wolfs *Die Matrosen von Cattaro* sowie *Schwejk in der Schweiz*, das kollektiv von den Gefangenen verfasst und unter dem Pseudonym Hans Teubner veröffentlicht wurde. Vgl. Werner Mittenzwei: Exiltheater in der Schweiz. In: *Handbuch des deutschsprachigen Exiltheaters 1933–1945*, Bd. 1, S. 259–288, hier S. 284.

22 Am Basler Stadttheater waren nicht weniger Emigranten als am Schauspielhaus angestellt. Während sich allerdings am Zürcher Theater zum großen Teil junge, noch weitgehend unbekannte Schauspieler konzentrierten, wurden in Basel die schon etablierten, erfolgreichen Stars des deutschen Theaters eingesetzt. Allerdings musste sich das Theater dieser Stadt an der Grenze zu Deutschland ständig gegen politischen Druck und Steuerungsversuche wehren, einerseits weil es ein Stadttheater war und schon von seinem Status her mit den Behörden zu tun haben musste, andererseits weil die Stadt in der Nähe Deutschlands lag, das Publikum zum Teil aus dem Nachbarland kam und das Theater sich an dessen Geschmack und Tendenzen orientieren musste. Aus diesen Gründen war das Theater politisch vorsichtig. Am Theater konnte außerdem wegen der großen Künstlermobilität kein eigener dramatischer Stil entstehen. Schließlich waren die Emigranten hier im Unterschied zum Zürcher Theater, wo sie eine einheitliche und feste Gruppe bildeten, eher isoliert. Vgl. ebd., S. 273.

23 Vgl. Werner Mittenzwei: *Kunst und Literatur im antifaschistischen Exil 1933–1945*, Bd. 2: Exil in der Schweiz. Leipzig: Reclam 1981, S. 377–378.

dem Basler und dem Zürcher Theater entstand für einige Zeit eine fruchtbare Zusammenarbeit. Zwischen 1942 und 1944 übernahm der damalige Leiter des Zürcher Schauspielhauses, Oskar Wälterlin, auch die Leitung des Basler Theaters. Vor ihm hatte schon Kurt Horwitz, ein bekannter Schauspieler des Zürcher Ensembles, diese Funktion innegehabt.[24]

Trotz aller politischen Einflussnahme wurden zwischen 1933 und 1945 an den Schweizer Theatern viele antifaschistische Stücke inszeniert. Friedrich Wolfs *Professor Mamlock* wurde nicht nur in Zürich, sondern auch in Bern und Basel aufgeführt. Brechts *Mutter Courage* kam sowohl im Zürcher Schauspielhaus als auch im Berner Stadttheater auf die Bühne. 1944 fand die Premiere von Franz Werfels *Jakobowsky und der Oberst* in Basel statt, später wurde das Werk auch in Zürich und Luzern inszeniert. Ebenfalls in Basel hatten zwei Stücke Georg Kaisers Premiere: *Die Spieldose* (1943) – die auch in Bern inszeniert wurde – und *Das Floß der Medusa* (1945). Das Publikum des Luzerner Stadttheaters sah die Uraufführung von Bruno Franks *Die verbotene Stadt*, und 1943 wurde im Städtebundtheater in Biel-Solothurn Fritz Hochwälders *Das heilige Experiment* uraufgeführt – später wurde das Stück auch in Luzern gezeigt.[25] Als eine der bekanntesten Veranstaltungen des Exiltheaters in der Schweiz ist schließlich die Inszenierung von Hans Sahls *Jemand* im Jahr 1938 in Zürich zu nennen.[26]

Die einzige unrühmliche Ausnahme unter den Schweizer Theatern bildete das Stadttheater in St. Gallen, das von 1932 bis 1938 von dem Deutschen Theo Modes geleitet wurde. Modes stand der nationalsozialistischen Ideologie nahe und gestaltete die Spielpläne des Theaters nach den Prinzipien der damaligen deutschen Kulturpolitik.[27]

24 Vgl. Mittenzwei: Exiltheater in der Schweiz, S. 271–272.

25 Zu erinnern ist auch an die Aufführung von Ulrich Bechers *Niemand* am Berner Stadttheater im Jahr 1936. Ebenfalls in diesem Jahr und am selben Theater inszenierte Kurt Hirschfeld zum ersten Mal Ulrich Bräkers Dramatisierung von Julius Hays *Der arme Mann im Toggenburg*. Vgl. Naef: Theater der deutschen Schweiz, S. 261).

26 Hans Sahl: *Jemand. Ein Chorwerk. Nach dem Holzschnittzyklus „Die Passion eines Menschen“ von Frans Masereel. Mit der Musik von Tibor Kasics. Materialien und Selbstzeugnisse*, hrsg. v. Gregor Ackermann / Momme Brodersen. Berlin: Bostelmann & Siebenhaar 2003.

27 Vgl. Naef: Theater der deutschen Schweiz, S. 255.

Das Theaterleben in der Schweiz zwischen 1933 und 1945 wurde somit von verschiedenen Faktoren maßgeblich geprägt: sowohl von der Angst vor Konkurrenz und ‚Überfremdung' als auch von dem demokratischen Willen, die eigene politische und kulturelle Identität zu schützen. Einerseits war die Kulturpolitik der Schweiz durch die demokratische und freiheitliche Tradition des helvetischen Staates stark beeinflusst, andererseits fürchteten die Schweizer das mächtige Nachbarland und die Konkurrenz der Emigranten. Es gab daher in der Schweiz sowohl demokratische Kräfte, die sich mit den Emigranten verbündeten und mit ihnen zusammenarbeiteten, als auch nationalistische Strömungen, die sich gegen das übermächtige Deutschland zu wehren versuchten, indem sie sich auf die Werte der helvetischen Heimat bezogen und in einem neuen Provinzialismus Zuflucht suchten. Und natürlich gab es den nationalsozialistischen Einfluss der deutschen Berufsverbände und vor allem der deutschen Botschaft vor Ort, die eifrig Macht und Druck auszuüben versuchte. Um künstlerisch und materiell zu überleben, mussten die Theaterleitungen also oft lavieren und Kompromisse mit den Behörden eingehen, während sie gleichzeitig versuchten, die Freiheit der Kunst zu schützen. Alles in allem war das Exiltheater in der Schweiz aber ein vornehmlich bürgerliches Theater, das einen realistischen Stil bevorzugte und sich an das Schweizer Bürgertum wandte.

Frankreich: Distanz und Nähe

In Frankreich stellte sich die Lage anders dar. Obwohl Frankreich eines der wichtigsten Gastländer für Emigranten war, bekamen die Flüchtlinge hier oft das Ressentiment und die Wut der Einheimischen zu spüren, was ihre Integration natürlich erschwerte.[28]

28 Ressentiments in Teilen der französischen Bevölkerung gegen die Deutschen aus den verschiedenen deutsch-französischen Kriegen des XVII. bis zum XX. Jahrhundert wurden ergänzt durch die von der Wirtschaftskrise provozierte Angst vor der Konkurrenz der Emigranten. Mit dem anwachsenden Strom von Exilanten wuchs die Ausländerfeindlichkeit. Das wurde durch die steigende Arbeitslosigkeit, die im kulturellen Bereich besonders gravierend war, noch verschärft. Die hohe Arbeitslosigkeit in Frankreich diente als Rechtfertigung für das generelle Arbeitsverbot, dem die Exilanten unterlagen. Vgl. Claudie Villard: Exiltheater in Frankreich. In: *Handbuch des deutschsprachigen Exiltheaters 1933–1945,* Bd. 1, S. 193–218, hier S. 193.

Wie im politischen Leben – wo eine fruchtbare Kooperation zwischen Emigranten und französischen Intellektuellen nur zur Zeit der Bildung der Volksfront oder im Bereich von Initiativen zum Spanienkrieg entstand – waren Emigranten[29] und Franzosen auch im Theater- und Kulturleben nur selten in der Lage, produktiv zusammenzuarbeiten.

Trotzdem wurden verschiedene Exilstücke inszeniert. Das ist vermutlich dem Umstand zu verdanken, dass Paris eines der wichtigsten Kulturzentren Europas war und infolgedessen von vielen Emigranten bevölkert wurde. Diese sahen sich allerdings stets mit großen Vorbehalten seitens der französischen Intellektuellen und Politiker konfrontiert. Das distanzierte Verhältnis erlebte seinen Tiefpunkt, als 1939 die Emigranten in die französischen Sammellager interniert wurden. Alles in allem fehlte den Emigranten in Frankreich ein Nachhall in der Gesellschaft. Gleichzeitig standen ihnen in Frankreich Freiräume zur Verfügung, um ihre Ideen zum Ausdruck zu bringen. Gerade weil sich die französischen Behörden zunächst (bis zur deutschen Besetzung) nicht mit dem Thema „Exil“ beschäftigen wollten, setzten sie dem kulturellen und politischen Leben der Emigranten keine allzu großen Grenzen.

Dank des Einsatzes einer Emigrantengruppe und eines französischen Künstlers konnten zum Beispiel zwei Werke Brechts zur Uraufführung kommen. Der Autor hatte im Auftrag des Regisseurs Slatan Dudow *Die Gewehre der Frau Carrar*[30] verfasst. Dudow und das Emigrantenensemble des Kabaretts Die Laterne hatten eine reisende Theatergruppe ins Leben gerufen, die für Emigranten aller Länder tätig werden wollte. Das Projekt scheiterte zwar später aus ökonomischen und bürokratischen Gründen, es war aber gleichwohl einflussreich – vor allem für das Brechtsche Werk: Brechts Drama war von vornherein so konzipiert, dass es im Exil inszeniert werden konnte: wenige Figuren, Einheit des Ortes, sehr einfaches Bühnenbild. Das Stück wurde vom Emigrantenpublikum positiv rezipiert.[31]

29 1935 bei der Gründung der Vereinigung deutscher Bühnenangehöriger für Künstler von Bühne, Film und Funk in Paris wurden ungefähr 60 Theater- und Kinokünstler gezählt, die im Exil im Gastland lebten. Vgl. Villard: Exiltheater in Frankreich, S. 197.

30 UA: Salle Adyar, Paris, 16.10.1937.

31 Vgl. Wächter: *Theater im Exil*, S. 52–54.

Ein weiteres Beispiel für die Zusammenarbeit zwischen Emigranten und Franzosen war die Aufführung von Brechts und Kurt Weils *Die sieben Todsünden der Kleinbürger* in der Choreographie George Balanchines – die Premiere fand am 7. Juni 1933 im Théatre des Champs-Élysées in Paris statt. Balanchine, der gerade das Tanzensemble Les Ballets gegründet hatte, hatte Kurt Weill beauftragt, die Musik für ein Tanzstück zu komponieren. Brecht schrieb dazu das Libretto.[32]

Insgesamt jedoch wurden Frankreich und Paris nie zu wichtigen Zentren des Exiltheaters. Das Kulturleben der Emigranten in Frankreich hatte andere Schwerpunkte: Verlagsgründungen, Kongresse und Konferenzen, Debatten zu politischen und kulturellen Themen; verbreitet waren auch das Kabarett oder Lesungen von Theaterstücken.[33]

Dabei lässt sich einschränkend feststellen, dass trotz aller Konkurrenz und Unterschiede zwischen Frankreich und Deutschland ein Interesse an deutschem Theater, nach dem tiefen Einschnitt des Ersten Weltkriegs, seit den 1920er Jahren durchaus wieder erwacht war.[34] Seitdem konnte man immer wieder deutsche Autoren auf den Spielplänen der französischen Bühnen finden. Der in dieser Hinsicht erfolgreichste deutsche Dramatiker jener Zeit war Ferdinand Bruckner, dessen *Verbrecher* 1929 in Frankreich inszeniert wurde; 1931 folgte das Stück *Krankheit der Jugend*. Und als am 8. März 1934 die Premiere von Bruckners *Den Rassen* im Théatre de l'Œuvre in

32 Vgl. ebd., S. 59.

33 Zwischen Januar und Mai 1936 fanden drei Lesungen von Theodor Fantas *Den Kindern des unbekannten Soldaten. Drei Kapitel Hitler-Jugend* statt. Am 9. Februar 1936 las der Autor Iwan Heilbutt die Komödie *Der lenkbare Mensch – oder: Kvie erobert eine Zeitung* im Zuge einer vom Bund Freie Presse und Literatur – Verband unabhängiger deutscher Schriftsteller und Journalisten im Exil organisierten Veranstaltung. Vgl. Wächter: *Theater im Exil*, S. 58–59.

34 An der Wende des 18. zum 19. Jahrhundert hatte das deutsche Theater durch die Dramen Goethes und Schillers das französische Theater stark beeinflusst. Dadurch konnte sich das französische Theater vom Einfluss der klassizistischen Schule befreien. In der darauf folgenden Epoche wurde der Einfluss des deutschen Theaters schwächer und kam nach dem deutsch-französischen Krieg (1870–1871) völlig zum Erliegen. Das Interesse für dieses Theater erwachte in Frankreich nach dem Ersten Weltkrieg erneut, allerdings gelangten Stücke deutscher Autoren erst in den zwanziger Jahren auf die französischen Bühnen. Seitdem stieg das Interesse für das deutsche Theater kontinuierlich. Vgl. Wächter: *Theater im Exil*, S. 60–61.

der Inszenierung von Raymond Rouleau stattfand,[35] entzündeten sich heftige Debatten und politische Auseinandersetzungen. Der Pariser Inszenierung, so der Chefredakteur der Exilzeitung *Pariser Tageblatt*, Georg Bernhard, mangele es nur deshalb etwas an Pfeffer, weil einige gestrichene Szenen fehlten.[36] Denn nachdem die deutschen Behörden zunächst vergeblich versucht hatten, die Aufführung abzusetzen, war der Text auf Druck der reichsdeutschen Behörde – in einem Akt der Selbstzensur – verändert worden.[37] Immerhin jedoch war das umstrittene Drama – anders als in London – in Frankreich zur Aufführung gekommen und hatte damit ein politisches – gewissermaßen antifaschistisches – Zeichen gesetzt.

Eine weitere wichtige Veranstaltung des deutschen Exiltheaters in Frankreich war die Aufführung einiger Szenen aus Brechts *Furcht und Elend des Dritten Reiches* am 4. August 1939. Das Stück wurde von dem Laienensemble Comédiens d'Anjou inszeniert, dessen Mitglieder allesamt Schüler der École dramatique de la Maison de Culture waren. Der Regisseur Pierre Abraham hatte das Stück selbst übersetzt, das Bühnenbild wurde von Frans Masereel entworfen.[38]

Großbritannien: Die falsche Neutralität

In England kamen nur wenige Exildramen zur Aufführung. In den ersten Jahren nach 1933 war der Kurs der britischen Politik isolationistisch, es herrschte zudem ein strenges Asylrecht, so dass nur wenige Emigranten ins Land kamen. Themen wie Antifaschismus und Exil wurden extrem zurückhaltend behandelt, um eine direkte Auseinandersetzung mit Deutschland zu vermeiden. Ausdruck dieser Appeasementpolitik ist beispielsweise die Geschichte des 1938 realisierten Films *Professor Mamlock*, der anschließend im Namen jener falschen Neutralitätspolitik bis 1939 in Großbritannien verboten wurde.

Insgesamt spielte also das Exiltheater in Großbritannien keine nennenswerte Rolle. So ist es kein Zufall, dass das erste in England

35 Vgl. Wächter: *Theater im Exil*, S. 60–61.

36 Georg Bernhard zit. n. ebd., S. 63–64.

37 Vgl. ebd., S. 63–64.

38 Vgl. ebd., S. 65.

aufgeführte Exildrama – und eines der wenigen Exilstücke überhaupt – primär der Unterhaltung diente: Anfang 1934 wurde die musikalische Fantasie Carl Zuckmayers *A Golden Toy* im Londoner Coliseum inszeniert.

Dänemark, Schweden und Norwegen: Das Prinzip Vorsicht

Obwohl die nationalsozialistische Ideologie in Schweden und Dänemark keinen fruchtbaren Nährboden fand, gab es auch in diesen Ländern faschistische Gruppierungen. Und wie in Großbritannien legten die Behörden auch hier sehr viel Wert auf Neutralität und Vorsicht. Aus diesem Grund waren die Freiräume der Emigranten in diesen Ländern eher klein.[39]

Verglichen mit den angelsächsischen oder den romanischen Ländern, deren Sprachen am Anfang des 20. Jahrhunderts in Deutschland bereits weit verbreitet waren, hatten die Emigranten in den skandinavischen Ländern in ihrer Mehrzahl ein Sprachproblem. Das machte die Integration insbesondere für Schriftsteller und Schauspieler sehr schwierig. Für Schauspieler kam noch erschwerend hinzu, dass es in den skandinavischen Ländern nur wenige Bühnen gab und dass das skandinavische Theater seiner Tradition sehr treu geblieben war. Auf den Spielplänen standen nur sehr wenige avantgardistische oder politische Stücke. Überhaupt war eine Experimentierfreude, wie sie das deutsche Theater der Weimarer Zeit erlebt hatte, in diesen Ländern eher wenig ausgeprägt (mit Ausnahme einiger Regisseure wie Per Knutzon in Dänemark und Per Lindberg oder Alf Sjöberg in Schweden). Zudem gehörte die Zensur in den skandinavischen Theatern zum Alltag. All dies schränkte die Handlungsmöglichkeiten vor allem für Emigranten aus dem Theater- und Literaturbetrieb deutlich ein.

Demgegenüber gab es allerdings eine große Laientheaterbewegung in Schweden, die auf der Idee der Volksbildung gründete. Dieses zum Teil von Bildungsstätten und von Gruppen der

39 Die Emigranten durften sich zum Beispiel mit politischen Themen nicht beschäftigen. Diese Einschränkungen betrafen insbesondere Vertreter der Arbeiterbewegung und der KPD, die als Agenten der Komintern verdächtigt wurden. Vgl. Helmut Müssener: Deutschsprachiges Theater im skandinavischen Exil. In: *Handbuch des deutschsprachigen Exiltheaters 1933–1945*, Bd. 1, S. 319–339, hier S. 319–320.

sozialdemokratischen und kommunistischen Partei unterstützte Theater hatte beispielsweise einen großen Einfluss auf Bertolt Brecht, der mehrere Exiljahre in den skandinavischen Ländern verbrachte: Von 1933 bis 1939 hielt er sich in Dänemark auf der Insel Fünen auf; 1939 flüchtete er vor der deutschen Besetzung nach Stockholm, wo er ein Jahr lang, bis April 1940, blieb; anschließend verbrachte er, vor seiner Auswanderung in die USA im Mai 1941, einige Zeit in Finnland.[40]

Eine wichtige Mittlerrolle für Brechts Zugang zum skandinavischen Theater spielte Ruth Berlau, die als Schauspielerin am Königlichen Theater in Kopenhagen tätig war und ein Ensemble von Arbeiter-Schauspielern leitete.[41] Ruth Berlau und andere Künstler, die sich um den Autor sammelten – hier ist vor allem Per Knutzon zu nennen, Intendant des Theaters Riddersalen, einer kleinen Avantgardebühne in Kopenhagen –, führten Brecht in die skandinavische Theaterszene ein. Seine Werke spielten in der Folge eine herausragende Rolle im Exiltheater beider Länder.

Das ist durchaus bemerkenswert, da die Bedingungen des Exiltheaters in Dänemark äußerst schwierig waren und es praktisch keine Emigrantenensembles gab. Einerseits standen nicht genügend Profischauspieler zur Verfügung, um entsprechende Theatergruppen zu gründen; andererseits gab es unter den Emigranten kein ausreichend großes Publikum, das solche Gruppen hätte unterstützen können.

Gleichwohl konnte Brecht Förderer finden. 1935 inszenierte Ruth Berlau mit einer Laiengruppe kommunistischer Arbeiter, dem Arbejdernes Teater, *Die Mutter* in Kopenhagen. Und am 4. November 1936 brachte Per Knutzon zum ersten Mal *Die Rundköpfe und die Spitzköpfe* mit der Musik Hanns Eislers im Riddersalen auf die Bühne. Brecht selber hatte hier an der Regie mitgearbeitet.[42] Die Aufführung entfachte Debatten und Protestaktionen – etwa von katholischer Seite –, die schließlich zu Zensurmaßnahmen führten. Dennoch brachte Knutzon am 12. November desselben Jahres

40 Vgl. Wächter: *Theater im Exil*, S. 85.

41 Zum Exil Brechts vgl. Hans Peter Neureuter: *Brecht in Finnland. Studien zu Leben und Werk 1940–1941*. Frankfurt am Main: Suhrkamp 2007. Vgl. auch Ruth Berlau: *Brechts Lai-Tu. Erinnerungen und Notate*, hrsg. u. mit einem Nachw. v. Hans Bunge. Darmstadt / Neuwied: Luchterhand 1985.

42 Vgl. Wächter: *Theater im Exil*, S. 90.

auch noch *Die sieben Todsünden der Kleinbürger* auf die Bühne – und sorgte damit für einen neuerlichen Eklat. Nachdem der dänische König Christian X. die Veranstaltung empört verlassen hatte, wurde die Inszenierung, trotz großen Publikumserfolgs, abgesetzt.[43]
Aber Brecht war nun in Theaterkreisen bekannt. Am 17. September 1937 inszenierte Per Knutzon die *Dreigroschenoper* am Theater Riddersalen, und am 19. Dezember 1937 fand die Premiere von *Fru Carrars Geværer* im Arbejdernes Teater statt. Wie bei anderen Inszenierungen Ruth Berlaus hatte Brecht auch hier an der Regie mitgearbeitet, weshalb die Aufführung der von Brecht und Dudow in Paris ähnelte.[44] Das Stück wurde anschließend am 14. Februar 1938 in Kopenhagen auch auf Deutsch aufgeführt. Regisseure waren erneut Berlau und Brecht, in der Hauptrolle glänzte Helene Weigel, alle anderen Darsteller waren Laienschauspieler aus dem Emigrantenkreis. Das Drama wurde mehrfach mit großem Erfolg aufgeführt und später auch in anderen Städten Dänemarks gespielt.[45]
In Schweden führte das Exiltheater ebenfalls eine eher randständige Existenz. Dennoch wurden auch hier Exilstücke inszeniert, vor allem von Emigrantenensembles oder einheimischen Laienschauspielern. Eine wichtige Rolle spielten hierbei Hermann Greid, Curt Trepte und Peter Winner: Die drei Künstler gründeten die Freie Bühne, das einzige Ensemble aus Berufsschauspielern im skandinavischen Exil.[46]

43 Vgl. ebd., S. 92–93.

44 Vgl. ebd., S. 86.

45 Vgl. ebd., S. 88.

46 Das Ensemble Freie Bühne gehörte zum Freien Deutschen Kulturbund. Die erste Aufführung war eine Bühnenfassung von einer der Miniaturen aus Stefan Zweigs *Sternstunden der Menschheit*: *Flucht zu Gott*. Am 7. Oktober 1943 wurde Kleists *Der zerbrochene Krug* inszeniert. Am 22. Februar wurden Szenen aus Tollers *Pastor Hall*, Karl Kraus' *Die letzten Tagen der Menschheit*, Jaroslav Haseks *Der brave Soldat Schwejk* und Lieder und Gedichte von Brecht, Oskar Maria Graf und Stefan Zweig gespielt. Am 29. April 1944 folgten Szenen aus Wolfgang Langhoffs *Die Moorsoldaten*, Arthur Koestlers *Arrival and Departure*, Anna Seghers *Das siebte Kreuz* und Brechts *Furcht und Elend des Dritten Reiches*. Die letzte große Inszenierung fand am 5. Oktober 1944 statt: *Die andere Seite* von Hans Dirk (Pseudonym von Hermann Greid). Aus ökonomischen Gründen musste sich die Freie Bühne auflösen. Die jüdischen Emigranten distanzierten sich immer mehr von der deutschen Kultur, es fehlte dem Theater daher die finanzielle Unterstützung von einem großen Teil des Exilpublikums. Vgl. Müssener: Deutschsprachiges Theater im skandinavischen Exil, S. 330–333.

Wie in Dänemark war es vor allem Brecht, der das Exiltheater prägte. Und wie dort war auch in Schweden Ruth Berlau die entscheidende Wegbereiterin für das Brechtsche Theater. Aufgrund ihrer Vermittlung entschloss sich das schwedische Komitee zur Unterstützung der spanischen Volksfront, *Die Gewehre der Frau Carrar* zur Aufführung zu bringen. Die Premiere fand am 5. März 1938 in Stockholm statt und stellt ein gutes Beispiel für die Zusammenarbeit zwischen schwedischen Künstlern und Emigranten dar. Der Regisseur war der Emigrant Herman Greid, an den Proben hatte auch Brecht teilgenommen.[47] Kurz darauf, im Oktober 1938, wurde das gleiche Stück noch einmal von Curt Trepte inszeniert, der eine Laienschauspielergruppe aus Arbeitern der sozialdemokratischen Jugend (die Arosamatörerna) in Västerås leitete.[48]
1939 schrieb Brecht die Einakter *Dansen* und *Was kostet das Eisen?*. Mit diesem Stück wollte der Autor die Öffentlichkeit vor den schrecklichen Folgen der Neutralitätspolitik warnen, wie sie unter anderem von Schweden und Dänemark vertreten wurde. Im Herbst 1939 inszenierte Ruth Berlau in Stockholm *Was kostet das Eisen?* mit einer Gruppe von Arbeiterschauspielern.[49] Und im Dezember 1939 brachte ein Ensemble aus jüdischen Emigranten und Laienschauspielern zum ersten Mal *Das Verhör des Lukullus* in Stockholm zur Aufführung; Brecht hatte das Stück im Auftrag des schwedischen Rundfunks verfasst, Regisseur war erneut Hermann Greid.
Eine nennenswerte Rezeption erfuhren die Exilstücke in Schweden und Dänemark allerdings fast nur im Kreis des Laientheaters und der Emigrantenensembles. Aus Rücksicht auf die Neutralitätspolitik der Regierung nahmen die wichtigsten Bühnen in Schweden keine Exildramen in ihre Spielpläne auf. Außer Brecht wurde von den Exilautoren nur noch Friedrich Wolf in Schweden aufgeführt. *Professor Mamlock* kam hier im Februar 1938, allerdings in einem privaten Theater, dem Blanche-Theater in Stockholm, auf die Bühne. Die vom Staat geförderten Theater hätten ein solch umstrittenes Stück nicht aufführen können. Und obwohl der weithin bekannte Regisseur Per Lindberg das Stück inszeniert hatte, wurde es schon nach kurzer Zeit wieder abgesetzt.[50]

47 Vgl. Wächter: *Theater im Exil*, S. 94.
48 Vgl. ebd., S. 95.
49 Vgl. ebd., S. 96.
50 Vgl. ebd., S. 99.

In Norwegen konnte sich das Exiltheater praktisch gar nicht entfalten. Auch hier fehlten einerseits genügend Berufsschauspieler, um ein Ensemble zu bilden. Andererseits konnte sich aufgrund der geringen Anzahl an Emigranten[51] und ihrer Heterogenität auch kein Publikum bilden, das die dramatische Arbeit von Emigrantenkünstlern hätte unterstützen können. Die vielleicht einzige Ausnahme bildete das Stück *Professor Mamlock*, das trotz heftiger Proteste im November 1935 vom Norwegischen Nationalen Theater in Oslo inszeniert wurde – mit großem Erfolg: Die Inszenierung erlebte 60 Vorstellungen.[52]
Letztendlich war das skandinavische Exiltheater jedoch nicht in der Lage, sich weithin hörbar und sichtbar in den Exilländern zu etablieren. Was die Arbeitsbedingungen erschwerte, waren nicht nur die üblichen konkreten Probleme des Emigrantenlebens, sondern auch die geringe Anzahl an Exilkünstlern. Daher war es schwierig, Theatergruppen zu bilden. Auch die Auseinandersetzungen zwischen den Befürwortern eines politischen Theaters und den Liebhabern von Unterhaltung und Revue erschwerten die Bildung eines homogenen Publikums. Das Exiltheater in Skandinavien war eine auf wenige Stücke und Autoren beschränkte, punktuelle Erscheinung. Es blieb damit letztlich isoliert und konnte das einheimische Publikum nicht erreichen.

Sowjetunion: Keine Experimente

Im Exil in der Sowjetunion befanden sich etwa 40 Emigranten aus der deutschen Theaterwelt. Rund die Hälfte von ihnen war schon vor 1933 eingereist. Sie hatten Deutschland bereits vor Hitlers Machtübernahme verlassen, sei es wegen der schwierigen ökonomischen Lage des revolutionären Theaters in Deutschland, sei es aufgrund der Repression des linken revolutionären Theaters seit Ende der 1920er Jahre.[53] Die Sowjetunion bot sich als Exilland deshalb an, weil innerhalb der Arbeiterbewegung und der Kommunistischen Partei eine organisatorische Infrastruktur aufgebaut

51 Zwischen 1933 und 1939 kamen ungefähr 840 Emigranten nach Norwegen. Vgl. Müssener: Deutschsprachiges Theater im skandinavischen Exil, S. 319.

52 Vgl. ebd., S. 327.

53 Vgl. Peter Diezel: Theater im sowjetischen Exil. In: *Handbuch des deutschsprachigen Exiltheaters 1933–1945*, Bd. 1, S. 289–318, hier S. 289.

worden war, die den Emigranten vielfältige Unterstützung bot. So gab es zum Beispiel die bereits 1921 von Willi Münzenberg gegründete Internationale Arbeiterhilfe und den 1929 entstandenen Internationalen Arbeiter-Theater-Bund, der 1932 in Internationaler Revolutionärer Theaterbund umbenannt wurde.[54] Diese Organisationen waren sowohl in Deutschland als auch in der Sowjetunion tätig.

Im Unterschied zu anderen Ländern bildeten sich in der Sowjetunion allerdings keine Emigrantenensembles, die sich an ein Emigrantenpublikum wandten. Da das ganze Theaterleben – wie die Kultur im Allgemeinen – staatlich organisiert und verwaltet wurde, gab es zwar keine privaten Bühnen, der sowjetische Staat hatte jedoch kräftig in die Entwicklung der dramatischen Produktion investiert und dadurch die Bildung zahlreicher Ensembles gefördert. Darüber hinaus stand in der Sowjetunion die nationale Kultur von Minderheiten unter Schutz, wodurch auch nicht-russischsprachige Kultureinrichtungen entstanden – etwa in der Wolgadeutschen Republik, deren Bevölkerung zum größten Teil deutscher Muttersprache war: Hier wurde 1931 ein erstes deutsches Theater eröffnet, das Staatliche Akademische Theater in Engels,[55] der Hauptstadt der Republik. Das Ensemble setzte sich aus einheimischen Laienschauspielern zusammen, aber deutsche Exilkünstler wurden mit ihrer Ausbildung beauftragt.

So wie in diesem Fall wurden alle in die Sowjetunion kommenden Emigranten in zumeist schon bestehenden oder gerade gegründeten staatlichen Theatergruppen eingesetzt. 1935 beispielsweise beauftragte der damalige Präsident des Internationalen Revolutionären Theaterbundes, Erwin Piscator, Maxim Vallentin mit der Leitung des Dnjepropetrowsker Deutschen Gebietstheaters. Involviert in dieses Projekt wurden auch die Mitglieder des Deutschen Theaters Kolonne links, das sich im sowjetischen Exil aus den Agitpropgruppen Kolonne links und Truppe 1931 unter der Leitung Gustav von Wangenheims gebildet hatte. Leider entwickelte sich das Projekt nicht wie erhofft, so dass sich das Deutsche Theater Kolonne

54 Vgl. Diezel: Theater im sowjetischen Exil, S. 289.

55 Zur Geschichte des Staatlichen Akademischen Staatstheaters in Engels vgl. Hermann Haarmann: *Das „Engels"-Projekt. Ein antifaschistisches Theater deutscher Emigranten in der UdSSR (1936/1941).* Worms: Heintz 1975.

links schließlich auflöste und das Dnjepropetrowsker Deutsche Gebietstheater aus ökonomischen Gründen wieder geschlossen werden musste.
Viele Theaterprojekte dieser Zeit waren auch aus anderen Gründen zum Scheitern verurteilt. Zum einen entzündeten sich zwischen 1932 und 1936 heftige Debatten und Auseinandersetzungen zu Fragen der Kunst im kommunistischen Lager, in deren Folge sich der Sozialistische Realismus und die Stanislawski-Methode als Staatsideologien der Ästhetik etablierten. Literatur und Theater sollten realistisch und objektiv sein, eine optimistische Vision der Zukunft anbieten, einen positiven Helden haben und das Publikum dem Sozialismus näherbringen.[56] Die Vertreter anderer ästhetischer Auffassungen innerhalb des sozialistischen Lagers[57] fanden immer weniger Ausdrucksmöglichkeiten. Zum anderen verbreitete sich ab 1935 ein Misstrauensklima gegenüber den deutschen Emigranten, die verdächtigt wurden, Trotzki-Agenten oder Spitzel des Dritten Reichs zu sein. Aus diesem Grund scheiterte etwa auch der Plan Erwin Piscators, in Engels ein Kunstzentrum mit einem hochwertigen Theater, Filmstudios und einer Theaterschule zu gründen, obwohl er bereits namhafte deutsche Schauspieler, Regisseure und Autoren für das Projekt gewonnen hatte: u.a. Carola Neher, Bernhard Reich, Alexander Granach, Ernst Busch, Helene Weigel, Wolfgang Langhoff, Leonard Steckel, Jo Mihaly und Erwin Kalser.
Das Verdachtsklima nach den ersten Schauprozessen führte zur Entlassung oder Verhaftung vieler deutscher Künstler. 1936 wurde auch Piscator in einer Parteiversammlung der deutschen Kommission des sowjetischen Schriftstellerverbandes der Sabotage verdächtigt. Wilhelm Pieck riet daraufhin dem Regisseur, der sich zu diesem Zeitpunkt gerade in Paris aufhielt, nicht in die Sowjetunion zurückzukehren.[58] Auch diejenigen, die sich von der Agitpropkunst distanziert hatten, wie zum Beispiel Maxim Vallentin, und

56 Vgl. Wächter: *Theater im Exil*, S.109.

57 Während des Schriftstellerkongresses 1934 in Moskau wurde Karl Radek für seine Verurteilung der Kunstexperimente von zahlreichen Intellektuellen kritisiert. Dazu zählten u.a. Jean Richard Bloch, Wieland Herzfelde, André Malraux, Theodor Plivier und Ernst Toller. Vgl. ebd., S.111.

58 Vgl. Wilhelm Pieck: Brief an Erwin Piscator, [Moskau], 08.10.1934. Typoskript, 1 Bl., 1 S. Archiv der Akademie der Künste, Nachlass Erwin Piscator Center, Sign. 2039.

sich jetzt, ganz auf Parteilinie, der Stanislawski-Methode bedienten, konnten sich den Verfolgungsmaßnahmen nicht entziehen.[59] Auch die deutsch-sowjetischen Künstler, die weiterhin im Theater tätig waren und die Aussonderung der Emigranten mitgetragen hatten, durften auf kein besseres Schicksal hoffen. So wurde die Wolgarepublik 1941 aufgelöst und die gesamte, als nationalsozialistische Kolonne verdächtigte Bevölkerung nach Sibirien und nach Kasachstan deportiert.

Das ideologische Beharren auf dem Sozialistischen Realismus und der Stanislawski-Methode und die Ablehnung von Expressionismus und Avantgarden sind auch eine Erklärung dafür, warum Brechts Stücke nicht auf die sowjetischen Bühnen kamen. Sein episches Theater, das auf Verfremdung und die Entschleierung von Illusionen setzte, fand nicht die Gunst des sowjetischen Kulturapparats – im Unterschied zum Werk Friedrich Wolfs, der zum meist aufgeführten Exilautor in der Sowjetunion wurde. Dieser Umstand lässt sich dadurch erklären, dass Wolf zu den wenigen bekannten Schriftstellern gehörte, die eine große Bereitschaft zeigten, die eigenen ästhetischen Prinzipien den neuen ästhetischen Richtlinien anzupassen. Insbesondere *Professor Mamlock* stellte 1933 einen Wendepunkt in der literarischen Arbeit Wolfs dar, die sich nun dem Sozialistischen Realismus und den ideologischen Vorgaben des sowjetischen Kulturapparates annäherte.

Bauer Baetz ist das erste Drama Wolfs, das nach der Emigration in der Sowjetunion aufgeführt wurde. Das Stück eignete sich seinem Aufbau nach für eine Aufführung durch Laienschauspieler und wurde 1934 vom Arbeiter-Künstlertheater und von einer lettischen Theatergruppe in Moskau inszeniert. Danach wurde das Werk in verschiedenen Sprachen in der ganzen Sowjetunion gezeigt: in Kiew, Kasan, Ufa, Baku, Riga.[60] Im selben Jahr inszenierte das Theater in Engels *Laurencia* (unter dem Titel *Der Kampf um die Schafsquelle*). Das Stück hatte Wolf eigens für dieses Theater verfasst. Im März 1935 inszenierte das Gewerkschaftstheater in Moskau *Professor Mamlock*.

59 Vgl. Peter Diezel: „dieses Land können wir nur von außen verteidigen. hier brauchen sie uns nicht…“. Maxim Vallentin und das deutschsprachige Theater im sowjetischen Exil. In: Ders. (Hrsg.): *„hier brauchen sie uns nicht“. Maxim Vallentin und das deutschsprachige Theater in der Sowjetunion 1935–1937. Briefe und Dokumente.* Berlin: Bostelmann & Siebenhaar 2000, S. 15–53.

60 Vgl. Wächter: *Theater im Exil*, S. 117.

Das Drama hatte großen Erfolg, es wurde 400 Mal aufgeführt und später auch in vielen anderen Theatern des ganzen Landes gezeigt, so dass es in den 1930er Jahren zu einem der erfolgreichsten ausländischen Dramen in der Sowjetunion wurde. Lediglich in den Jahren zwischen dem deutsch-sowjetischen Nicht-Angriffs-Pakt (1939) und dem deutschen Angriff auf die Sowjetunion durfte es nicht aufgeführt werden.

Wie eng die Beziehung zwischen Kunst und Ideologie in der Sowjetunion war, kann die Geschichte der Inszenierung von *Floridsdorf* beleuchten. Das 1934 fertiggestellte Stück wurde erst 1936 im Wachtangow-Theater in Moskau inszeniert. Im Drama wird die Sozialdemokratische Partei als eigentlicher Feind der Arbeiterklasse geschildert und verurteilt. In den Jahren der Bildung der Volksfront aller antifaschistischen Kräfte war das Grund genug, die Aufführung lange zu verschieben. Denn Wolfs Position, die eigentlich der von der KPD vertretenen These entsprach, die Sozialdemokratie sei Sozialfaschismus, hätte schwere Auseinandersetzungen provoziert. Das war aber damals nicht erwünscht, weil die Partei in dieser Phase die Versöhnung mit den Sozialdemokraten suchte. So fand das Stück erst 1936, nachdem die Einigungsversuche gescheitert waren, den Weg auf die Bühne.[61]

USA: Kulturindustrie statt kritischer Reflexion

In den USA sammelte sich die größte Emigrantengruppe. Nachdem eine erste Fluchtwelle schon 1933 die USA erreicht hatte, nahmen die Emigrantenzahlen vor allem ab 1938 deutlich zu, als der Krieg in Europa näher rückte. Insgesamt erreichten zwischen 1933 und 1945 etwa 150.000 Emigranten aus Deutschland und Österreich die USA. 67,5 Prozent der Emigranten waren aus rassistischen Gründen geflüchtet.[62] Nur fünf Prozent von ihnen waren aus politischen Gründen im Exil.[63] Viele Professoren, Künstler und

61 Vgl. ebd., S. 120–122.

62 Die Emigranten kamen meistens aus dem jüdischen Klein- und Mittelbürgertum und waren als Händler tätig gewesen.

63 Vgl. Alfred Dreifuss / Volker Frank / Wolfgang Gersch / Thea Kirfel-Lenk / Eike Middell / Jürgen Schebera: *Kunst und Literatur im antifaschistischen Exil 1933–1945*, Bd. 3: Exil in den USA. Mit einem Bericht „Schanghai – Eine Emigration am Rande". Frankfurt am Main: Röderberg 1980, S. 39.

berühmte Schriftsteller suchten den Weg in die USA (darunter Bert Brecht, Alfred Döblin, die Familie Mann, Franz Werfel, Carl Zuckmayer, Erwin Piscator, Max Reinhardt, Paul Dessau, Hanns Eisler, Arnold Schönberg oder Kurt Weill).[64]
In den USA entstanden zahlreiche Emigrantentheaterprojekte,[65] sie waren zumeist allerdings nur von kurzer Dauer. Der Schauspieler im Exil war vor zwei Alternativen gestellt: Er konnte entweder versuchen, im amerikanischen Theater oder Kino zu arbeiten – und das war die ökonomisch vorteilhaftere Lösung –, oder er schloss sich einem Emigrantenensemble an. In beiden Fällen – in ersterem auf gravierendere Weise – stellte die Sprache das größte Problem für die Integration des Künstlers dar. Weitere Schwierigkeiten wurden durch die Unterschiede der Kulturen und der Theatersysteme verursacht. Ansonsten war die Aufnahmebereitschaft der amerikanischen Gesellschaft groß, die ja selbst ganz überwiegend aus Emigranten besteht und sich als multiethnische Mischung versteht.[66] Gleichwohl war Anpassung gefordert, und wer sich dazu nicht bereit zeigte, stand schnell isoliert da. Hollywood war in vielerlei, insbesondere in finanzieller Hinsicht sicher der attraktivste Arbeitsort.[67]

64 Schon vor 1933 hatten die USA Gesetze verabschiedet, um die Emigrantenzahl in Grenzen zu halten. Der *Immigration Act* aus dem Jahr 1924, der die Immigration und die Erteilung von Visa stark einschränkte, blieb bis zum Kriegsende gültig. Das Gesetz regelte durch begrenzte Einreisezahlen die Immigration aus den verschiedenen Ländern der Welt. Danach durften 27.230 Personen pro Jahr aus Deutschland und Österreich in die USA einreisen. Von den 150.000 Emigranten, die zwischen 1933 und 1945 in die USA kamen, genossen nur 120.000 Asylrecht. Diese Emigranten wurden auf die festgesetzten Einwanderungszahlen für Deutschland und Österreich angerechnet. Alle anderen gehörten zur Gruppe der *Nonquota Immigrants*. Es handelte sich um privilegierte Emigrantenkategorien, die keinen Einschränkungen unterlagen: etwa Hochschullehrer und ihre Familien. Vor allem für Universitätsprofessoren gestalteten sich die Immigrationsbedingungen und die Einstellungsangebote durch Universitäten und Forschungsinstitute sehr großzügig. Aus diesem Grund waren die Akademiker unter den Emigranten in den USA zahlreich vertreten. Zwischen 1933 und 1944 kamen ungefähr 1.900 Wissenschaftler, Publizisten und Schriftsteller sowie 1.018 Musiker in die USA. Vgl. Dreifuss / Frank / Gersch / Kirfel-Lenk / Middell / Schebera: *Kunst und Literatur im antifaschistischen Exil 1933–1945*, Bd. 3, S. 40, 53.

65 Etwa 500 Theaterkünstler emigrierten in die USA. Vgl. Henry Marx: Exiltheater in den USA. In: *Handbuch des deutschsprachigen Exiltheaters 1933–1945*, Bd. 1, S. 397–421, hier S. 397.

66 Vgl. Wächter: *Theater im Exil*, S. 130–132.

67 In Hollywood wurden 130 Schauspieler, 30 Regisseure, 20 Komponisten und fünf Drehbuchautoren eingestellt. Theaterkünstler im Exil arbeiteten an mehr als

Die amerikanische Kinoindustrie eröffnete große Möglichkeiten für die Emigranten. Die neuen Produktionsbedingungen und der dem europäischen Geschmack fremde Stil des amerikanischen Films blieben aber vielen Künstlern fern und erschwerten ihre Integration. Viele blieben am Rande der Unterhaltungsindustrie, weil sie die Sprache und die Produktionsbedingungen nicht verstanden – wie Ludwig Marcuse beschreibt: „so saßen Heinrich Mann, Alfred Döblin, Leonhard Frank, Alfred Polgar, Walter Mehring in den Filmbetrieben; ohne Englisch zu können, ohne das Filmmachen zu kennen, voller Verachtung für dies Gewerbe…“[68].

Selten flossen die Ideen von Emigranten in die Hollywood-Produktionen ein. Der einzige von Emigranten konzipierte Film, der zwischen 1938 und 1945 in den Studios produziert wurde, war *Hangmen also die* (*Auch Henker sterben*) – der von Brecht entworfene Film wurde 1942 von Fritz Lang gedreht.

In der gesamten Kulturbranche gab es allerdings Schwierigkeiten nicht nur für die europäischen Künstler. Die USA befanden sich ökonomisch in einer schwierigen Phase; die Wirtschaftskrise hatte große Auswirkungen auch auf die Theaterwelt, viele Künstler waren arbeitslos geworden. Das hatte natürlich negative Auswirkungen auf alle nicht-amerikanischen Künstler, die, auch wenn sie Englisch sprachen, immer den Makel des Akzents hatten.

Mindestens ebenso schwierig für die Emigranten war die Anpassung an ein ganz anderes Theatersystem als das europäische. Die Theaterorganisation in den USA, dort gab es zum Beispiel keine Staatstheater, machte das Leben des Künstlers noch prekärer als in Europa. Die wichtigste Rolle in einer Produktion spielte der Produzent. Er unterschrieb die Arbeitsverträge und zahlte die Gehälter – häufig unter einem wesentlichen Vorbehalt: Bevor ein Drama Premiere in New York hatte, wurde es in kleineren Städten aufgeführt. Ob ein Stück auf die großen Bühnen gelangte, hing von diesem *Try-out* ab. Wenn es keinen Erfolg hatte, wurde das Drama

150 Produktionen am Broadway. Allerdings wurden nur wenige davon zu Stars: wie zum Beispiel Elisabeth Bergner oder Marlene Dietrich und Ernst Lubitsch – die beiden Letztgenannten hatten jedoch vor 1933 die USA erreicht. Vgl. ebd., S. 399, 416.

68 Ludwig Marcuse zit. n. Alexander Stephan: *Im Visier des FBI. Deutsche Exilschriftsteller in den Akten amerikanischer Geheimdienste.* Stuttgart / Weimar: Metzler 1995, S. 80.

kurzerhand abgesetzt und die Schauspieler wurden arbeitslos; und aufgrund des Misserfolgs war es für sie dann noch schwieriger, ein neues Engagement bei einem anderen Produzenten zu finden. Wichtig für den Erfolg einer Inszenierung war auch die Werbung in der Presse. Ein Stück brauchte Besprechungen in den Zeitungen, um Erfolg zu haben.

Da sich in der amerikanischen Theaterwelt nahezu alles um den Produzenten drehte, galten fast ausschließlich ökonomische Kriterien.[69] Daher war das amerikanische Theater allgemein oberflächlicher als das europäische.[70] Auf der Suche nach dem Publikumserfolg hielten sich die Produktionen an einen traditionellen und realistischen Stil und vermieden jede experimentelle Irritation. Es dominierten der dramatische Stil Ibsens und die Stanislawski-Schule, d. h. ein psychologisches und naturalistisches Theater, ein Theater der Fiktion, das auf die Identifikation des Zuschauers zielte. Die Dramatik eines Brecht hatte deshalb auch in den USA – wie schon in der Sowjetunion – keine Chance; hier kam noch hinzu, dass der vorherrschende Antikommunismus den Autor zu einer unbeliebten Figur machte. Nicht nur für Brecht, auch für viele andere Regisseure und Autoren (mehr noch als für Schauspieler) war es deshalb schwierig, sich in der neuen Welt zurechtzufinden und sich durchzusetzen. Auch Piscator zum Beispiel konnte nie am Broadway inszenieren.

Die Künstler, die durch die Erfahrung des Weimarer Theaters geprägt waren, fanden in den USA nur wenige Spielräume vor. Doch obwohl das Unterhaltungstheater das dominante Genre war, gab es auch hier Theaterstrukturen ganz unterschiedlicher Natur. Das 1918 gegründete Theatre Guild beispielsweise war in den 1920er Jahren das bedeutendste Avantgardetheater in den USA. Hier wurden auch deutsche Dramen gespielt und Exiltheater aufgeführt. 1934 stand Ferdinand Bruckners *Die Rassen* auf dem Spielplan. 1941 wurde das von Fritz Kortner und Carl Zuckmayer gemeinsam verfasste Stück *Somewhere in France* aufgeführt, 1944 kam Franz Werfels *Jakobowsky und der Oberst* (in N. S. Behrmans Bearbeitung) sowie auch Werfels *Der veruntreute Himmel* auf die Bühne.

69 Vgl. Wächter: *Theater im Exil*, S. 142–143.

70 Vgl. ebd., S. 190.

In den 1930er Jahren bildeten sich verschiedene Ensembles, die ein sozial engagiertes Theater in dezidierter Absetzung vom Unterhaltungstheater des Broadway pflegten. In der ästhetischen Konzeption setzte sich in diesen Theatergruppen – im Vergleich mit der im Theatre Guild dominierenden Stanislawski-Methode – der Einfluss Piscators, der Agitpropbewegung und des sowjetischen Avantgardetheaters Wladimir Majakowskis durch. Eines dieser Ensembles war das 1932 gegründete Theatre Union.

Das 1935 entstandene Federal Theatre war das erste und einzige vom Staat initiierte und geförderte Theater. Das Projekt wurde nur vier Jahre später, 1939, wegen seiner politischen Ausrichtung und der Offenheit gegenüber dem sowjetischen Avantgardetheater beendet. Zwei der wichtigsten Inszenierungen von Exilstücken fanden am Federal Theatre statt: am 13. April 1937 wurde *Professor Mamlock* von der Jewish Theatre Unit of the Federal Theatre Project in New York inszeniert; 1938 wurde die satirische Komödie *No More Peace* von Ernst Toller aufgeführt.[71]

Weitere wichtige Kulturzentren waren die Bühnen von Universitäten und Colleges sowie die sogenannten *City Theatres* oder *Little Theatres* – diese Theatergruppen bildeten sich aus Laienschauspielern oder Schauspielstudenten; sie hatten kein Unterhaltungsrepertoire, aber eine gute technische Ausstattung und wurden von ausgezeichneten Künstlern geleitet. Die Dramen Brechts oder Tollers konnte man fast nur in diesen Theatern sehen.

Die Exiltheaterproduktion in den USA war insgesamt reicher an Aufführungen und Inszenierungen als in anderen Gastländern. Allerdings handelte es sich zumeist um einzelne Veranstaltungen und um Initiativen von kleineren Gruppen. Auch Emigrantenensembles spielten hierbei eine Rolle, so etwa die zwischen 1933 und 1934 gegründete Neue Theater-Gruppe, die beispielsweise *Die Mausefalle* von Gustav von Wangenheim auf die Bühne brachte. Eine weitere wichtige Initiative war die Gründung der Tribüne für Freie Deutsche Literatur und Kunst in Amerika im Herbst 1941 in New York. Zu den Gründungsmitgliedern gehörten u.a. Bertolt Brecht, Ferdinand Bruckner, Lion Feuchtwanger, Oskar Maria Graf, Wieland Herzfelde, Stefan Heym, Heinrich Mann und Berthold Viertel. Die Projekte der Tribüne wandten sich vor allem an

71 Vgl. ebd., S. 144–146.

die Emigranten. So inszenierte Viertel am 28. Mai 1942 einige Teile von *Furcht und Elend des Dritten Reiches*: *Rechtsfindung*, *Das Kreidekreuz*, *Die jüdische Frau*, *Der Spitzel*, *Die Kiste*.[72] Und am 6. März 1943 fand ein Brecht-Abend statt: Elisabeth Bergner spielte den *Kinderkreuzzug 1939* vor, und es wurden zwei noch nicht aufgeführte Szenen aus *Furcht und Elend des Dritten Reiches* (*Die Bergpredigt* und *Volksbefragung*) gelesen.

Mit Ausnahme des *Aufbau* und der *New Yorker Staatszeitung* beschäftigte sich die Presse nicht mit den Veranstaltungen der Emigranten, die auch keinen großen Publikumserfolg hatten.

In diesem eher isolierten Milieu fand auch Brecht sein Publikum: Das Theatre Union inszenierte die *Dreigroschenoper* (1933), *Die Mutter* (1935) sowie *The Private Life of Master Rice*. *Furcht und Elend des Dritten Reiches* wurde in der Übersetzung und unter der Regie Eric Russell Bentleys 1943 von Studenten des Black Mountain Colleges in North Carolina aufgeführt. 1945 wurde das gleiche Stück von Heinrich Schnitzler – der Drama und Theater in Berkeley lehrte – mit seinem Universitätstheater aufgeführt; am 7. Juni 1945 fand die Premiere in New York statt.

Zentraler Ort der Zusammenarbeit zwischen Amerikanern und Emigranten wurde insbesondere der 1939 von Piscator gegründete Dramatic Workshop of the New School for Social Research. Zu den Lehrern der Schule zählten Hanns Eisler, Kurt Pinthus, Hans José Rehfisch, Carl Zuckmayer und der Amerikaner Orson Welles. 1940 wurde dieser Workshop durch ein eigenes Studio Theatre ergänzt, wo sich die Studenten der konkreten Theaterarbeit widmen konnten. Berühmte Studenten der Schule waren Marlon Brando, Arthur Miller, Tennessee Williams und Judith Malina. Piscator bildete zudem zahlreiche Schauspieler, Regisseure und Dramatiker aus und hinterließ auf diese Weise einen starken Einfluss auf das amerikanische Theater.

Die in den USA produzierten Exildramen waren größtenteils gewissermaßen Kompromissfassungen, die dem Publikumsgeschmack entgegenzukommen versuchten. Zu den erfolgreichen Stücken zählte zum Beispiel das 1933 am Broadway inszenierte Drama *Kultur* von Theodor Wächter. In der Handlung erinnert dieses Stück an *Professor Mamlock*, während sein Inhalt sehr vereinfacht ist. Es

72 Vgl. Wächter: *Theater im Exil*, S. 151.

war für die Amerikaner nicht einfach, die deutsche Atmosphäre der dreißiger Jahre zu verstehen; der Nationalsozialismus war weit entfernt und noch kaum bekannt. Das machte es schwierig für die Künstler, politische Konstellationen nachvollziehbar darzustellen. Stücke wie *Die Rassen* oder *Professor Mamlock*, in denen die politischen Verhältnisse nicht so stark vereinfacht geschildert wurden,[73] waren schwer vermittelbar.
Solche Distanz zwischen der amerikanischen und der europäischen Welt offenbart auch ein Briefwechsel, den Friedrich Wolf mit der Theatergruppe Theatre Union führte, die 1933 *Professor Mamlock* in den USA inszenieren wollte. Das Ensemble hatte von Wolf verlangt, das Werk in vielen Aspekten zu verändern und für das amerikanische Publikum verständlicher zu machen. Er sollte mehr erklären, um aufzuzeigen, was der Nationalsozialismus sei.[74] So entstand geradezu, weil es für die Amerikaner schwierig war, sich den deutschen Nationalsozialismus vorzustellen, ein neuer Dramaprototyp: das antinationalsozialistische Drama. Wie im Film wurden auch in diesem Genre Themen und Fragen für das Publikum vereinfacht. Die klassischen, originalen Exildramen waren offenbar nicht attraktiv für die Amerikaner. Die Distanz zu Europa war zu groß, als dass sie die kritische Reflexion der Europäer hätten mitvollziehen können. Und vom Kommunismus wollte in jener Zeit ohnehin niemand etwas wissen.[75]

Lateinamerika: Kunst und Überleben

Lateinamerika war kein bevorzugtes Ziel des Exils. Zum einen war es weit von Europa entfernt, zum anderen herrschten dort in vielen Ländern faschistische Regimes, die die Emigranten aus verständlichen Gründen nicht attraktiv fanden. Dennoch stiegen die Emigrationszahlen hier vor allem nach 1938, wie in allen anderen außereuropäischen Gastländern, stark an – obwohl viele Flüchtlinge aus antisemitischen Gründen oder einer rassistischen Asylpolitik abgewiesen wurden.[76] Gemessen an den Aufnahmemöglichkeiten

73 Vgl. ebd., S. 148–171.

74 Vgl. Theatre Union: Brief an Friedrich Wolf, 31.07.1933. In: Ders.: *Briefwechsel. Eine Auswahl*, S. 256–259.

75 Vgl. Wächter: *Theater im Exil*, S. 171–172.

76 Insbesondere setzte die brasilianische Regierung eine erbarmungslose

des Kontinents erhielten letztlich nur sehr wenige Emigranten Zuflucht.[77]

90 Prozent der Flüchtlinge, die nach Lateinamerika kamen, waren jüdischer Herkunft. Im sozial-revolutionären Mexiko konzentrierten sich vor allem Intellektuelle und politische Emigranten. Unter ihnen waren: Alexander Abusch, Bruno Frei, Egon Erwin Kisch, Ludwig Renn, Anna Seghers oder Bodo Uhse. Das Kulturleben der Emigranten im mexikanischen Exil kreiste insbesondere um den 1941 gegründeten Heinrich Heine-Club, der verschiedene Veranstaltungen organisierte und förderte. Das clubeigene Ensemble brachte zwischen 1943 und 1946 mehr als zwölf Stücke zur Aufführung.[78]

In Argentinien – wo sich ein Großteil der nach Lateinamerika Emigrierten einfand – war die Situation der Flüchtlinge durchaus heikel, denn hier lebten schon seit mehreren Generationen deutsche Aussiedler,[79] die jetzt mit dem Nationalsozialismus sympathisierten. Darüber hinaus versuchte Deutschland, Druck auf Lateinamerika auszuüben, um den Kontinent unter seinen Einfluss zu bringen.

Trotz dieser schwierigen Ausgangslage entwickelte sich in Argentinien ein interessantes Theaterleben, vor allem in Buenos Aires, wo

antisemitische Politik durch. Es gab keine spezifischen Asyl-Gesetze, die Flüchtlinge galten einfach als Emigranten. Brasilien definierte schlicht Emigrationskontingente für die verschiedenen Länder. Da die Juden als eigenständige ethnische Gruppe galten, wurden sie weiteren Einschränkungen unterworfen. Vgl. Frithjof Trapp: Exiltheater in Südamerika. In: *Handbuch des deutschsprachigen Exiltheaters 1933–1945*, Bd. 1, S. 437–455, hier S. 438.

77 Nach Argentinien durften ungefähr 35.000 Emigranten, nach Brasilien (der größte Staat in Lateinamerika) 20.000, nach Uruguay 7.000, nach Mexiko 1.500. Vgl. Wolfgang Kießling: Es begann mit der „Galgentoni" – Theater im Heinrich-Heine-Klub (Mexiko). In: *Handbuch des deutschsprachigen Exiltheaters 1933–1945*, Bd. 1, S. 423–435, hier S. 423.

78 U. a. *Die Himmelfahrt der Galgentoni* von E. E. Kisch (am 23. Januar 1943); *Volpone* von Ben Jonson; Henrik Johan Ibsens *Die Gespenster*; Georges Courtelines *Der gemütliche Kommissar*; Brechts *Dreigroschenoper* (1943); Johannes R. Bechers *Winterschlacht*, die zum ersten Mal am 10. Juli 1943 unter dem Titel *Hundert Kilometer vor Moskau* aufgeführt wurde; Bruckners *Denn seine Zeit ist zu kurz* (am 30. September 1944); im April 1945 *Der Fall des Generalstabschefs Redl* von Kisch. Vgl. Wächter: *Theater im Exil*, S. 193–196.

79 In Buenos Aires lebten ungefähr 240.000 Deutschsprachige, ein Fünftel davon waren deutsche Staatsangehörige. Vgl. Trapp: Exiltheater in Südamerika, S. 439.

Paul Walter Jacob[80] 1940 die Freie Deutsche Bühne gründete. Diese Bühne war vor allem deshalb wichtig, weil sie eine kontinuierliche Arbeit im Bereich des Exiltheaters leistete – allen Widerständen zum Trotz. Denn die Veranstaltungen der Freien Bühne mussten sich stets der Konkurrenz des Deutschen Theaters in Buenos Aires erwehren, das von der deutschen Botschaft ökonomisch unterstützt wurde. Des Geschicks Walter Jacobs und der publizistischen Förderung durch das *Argentinische Tageblatt* und seines Herausgebers Dr. Ernesto F. Alemann ist es zu verdanken, dass das Emigrantenensemble trotzdem Erfolg hatte. Jacob verstand es, den Spielplan am Geschmack des Publikums auszurichten und dem Unterhaltungstheater einen gebührenden Platz einzuräumen. Die Emigranten wünschten sich ein Theater, das sie vom tragischen Alltag abzulenken vermochte. Und da die Zahl der Emigranten begrenzt war, wurde eben jede Woche eine neue Aufführung gezeigt.[81] Unter den Dramatikern, die Walter Jacob inszenierte, findet man keine politisch engagierten Autoren. In seinem Theater wurden weder Brecht noch Friedrich Wolf aufgeführt. Die politische Lage und die Erwartungen des Publikums bestimmten den Spielplan.[82]

Die Freie Deutsche Bühne war für andere Emigrantenensembles in Lateinamerika dennoch ein Vorbild. Dieses Exiltheater war erfolgreich, weil es ihm gelang, auch ohne explizit politische Botschaft die für die jüdische Gemeinde wichtige Frage der Identität zu thematisieren. Schon im deutschsprachigen Raum war, wie Frithjof Trapp urteilt, das Theater ein wichtiges Identitätselement für die Assimilation der Juden gewesen.[83] In der Weimarer Republik waren jüdische Künstler im deutschen Theater voll integriert und hatten die

80 Walter Jacob spielt in der Geschichte des Exiltheaters nicht nur durch seine Arbeit in der Freien Deutschen Bühne, sondern auch durch seine Mitwirkung in der Komödie (dem zwischen 1934 und 1935 in Luxemburg tätigen Emigrantenensemble) eine Rolle. Auch dieses Ensemble bemühte sich darum, die Produktionsbedingungen und den Spielplan an die Exilsituation anzupassen. Aus diesem Grund inszenierte die Theatergruppe in verschiedenen Städten des Landes unpolitische Stücke, die dem Publikumsgeschmack entsprachen. Vgl. Ingrid Maaß / Nicole Suhl: Exil in der Provinz – Luxemburg. In: *Handbuch des deutschsprachigen Exiltheaters 1933–1945*, Bd. 1, S. 235–243, hier S. 235–243.

81 Zwischen 1940 und 1946 fanden 550 Aufführungen, davon 169 Premieren statt.

82 Vgl. Trapp: Exiltheater in Südamerika, S. 442–449.

83 Vgl. ebd., S. 452–454.

soziale und kulturelle Gleichstellung erreicht. Eine solche Funktion übernahm nun auch das Theater im Exil, es wurde Treffpunkt für die Emigranten und erneut ein wichtiges Identitätselement.

Andere Emigrantenensembles entstanden rund um verschiedene Kreise, wie z. B. jüdische Gemeinden, Hilfskomitees, politische Organisationen oder Radiosender – wie im Fall der Komödie. Dieses Ensemble entstand 1941 in Montevideo auf Initiative von Hermann P. Gebhardt, der im lokalen Radio die deutschsprachige Sendung *La voz del dia* leitete. Die Komödie übernahm später viele Produktionen der Freien Deutschen Bühne und brachte sie in Montevideo zur Aufführung.

Das Theatersystem in Lateinamerika war ähnlich dem der USA. Es gab keine Staatstheater. Auch hier spielte deshalb der Produzent die wichtigste Rolle, der, möglichst um einen *Star* herum, die Veranstaltung aufbaute. Auch hier waren die ökonomischen Faktoren wichtiger als die Kunstfragen. Der Spielplan der Bühnen bevorzugte Unterhaltungsstücke aus Frankreich, Italien und Nordamerika. Das deutsche Theater war nur wenig bekannt. Zu den erfolgreicheren deutschen Theaterautoren zählte Bruckner, dessen Stücke *Die Verbrecher*, *Die Kreatur* und *Krankheit der Jugend* häufiger aufgeführt wurden. Im Dezember 1934 kam auch *Die Rassen* in einer Inszenierung der Compania Argentina de teatro Moderno im Teatro Comico in Buenos Aires auf die Bühne. An der Veranstaltung entzündeten sich heftige Auseinandersetzungen, der deutsche Botschafter, von Thermann, protestierte. Am 16. Dezember kam es sogar während einer Aufführung zu Unruhen, als im Theater anwesende Nationalsozialisten lauthals protestierten. Am Tag danach wurde das Stück von den argentinischen Behörden abgesetzt. Gegen diese als nazifreundlich und antisemitisch verurteilte Maßnahme protestierten die Theaterkünstler mit verschiedenen Streiks. Auch in der Presse wurde diese Maßnahme heftig kritisiert, woraufhin das Stück schließlich am Tag darauf wieder auf die Bühne kam.

Shanghai: Kunst im Ghetto

Shanghai wurde erst ab 1938 zu einem wichtigen Exilort, als offensichtlich wurde, dass Europa nicht mehr sicher war.[84] Die Flüchtlinge, die hierher kamen, waren zum großen Teil Juden, die die drohende Gefahr zu spät erkannt und die weder ausreichend Mittel noch Kontakte zu wichtigen Institutionen oder einflussreichen Leuten hatten, die ihnen Einreisepapiere für andere Exilländer hätten verschaffen können. So blieb ihnen nur Shanghai, denn Shanghai war 1939 das einzige Land in der Welt, wo eine Einreise ohne Pass oder Visum möglich war.[85]

In der bald mit Flüchtlingen überfüllten Stadt trafen die Emigranten auf schwierige Verhältnisse.[86] Es gab nicht genug Wohnungen[87] und so gut wie keine Arbeitsmöglichkeiten[88]. Nur ganz wenige

84 Zwischen 1938 und 1941 kamen etwa 20.000 Emigranten aus Deutschland, Österreich und der Tschechoslowakei nach Shanghai. Vgl. Wächter: *Theater im Exil*, S. 213.

85 Shanghai war in den Jahren nach 1933 der einzige Hafen der Welt, in dem eine Landung ohne Visum moglich war. Seit Mitte des 19. Jahrhunderts war Shanghai wie andere chinesische Hafenstädte nicht nur dem europäischen Handel geöffnet, sondern ausländische Kaufleute wie Missionare genossen umfangreiche Privilegien: Ihre Niederlassungen hatten exterritorialen Status. Als Anfang der dreißiger Jahre der japanische Expansionsdrang auf Mittelchina übergriff, kam es zu den ersten Kämpfen zwischen Japanern und Truppen der chinesischen Nationalregierung um Shanghai. Im Juli 1937 begannen erneut Kampfhandlungen um die Stadt; nach schweren Beschießungen und Bombardements nahmen die Japaner Shanghai ein. Sie besetzten nur die Vororte militärisch, während das Zentrum zunächst noch seinen internationalen Charakter behielt. Diese verworrene Mischung aus partieller Exterritorialität, Rückzug der chinesischen Bürokratie und teilweiser Eroberung durch japanische Truppen führte zu einem Machtvakuum, das die Aufnahme von Exilanten überhaupt erst ermöglichte. Vgl. Michael Philipp: Exiltheater in Shanghai 1939–1947. In: *Handbuch des deutschsprachigen Exiltheaters 1933–1945*, Bd. 1, S. 457–476, hier S. 457.

86 Rund 30.000 Weißrussen hatten nach der Oktoberrevolution in Shanghai Zuflucht gefunden, und etwa eine Million chinesische Flüchtlinge waren nach dem Krieg zwischen China und Japan in die Stadt gekommen. Vgl. Wächter: *Theater im Exil*, S. 212.

87 Die ökonomisch aktivsten Stadtteile von Shanghai waren mit Flüchtlingen aus China und Weißrussland überfüllt. Und die internationalen Stadtgebiete waren für die Emigranten aus Deutschland zu teuer.

88 Infolge der Immigration von Chinesen und Russen herrschte in der Stadt ein Überangebot an billigen Arbeitskräften, was die ökonomische Integration der neuen Flüchtlinge extrem schwierig machte. Für diejenigen, die nicht in einer der vielen Organisationen der internationalen Vertretungen unterkamen, war es kaum möglich, im Handelsbereich tätig zu werden. Schließlich musste man sich auch mit der protektionistischen Politik Chinas auseinandersetzen, dessen Gesetz aus dem Jahr 1927 festlegte, dass ausländische Arbeitskräfte durch Einheimische ersetzt werden müssten. Vgl. Wächter: *Theater im Exil*, S. 212–213.

konnten ohne die Unterstützung von Hilfskomitees überleben.[89] Als 1941 der Krieg im Pazifik begann und die Japaner Shanghai besetzten, wurde die Situation nahezu hoffnungslos.[90] 1943 richteten die japanischen Behörden für 17.000 Emigranten aus Deutschland, Österreich und anderen von Deutschland besetzten Gebieten ein Ghetto ein.[91]

Die Emigranten, die in Shanghai Zuflucht suchten, waren keine berühmten Persönlichkeiten, Intellektuelle oder politische Emigranten waren eher die Ausnahme. Obwohl also nicht viele Künstler nach Shanghai kamen, wurde auch hier unter schwierigsten Bedingungen Theater gemacht. Die meisten Emigranten waren Juden und zuvor im Jüdischen Kulturbund[92] aktiv gewesen, der zwischen 1933 und 1941 die einzige Institution in Deutschland war, in deren Rahmen Juden kulturelle Veranstaltungen organisieren durften.

Diskriminierung und Verfolgung hatten Juden zu einer Rückkehr zu ihren Traditionen gezwungen. So war die jüdische Kultur gewissermaßen jüdischer geworden. In Shanghai fanden die Emigranten durchaus ähnliche Lebensbedingungen wie in Deutschland nach Hitlers Machtübernahme vor. Wie in ihrem Herkunftsland lebten sie in der chinesischen Stadt vom Rest der Welt abgekapselt. Sie hatten keinen Kontakt mit der Kultur ihres Gastlandes, die ihnen

89 1935 entstand ein Hilfskomitee, das zum Teil von privaten Bürgern in Shanghai und zum Teil vom Jewish Joint Distribution Committee ökonomisch unterstützt wurde. Für jene Emigranten, die vor 1938 nach Shanghai gekommen waren, hatte es keine großen Schwierigkeiten gegeben. Ab 1938 wurden die ökonomischen Ressourcen jedoch knapp, und es wurde noch schwieriger, den immer zahlreicher werdenden Flüchtlingen zu helfen.

90 Danach kamen die Unterstützungsgelder aus den USA nicht mehr an. Die reichen Familien aus Shanghai, die die Hilfskomitees unterstützten, mussten ihre Beiträge einschränken. Ihre finanzielle Situation war problematischer geworden, weil der Krieg die Handelsbedingungen erschwerte.

91 Vgl. Wächter: *Theater im Exil*, S. 216.

92 Der Jüdische Kulturbund, der 1933 als Kulturbund deutscher Juden gegründet worden war, hatte 70.000 Mitglieder, darunter etwa 2.500 jüdische Künstler jeder Kategorie, die ab 1933 aus dem deutschen Kulturleben ausgeschlossen wurden. Der Verein gab einigen arbeitslosen Künstlern eine Beschäftigung. Die Nationalsozialisten verboten das Projekt nicht, sondern nutzten den Verein, um die Initiativen von Juden unter Kontrolle zu halten. Die Veranstaltungen des Kulturbundes durften sich allerdings ausschließlich an Juden selbst wenden. Der Verein wurde 1941 aufgelöst, und seine Mitglieder wurden deportiert. Vgl. Mittenzwei: Verfolgung und Vertreibung deutscher Bühnenkünstler, S. 32–34.

völlig fremd war. Aufgrund der geographischen Distanz und der damit verbundenen Kommunikationsschwierigkeiten gab es ebenfalls keine Kontakte zu den anderen Exilzentren. Diese isolierte Situation hatte dann selbstverständlich Auswirkungen auf das Theaterleben, das hier entstand. Da das europäische Theater dem chinesischen Publikum absolut fremd war, blieb die dramatische Produktion der Emigranten in Shanghai stets auf sich selbst bezogen; man suchte keinen Kontakt mit der chinesischen Gesellschaft und orientierte sich deshalb noch stärker als in anderen Exilzentren am Geschmack des kleinen Exilpublikums, das allgemein nicht an politischen Themen interessiert war.[93] Von diesem Publikum war das Überleben des Theaters abhängig.

Die Isoliertheit und die Distanz von den anderen Exilzentren machte es darüber hinaus sehr schwierig, Texte und Drehbücher zu finden. Deswegen wurden hier oftmals vorhandene Romane zu Dramen verarbeitet; manchmal wurden die Emigranten selber zu Theaterautoren. Zwischen 1939 und 1947 waren insgesamt 200 Theaterkünstler im Exil in Shanghai. Unter ihnen befanden sich aber keine bekannten Namen.[94]

Wie in anderen Exilzentren diskutierte man auch in Shanghai viel über Wesen und Inhalt des Theaters. Einige forderten ein streng „jüdisches" Theater, das jüdische Themen behandeln sollte. Andere wünschten sich eher ein politisch engagiertes Theater. Die Fragen, die zur Debatte standen, sind durchaus typisch für das gesamte Exil. Die Rassendiskriminierung in Deutschland und die Ghettoisierung der jüdischen Theaterkultur im Jüdischen Kulturbund hatten die assimilierten Juden auf der Suche nach ihrer Identität ihre Wurzeln in der Tradition des Ostjudentums wieder entdecken lassen. Dennoch war eine strikte Trennung zwischen jüdischer und deutscher Kultur für die assimilierten Juden zumeist unakzeptabel. So ließen sich die Standpunkte nie wirklich eindeutig bestimmen. Zweifellos wünschte sich das Publikum Unterhaltung und Ablenkung von der schwierigen Realität und nicht so sehr eine Auseinandersetzung mit dem Faschismus, zumal das antifaschistische Theater durch die große kulturelle und geographische Entfernung von Deutschland seltsam irreal erschien.

93 Vgl. Michael Philipp: Exiltheater in Shanghai, S. 459.

94 Vgl. ebd., S. 460.

So blieb das Theater in Shanghai in sich selbst verschlossen und war von der chinesischen Welt, von den anderen Exilzentren und von der internationalen Öffentlichkeit isoliert. Der Wert dieses Exiltheaters lag in seiner bloßen Existenz: Das Theater machte die Flüchtlinge zu einer homogenen Gruppe, es war identitätsstiftend.

In keinem Gastland fanden die Exilstücke eine große Öffentlichkeit. In einigen Fällen entstand eine interessante Zusammenarbeit zwischen Emigranten und einheimischen Künstlern und Intellektuellen. Manchmal wurden die Asylanten in die schon bestehenden Theaterstrukturen integriert, aber Integration bedeutete oft einfach nur Anpassung an die Kulturpolitik, an den Publikumsgeschmack, an den Markt. Es entstanden aber auch Emigrantenensembles, die sich an die Emigranten selber wandten. Selten waren die Bühnen der verschiedenen Gastländer dazu bereit, die Exilstücke zu inszenieren. Brecht zum Beispiel wurde in der Exilzeit fast immer nur von Emigrantenensembles und von Laienschauspielern inszeniert. Friedrich Wolfs *Professor Mamlock* und Ferdinand Bruckners *Die Rassen* wurden in fast allen Gastländern aufgeführt und stießen hierbei überall auf Proteste seitens der deutschen Botschaft und nazifreundlicher Kreise. Brecht spielte eine vordergründige Rolle in Dänemark und Schweden und wurde von der dortigen Laientheatertradition beeinflusst. In der Sowjetunion hingegen wurde er nicht aufgeführt. Sein episches Theater entsprach eben nicht den von der Parteilinie geforderten Literaturkonzepten. Wolfs *Professor Mamlock* wurde überall inszeniert. Der Autor hatte sich vom Stil des Agitproptheaters entfernt und die Theaterkonzeption Stanislawskis und des Sozialistischen Realismus übernommen. In den USA wurden zahlreiche Exilvereine gegründet, nicht wenige Emigranten konnten sich auch in die dortigen Kulturinstitutionen integrieren. Trotzdem blieben die deutsche Kultur und das deutsche Avantgardetheater dem Publikumsgeschmack fremd. Auf den deutschen Bühnen in Österreich und in der Tschechoslowakei wurden die antifaschistischen Exildramen nicht aufgeführt. In England wurde *Professor Mamlock* erst 1942 aufgeführt. Die Exildramen wurden dort nur von Emigranten inszeniert. Bevorzugt wurden in den englischen Theatern die Komödie und das Unterhaltungstheater. In der Sowjetunion wurde das experimentelle Theater verbannt, Meinungs- und Ausdrucksfreiheit wurden eingeschränkt. In

Mexiko wurde nur innerhalb eines Emigrantenvereins Exiltheater inszeniert. In Argentinien entschieden sich die Flüchtlinge für Unterhaltungsstücke, die auf keine gefährliche Reaktion seitens nazifreundlicher Kreise stoßen könnten. In Shanghai hatte das Exiltheater aufgrund seiner Isolation einen einzigartigen Charakter. Es wurden weder Brecht, *Professor Mamlock* und *Die Rassen* noch andere bekannte Exilautoren inszeniert.

Die Exilbedingungen machten Lesungen und Kabarett zu den bevorzugten Theaterformen. Die großen Theater waren kaum erreichbar, zumal die meisten europäischen Länder zu einer vorsichtigen Politik gegenüber Deutschland tendierten und bestimmte Themen nicht öffentlich verhandelt sehen wollten. Die einzige Ausnahme stellt in diesem Zusammenhang die Geschichte des Zürcher Schauspielhauses und der anderen Bühnen der deutschsprachigen Schweiz dar. Dieses Theater ist ein einzigartiges Beispiel gut gelungener Integration. Die Emigranten arbeiteten in einem schweizerischen Theater und spielten in den Ensembles eine wichtige Rolle. Sie waren sogar in der Lage, ihre eigenen ästhetischen und politischen Vorstellungen durchzusetzen, Entscheidungen im Spielplan und sogar die Zusammensetzung des Ensembles zu beeinflussen. Das ist ein einzigartiger Fall in der Geschichte des Exiltheaters. Keine andere Bühne hat in dieser Zeit mit so viel Mut und Konsequenz sowohl die antifaschistischen Dramen als auch die Klassiker interpretiert und sie als Boten von Freiheit und Demokratie in Szene gesetzt.

Das Zürcher Schauspielhaus

Die Geschichte des Zürcher Schauspielhauses zwischen 1933 und 1945 wurde später geradezu zum Identifikationselement für die Schweiz. Die Bühne galt als Beleg dafür, dass sich das Land jeder Zusammenarbeit mit dem deutschen Nationalsozialismus verweigerte. So wurde das Zürcher Schauspielhaus nach dem Zweiten Weltkrieg als Symbol der im Widerstand vereinten Nation gefeiert.

Die tatsächliche Geschichte dieser Bühne ist jedoch etwas komplexer.[1] 1933 gehörte das Schauspielhaus einem jüdischen Weinhändler namens Ferdinand Rieser. Rieser war seit 1922 Verwaltungsleiter des Schauspielhauses gewesen und hatte 1924, gemeinsam mit seinem Bruder Siegfried, die Aktienmehrheit der Pfauengenossenschaft erworben, in deren Besitz sich das Theater seit 1904 befand. Wenig später, in der Spielzeit 1926/1927, hatte Ferdinand Rieser dann auch die Leitung des Schauspielhauses übernommen.[2] Zürich bekam auf diese Weise ein eigenständiges Theater, das nicht öffentlich finanziert wurde. Mit Ausnahme von sogenannten Volksvorstellungen und speziellen Aufführungen für Schulen, die noch

1 Darüber findet man ausführliche Informationen in Ursula Amrein: *„Los von Berlin!" Die Literatur- und Theaterpolitik der Schweiz und das „Dritte Reich"*. Zürich: Chronos 2004.

2 In der Spielzeit 1926/27 war Richard Rosenheim noch künstlerischer Leiter. In den zwei darauf folgenden Spielzeiten wurde diese Rolle von Hermann Wlach übernommen. Seit der Spielzeit 1929/30 übernahm Rieser selber auch die künstlerische Leitung. Vgl. Peter Exinger: *Die Narretei eines Idealisten oder schillernd, böse, großartig. Ferdinand Rieser und das Schauspielhaus Zürich.* Dissertation, Universität Wien, Fakultät der Grund- und Integrativwissenschaft 1996, S. 128–131.

durch Vereinbarungen mit dem Stadttheater geregelt waren, bekam die Pfauenbühne keine Gelder von der Stadt und war aus diesem Grund völlig unabhängig und frei von politischem Druck. Das versetzte Rieser in die Lage, mutige Entscheidungen zu treffen, die für ein Stadttheater unvorstellbar gewesen wären. Andererseits musste er stets aus eigener Kraft kostendeckend arbeiten, und das war nur möglich, indem er dem Publikum einen attraktiven Spielplan mit zahlreichen Unterhaltungsstücken anbot.

Nachdem Rieser die Leitung übernommen hatte, geriet das Theater zunächst in Schwierigkeiten. Wegen ihrer jüdischen Herkunft waren Rieser selber und der damalige künstlerische Leiter des Schauspielhauses Richard Rosenheim beim Stammpublikum des Theaters, das im bürgerlichen Milieu angesiedelt war, nicht beliebt.[3] Diese feindliche Haltung gegenüber dem Theater Riesers – damals als „Judentheater" bezeichnet – hatte auch in den Jahren nach 1933 weiterhin Bestand.

Allerdings bildete sich seit 1933 im deutschen Theaterleben eine außergewöhnliche Konstellation, die Rieser zu seinen Gunsten nutzen konnte. Nach Hitlers Machtübernahme waren plötzlich große Theatertalente verfügbar, die das kleine Zürcher Schauspielhaus zuvor niemals hätte an sich binden können. Große Theaterkünstler waren aus politischen oder rassistischen Gründen dazu gezwungen, Deutschland zu verlassen, und konnten jetzt für relativ niedrige Gehälter engagiert werden. Rieser versammelte nun viele dieser Emigranten in seinem Schauspielhaus und bildete ein in der Geschichte des Exiltheaters einzigartiges Ensemble. Die meisten der von ihm angeworbenen Künstler waren Juden, andere, wie zum Beispiel Wolfgang Langhoff, waren politische Emigranten. Und Rieser machte aus der Not eine Tugend. Einerseits wollte er das Geschäft ankurbeln, andererseits fühlte er sich aber auch als Jude von der Verschärfung der politischen Lage und der ‚Judenfrage' selber betroffen. So nahm er sich die Freiheit, die wohl nur einem privaten Unternehmer möglich war, viele der im mächtigen Nachbarland nunmehr unerwünschten Personen an sein Theater zu holen. So war es auch kein Zufall, dass etwa *Die Rassen* und *Professor Mannheim* (später *Mamlock*) erstmalig auf Deutsch unter der Leitung Riesers inszeniert wurden. Beide Aufführungen, insbesondere das

3 Vgl. Exinger: *Die Narretei eines Idealisten*, S. 46.

Stück Wolfs, lösten heftige Auseinandersetzungen und Proteste aus, fanden jedoch großes Interesse beim Publikum und bescherten dem Theater über Monate ein volles Haus. Durch die Inszenierung von Zeitstücken hatte sich schon vor 1933 die Marketing-Strategie des Theaters verändert und auf neue Zuschauerschichten außerhalb des Zürcher Bürgertums ausgerichtet.

Die ersten von Rieser eingestellten Exilkünstler waren der Regisseur Gustav Hartung, der zwischen 1931 und 1933 als Intendant das Hessische Landestheater in Darmstadt geleitet hatte,[4] und Kurt Hirschfeld, der unter der Leitung Hartungs Dramaturg in Darmstadt gewesen war. Hartung und Hirschfeld berieten Rieser bei der Bildung des Ensembles. Wegen anhaltender Differenzen mit Rieser verließ Hirschfeld das Schauspielhaus jedoch bald wieder[5] und wurde in der Spielzeit 1934/1935 durch Felix Gasbarra ersetzt. Gasbarra war Mitglied der KPD und hatte zuvor als Dramaturg in Piscators Ensemble in Berlin gearbeitet. Aus dem Hessischen Landestheater in Darmstadt kam auch Ernst Ginsberg, nachdem er dort 1933 aufgrund des *Gesetzes zur Wiederherstellung des Berufsbeamtentums* entlassen worden war.

Danach kam Leopold Lindtberg ins Zürcher Schauspielhaus. Auch er hatte mit Piscator gearbeitet und war Regisseur an den Städtischen Bühnen in Düsseldorf gewesen. In Zürich war Lindtberg als Schauspieler und Regisseur tätig und inszenierte im Herbst 1934 *Professor Mamlock* unter dem Titel *Professor Mannheim.* Für dieselbe Spielzeit (1933/34) wurden auch Therese Giehse[6] sowie Erwin Kalser[7] und Kurt Horwitz[8] eingestellt, der in Wolfs Stück die Rolle

4 Er musste seinen Posten verlassen, weil er sich geweigert hatte, den Spielplan nach den Forderungen der neuen Regierung umzugestalten und die vom Regime nicht gewünschten Künstler zu entlassen.

5 Der offiziell kolportierte Anlass für die Entlassung Hirschfelds war, dass er einem Schauspieler des Theaters den Kündigungsbrief Riesers nicht weitergereicht hatte. Vgl. Exinger: *Die Narretei eines Idealisten*, S. 11–12.

6 Therese Giehse wurde auch in der Pfeffermühle von Erika Mann tätig. Die Schauspielerin arbeitete in der Spielzeit 1936/37 am Schauspielhaus. Im Jahr 1937 reiste sie mit der Gruppe von Erika Mann in die USA. Ab der Spielzeit 1937/1938 war sie am Zürcher Schauspielhaus fest angestellt.

7 Kalser hatte mit Piscator und Reinhardt in Berlin und bei den Kammerspielen in München gearbeitet. 1938 reiste er in die USA, kam aber später ans Schauspielhaus zurück.

8 Horwitz war Schauspieler und Regisseur bei den Kammerspielen in München.

Mamlocks spielte. Auch Karl Paryla[9], Emil Stöhr[10] und Leonard Steckel[11] gehörten seit der Spielzeit 1933/34 dem Ensemble des Schauspielhauses an.

In der darauffolgenden Saison 1934/35 kamen Wolfgang Heinz[12] und Heinz Greif nach Zürich, die Mitglieder der Theatergruppe Truppe 31 von Gustav von Wangenheim gewesen waren. In *Professor Mamlock* spielte Greif die Rolle des nationalsozialistischen Arztes Dr. Hellpach. Im Jahr 1934 verstärkte zudem Erwin Parker[13] das Ensemble. Auch die gebürtigen Schweizer Heinrich Gretler und Robert Trösch – in Deutschland berühmt geworden – kehrten nach 1933 in die Schweiz zurück.[14] Und zum Ensemble stieß schließlich auch der großartige Bühnenbildner Teo Otto.[15]

Unter der Leitung Riesers entstand auf diese Weise ein an Talenten reiches Ensemble. Einige Mitglieder kamen aus denselben Theatern, man kannte und schätzte sich. Ginsberg, Horwitz und Steckel beispielsweise hatten schon zusammengearbeitet. Lindtberg kannte Steckel aus Piscators Kollektiv, er hatte auch schon mit Teo Otto am Preußischen Staatstheater und mit Langhoff in Düsseldorf gearbeitet. Auch Wolfgang Heinz kannte Teo Otto aus gemeinsamen Zeiten am Preußischen Staatstheater und Erwin Parker aus

9 Der gebürtige Wiener Paryla war in der Spielsaison 1932/33 in Darmstadt.

10 Stöhr war Karl Parylas Bruder. Von 1933 bis 1937 arbeitete er als Schauspieler in Zürich. In der Spielzeit 1937/38 war er in Wien und dann bis 1946 wieder in Zürich.

11 Steckel war ein Mitglied von Piscators Kollektiv und arbeitete in den 1920er Jahren am Preußischen Staatstheater. Er wurde in der Spielzeit 1933/34 als Schauspieler am Schauspielhaus eingestellt. Danach arbeitete er auch als Regisseur.

12 Heinz kam vom Berliner Preußischen Staatstheater und gehörte 1933 zu Jessners Ensemble, das in Holland und Großbritannien auf Tournee ging.

13 Parker war in der Spielzeit 1932/33 in Düsseldorf. 1933 war er als Jude und Kommunist zur Flucht gezwungen und reiste erst nach Holland und dann nach Großbritannien, wo er in der Gruppe Leopold Jessners spielte. 1934 kam er zum Schauspielhaus, danach war er in Wien tätig. Zur Spielzeit 1937/38 kehrte er wieder ans Schauspielhaus zurück.

14 Auch Trösch gehörte zur Truppe 31. Er kam nach 1933 in die Schweiz zurück und arbeitete mit der Pfeffermühle zusammen. Von 1934 bis 1936 hielt er sich in Moskau auf, dann arbeitete er am Cabaret Cornichon und am Zürcher Schauspielhaus.

15 Auch Teo Otto kam vom Preußischen Staatstheater und war auch in der Truppe 31 tätig. Mit seinen schlichten Bühnenbildern wurde er zum wichtigen Bestandteil des Zürcher Ensembles und blieb bis zu seinem Tod im Jahr 1968 in Zürich.

Leopold Jessners Emigrantengruppe, der er ebenfalls einmal angehört hatte.
Trotz vieler Gemeinsamkeiten seiner Mitglieder war aber das Ensemble des Zürcher Schauspielhauses keine ideologisch homogene Einheit. Werner Mittenzwei beschreibt das Wirken einer kommunistischen Zelle im Schauspielhaus mit Langhoff, Heinz, Otto, Parker, Paryla und Stöhr als Aktivisten. Diese Gruppe stand in Verbindung mit dem Widerstand in Deutschland sowie mit der Abschnittsleitung Süd der KPD im Exil, musste aber äußerst vorsichtig agieren, um keine Ausweisungen zu riskieren – denn die Emigranten in der Schweiz durften sich, wie schon erwähnt, nicht politisch betätigen. Die Aufgabe dieser Gruppe bestand in erster Linie darin, die Theaterleitung in Bezug auf Spielplan, Besetzung und Schauspielereinstellungen zu beeinflussen. Langhoff war auch in der Gewerkschaft sehr aktiv, er war Mitglied des Schweizerischen Bühnenkünstlerverbands (der zum Verband des Personals Öffentlicher Dienste gehörte) und beteiligte sich maßgeblich an allen Aktionen, die den deutschen Einfluss auf die schweizerische Gewerkschaft klein zu halten versuchten.[16]

16 Obwohl die Emigranten nicht politisch aktiv sein durften, gab es einige Aktionen der kommunistischen Zelle am Schauspielhaus. Nach Deutschland wurde zum Beispiel Informationsmaterial über den Tod des von den Nationalsozialisten ermordeten Schauspielers Hans Otto geschmuggelt. Im Schauspielhaus selbst wurde eine Gedenkveranstaltung für ihn organisiert. Wie im Fall der Vorstellung von Tolstois *Manifest an die Menschheit* wurden zudem literarische Veranstaltungen organisiert, um politische Themen zu behandeln. In den Kriegsjahren spielte Langhoff eine wichtige Rolle bei der Gründung der Bewegung Freies Deutschland in der Schweiz, und Wolfgang Heinz beteiligte sich an der Gründung der Bewegung Freies Österreich. Vgl. Werner Mittenzwei: *Das Zürcher Schauspielhaus 1933–1945 oder die letzte Chance. Deutsches Theater im Exil.* Berlin: Henschel 1979, S. 89–90; auch Esther Slevogt: *Den Kommunismus mit der Seele suchen. Wolfgang Langhoff – ein deutsches Künstlerleben im 20. Jahrhundert.* Köln: Kiepenheuer & Witsch 2011, S. 206–207. Gustav Huonker schreibt, dass auch folgende Personen zur kommunistischen Zelle gehörten: Renate Langhoff (verheiratet mit Wolfgang Langhoff), Berta Otto (verheiratet mit Teo Otto), Jo Mihaly (verheiratet mit Leonard Steckel); Hortense Raky (verheiratet mit Karl Paryla), die eine Zeit lang auch als Schauspielerin am Theater tätig war. Aufgabe der Zelle war auch, die Partei und ihre Aktionen zu finanzieren. Die Zelle sollte darüber hinaus durch Güter und Materialien die Kämpfer des Spanischen Bürgerkriegs und die Gefangenen der französischen Internierungslager unterstützen. Zudem sollte sie Unterkünfte für die illegalen Emigranten finden, Flugblätter produzieren, die illegale Einreise von Emigranten in die Schweiz unterstützen und gefährdeten Flüchtlingen auf ihrem Weg in ein sicheres Gastland helfen. Langhoff war auch Verbindungsmann zwischen der Abschnittsleitung Süd und der Roten Kapelle. Zu dieser Widerstandsgruppe

Neben diesen politisch engagierten Künstlern gab es im Ensemble aber auch Katholiken, wie zum Beispiel Ernst Ginsberg und Kurt Horwitz, sowie linke Schauspieler, die keiner Partei angehörten, wie z.B. Lindtberg, Hirschfeld, Steckel und Therese Giehse. Zu nennenswerten Auseinandersetzungen innerhalb der Gruppe kam es gleichwohl nicht, die gemeinsame Exilerfahrung und eine antifaschistische Grundgesinnung sorgten für eine enge Bindung der Mitglieder untereinander.

Der dramatische Stil des Schauspielhauses war realistisch. Das Ensemble distanzierte sich damit vom damals in Deutschland dominanten deklamatorischen Stil. Durch natürliches Sprechen und Agieren auf der Bühne sollten der authentische Inhalt des Textes und die Intentionen des Autors zum Ausdruck kommen. In Bezug auf den Stil des Ensembles schreibt 1945 Hirschfeld:

> Die Vermenschlichung der gegebenen Rolle, ihre Wiedergabe in einer dem Schauspieler und der Rolle angemessenen Weise, die allen Intentionen des Dichters nachzuspüren sich bemühte, wurde zur Aufgabe. Es wurde versucht, mit dem Menschen zugleich dessen soziale Bestimmung und seine soziologische Beziehung zu geben.[17]

Auch wogegen man sich damit abzugrenzen versuchte, beschreibt Hirschfeld kurz und bündig:

> Es galt, gegen den aufrufenden und gewalttätigen Stil des offiziellen deutschen Theaters einen nüchternen, humanen Stil auszubilden, der die Inhalte der Werke vermittelte und die Diskussion über sie anregen und fördern konnte.[18]

Die Spielpläne des Schauspielhauses erschienen gleichwohl nicht wirklich kohärent. Es wurden sowohl Klassiker und Zeitstücke als auch zahlreiche Komödien und Unterhaltungsstücke aufgeführt.

gehörte der Schriftsteller Günther Weisenborn, der mit Langhoff befreundet war. Der Schauspieler bekam durch die Rote Kapelle Informationsmaterial, das über die Abschnittsleitung Süd dann die Sowjetunion erreichen sollte. Vgl. Gustav Huonker: Emigranten – Wege, Schicksale, Wirkungen. In: Dieter Bachmann / Rolf Schneider (Hrsg.): *Das verschonte Haus. Das Zürcher Schauspielhaus im Zweiten Weltkrieg.* Zürich: Ammann 1987, S. 107–139, hier S. 127–128.

17 Kurt Hirschfeld: Dramaturgische Bilanz. In: *Theater. Meinungen und Erfahrungen von Therese Giehse, Ernst Ginsberg, Wolfgang Heinz, Kurt Hirschfeld, Kurt Horwitz, Leopold Lindtberg, Teo Otto, Karl Paryla, Leonard Steckel, Oskar Wälterlin. Mitglieder des Schauspielhauses.* Ascona: Edizioni San Pietro 1988 [Reprint der Ausg. v. 1945], S. 15.

18 Ebd.

Auffällig ist, dass ab 1933 zunehmend Klassiker[19] inszeniert wurden. So findet man immer seltener die Boulevardstücke im Spielplan, die für Rieser aus ökonomischen Gründen bis dahin so wichtig gewesen waren. Es ist zu vermuten, dass die Klassiker wie auch die nicht ganz einfachen Zeitstücke vor allem durch die hohe Qualität des Ensembles an Gewicht und Attraktivität gewannen. Zwar waren solche eher ernsten Stücke auch schon früher im Theater inszeniert worden, sie wurden aber nach 1933 zu einem Schwerpunkt des Spielplans. Diese aus den genannten künstlerischen Gründen mögliche Akzentverschiebung war aber zweifellos auch politisch motiviert, wie schon der Präsident des Zürcher Theatervereins[20], Eugen Müller, 1936 zum Jahrestag der Leitung Riesers erkannte:

> Die Direktion Rieser ist während dieses Jahrzehnts auch nicht davor zurückgeschreckt, sich auf den gefährlichen Boden des Zeitstücks zu wagen. Sie hat sich damit mutig zu der Ansicht bekannt, [...] dass das Theater nicht nur der Pflege zeitloser Kunst zu dienen habe, sondern unmittelbar in die eigene Zeit greifen müsse, indem es ihr den Spiegel vorhalte, indem es als Ankläger auftrete, Forderungen an die Zukunft stelle, zu Angriff oder Abwehr aufrufe.[21]

So wurden die Jahre nach 1933 zu den besten Jahren für das Exiltheater im Schauspielhaus. Zwischen 1934 und 1935 wurden folgende Stücke inszeniert: Bruckners *Die Rassen*, Hermann Brochs[22] *Denn sie wissen nicht was sie tun*, Wolfs *Professor Mannheim*, Ödön von Horvaths *Hin und Her*. 1936 kam das Stück *Arthur Aronymus und seine Väter* von Else Lasker-Schüler auf die Bühne; das Stück behandelt in der Fiktion des historischen Dramas das Thema der Judenverfolgung. 1938 wurde Bruckners *Napoleon der Erste* aufgeführt; im Vergleich zu *Die Rassen* behandelt dieses Stück nicht direkt politisch

19 Insbesondere Shakespeare war in den Spielplänen zwischen 1933 und 1938 stark vertreten.

20 Der Zürcher Theaterverein wurde 1918 zur Unterstützung des Stadttheaters gegründet. 1921 wurde die Zürcher Theatergemeinde zur Unterstützung der Prosa in den Verein eingegliedert.

21 [Eugen Müller:] Aus der Festrede von Prof. Dr. Eugen Müller, dem Präsidenten des Zürcher Theatervereins, bei dem Festakte zur Feier des zehnjährigen Jubiläums des Schauspielhauses am 23. April 1936. In: Schauspielhaus Zürich: *Spielzeit 1936/37*, S. 8–9, hier S. 8.

22 Obwohl der Österreicher Hermann Broch in diesen Jahren kein im Exil lebender Autor war, wurden sozialkritische Stücke schon vor 1938 nicht mehr auf österreichischen Bühnen aufgeführt. Es war deswegen für ihn schwierig, seine Stücke auf die Bühne zu bringen.

aktuelle Themen. Es kommt mit der Leichtigkeit einer Komödie daher, die um den Machtwillen Napoleons kreist und doch eindeutig auf den deutschen Diktator zielt. Die dadurch zum Ausdruck kommende Vorsicht erklärt sich einerseits durch den im Jahr 1938 wachsenden Druck der Schweizer Behörden, liegt aber andererseits auch in der Entwicklung der Exilliteratur selbst begründet. Nach 1935 spielten die Klassiker in der literarischen Produktion eine immer wichtigere Rolle, und es wurden mehr historische Themen behandelt. Gleichzeitig wurde es, mit zunehmender Dauer ihrer Abwesenheit, für die Exilautoren immer schwieriger, die Welt in ihrer fernen Heimat zu thematisieren.

Als Rieser 1938 die Schweiz verließ und in die USA emigrierte, begann unter der Leitung Oskar Wälterlins eine neue Epoche für das Zürcher Schauspielhaus. Wie bei Rieser behielten die Klassiker in ihrer Darstellung ewig gültiger Werte auch bei Wälterlin eine wichtige Rolle, sie handelten nicht von der Vergangenheit und erzählten keine tote Welt, sondern zogen das dramatische Geschehen in die Gegenwart hinein.

Im Vergleich der Spielpläne Wälterlins und Riesers fällt auf, dass nach 1938 praktisch keine Zeitstücke mehr aufgeführt wurden.[23] Zwar wurde der Exilautor Brecht (*Mutter Courage und ihre Kinder* im Jahr 1941, *Leben des Galilei* und *Der gute Mensch von Sezuan* im Jahr 1943) am Schauspielhaus inszeniert, doch hatte sich die Leitung bewusst für solche Stücke des Autors entschieden, in denen die Gegenwart nicht unmittelbar, sondern durch den Schleier der Vergangenheit dargestellt wird.[24] Aus diesem Grund kamen eben z. B.

23 Zwischen 1933 und 1938 wurden am Zürcher Schauspielhaus viele dezidiert politische Stücke und Exildramen inszeniert, darunter allein 19 Werke von in Deutschland verbotenen Autoren. Zwischen 1938 und 1945 waren es hingegen nur noch elf. Das ungebrochene politische Engagement des Schauspielhauses zeigte sich hingegen durch verschiedene andere Kulturveranstaltungen, die in dieser Zeit im Theater stattfanden. In der Spielzeit 1935/36 wurden zum Beispiel zwei Konferenzen organisiert: Eduard Behrens „Will Deutschland den Krieg?" und Emil Ludwigs „Abessinien – was es ist und was es bedeutet". 1938, nach dem Anschluss Österreichs, organisierte das Schauspielhaus einen österreichischen Kulturabend. Im selben Jahr fand eine Matinee in Erinnerung an den Nobelpreisträger Carl von Ossietzky, Opfer nationalsozialistischer Gewalt, statt. Vgl. Exinger: *Die Narretei eines Idealisten*, S. 135–145.

24 Als Beispiel für den neuen Kurs des Theaters steht die Inszenierungsgeschichte von *Mutter Courage und ihre Kinder*. Das Stück wurde im April 1941 inszeniert; es waren zu diesem Zeitpunkt sechzehn Monate vergangen, seit das Theater den Text vom Verlag bekommen hatte. In der Zürcher Inszenierung wurde die

nicht *Die Spitzköpfe und die Rundköpfe* oder *Furcht und Elend des Dritten Reiches* zur Aufführung.

Solche Selbstbeschränkung war aber nicht einfach ein Akt vorauseilenden Gehorsams. Die Geschichte der Inszenierung von Georg Kaisers *Soldat Tanaka* in der Spielzeit 1940/41 zeigt, dass das Schauspielhaus nicht mehr viel Spielraum hatte, um eine eigene Linie durchzusetzen. Das Stück musste wegen der Proteste der japanischen Botschaft abgesetzt werden.[25] Das Zürcher Schauspielhaus war nun nicht mehr so frei und unabhängig wie zur Zeit Riesers – und deswegen auch nicht mehr in der Lage, für das Exiltheater zu kämpfen. Rieser hatte sich weder von Protesten noch vom Druck der deutschen Botschaft und den Angriffen der Schweizer Presse einschüchtern lassen. Aber solcher Mut wurde in Zeiten des Krieges nun nicht mehr aufgebracht.

Das Zürcher Schauspielhaus war sowohl ein wichtiges Kulturzentrum in Zürich als auch eine Emigrantenbühne. Der Stil und die Spielpläne des Theaters wurden durch die starke Präsenz der Emigranten beeinflusst. Unter der Leitung Riesers war das Schauspielhaus aber weitgehend von der Zürcher Gesellschaft isoliert geblieben und von der Stadt als Fremdkörper und „Judenbühne" angesehen worden.

Den Hass gegen Rieser und seine Schauspieler zeigten beispielsweise die Reaktionen auf die Inszenierung von Wolfs *Professor Mannheim* im Herbst 1934. Damals wurde das Theater zum politischen Ort und Zentrum von Auseinandersetzungen und Debatten. Die Inszenierung spaltete die Stadt und die öffentliche Meinung. Vor allem die schweizerischen Frontisten und andere rechtsradikale Gruppierungen, die schon gegen das Kabarett von Erika Mann, Die Pfeffermühle, zu Felde gezogen waren, wandten sich nun gegen das Theater. Der auslösende Moment für die Aktionen der Nationalen Front[26] war ein Artikel in *Der Reichsdeutsche*, einer in Zürich

Hauptfigur allerdings entschärft und das Drama um die Mutter betont. Diese aus Sicht des Autors radikale Änderung führte zum Streit, in dessen Folge Brecht verlangte, dass die Aufführungen abgesetzt würden. Vgl. ebd., S. 149.

25 Vgl. Mittenzwei: *Das Zürcher Schauspielhaus 1933–1945*, S. 120–121.

26 Den im *Tagesanzeiger* veröffentlichten Informationen zufolge hatten auch Mitglieder der Heimatwehr und der Neuen Schweiz an den Aktionen teilgenommen. Vgl. Protest-Demonstrationen in der „Pfeffermühle". 26 Verhaftungen. In: *Tagesanzeiger*, 17.11.1934, S. 9.

erscheinenden Zeitung der schweizerischen Sektion der NSDAP – der darin enthaltene Aufruf, die schweizerische Kultur gegen Emigranten, Kommunisten und Juden zu schützen, war mithin eine von Deutschland gesteuerte Operation. Am 13. November 1934 brachte *Der Reichsdeutsche* einen Artikel mit dem Titel „Emigranten machen Kultur. Deutschland beschmutzende Tendenz- und Hetzstücke finden beifallbrüllendes und trampelndes Publikum". Nach verschiedenen Störaktionen gegen das Kabarett von Erika Mann (am 13., 16., 17., 18. und 19. November), erschien dann am 19. November in der *Neuen Zürcher Zeitung* ein Text mit dem Titel „Mehr Takt!".[27] Der Artikel wandte sich nun auch gegen das bis zu diesem Zeitpunkt von den Rechten unbehelligt gelassene Schauspielhaus und dessen Entscheidung, *Professor Mamlock* aufzuführen. Das Drama wurde als künstlerisch schlecht und als Tendenzstück verurteilt. Die unansehnliche Veranstaltung, so der Chefredakteur der Zeitung, Eduard Korrodi, hätte sich durch die Begeisterung des Publikums gar in eine politische Kundgebung verwandelt. Hingegen wäre das Drama von dem Teil des Publikums abgelehnt worden, das sich durch die Tendenz und die Taktlosigkeit des Stückes irritiert fühlte:

> die krasse Einseitigkeit und in der Aufführung offenbar nur mühsam unterdrückte kommunistische Tendenz des Stückes werden bei einem Teil des Publikums immer auf scharfe Ablehnung stoßen. Umso hemmungsloser gebärdet sich bei den Aufführungen ein anderer Teil des Publikums. [...] Seiner Begeisterung, auf der Bühne die komplexere Wirklichkeit durch eine flammende Anklage und unhaltbare Illusionen ersetzt zu sehen, gibt dieses Publikum bei jeder sich bietenden Gelegenheit durch Beifallsbezeugungen bei offener Szene Ausdruck, und durch die maßlose Wiederholung dieses Missbrauchs gelingt es diesen Theaterbesuchern, aus der Aufführung von ‚Professor Mannheim' einen Ersatz für eine politische Kundgebung zu machen, durch die ein Teil des Publikums seine Gefühle abreagiert, während

27 Vgl. Mehr Takt! [1]. In: *Neue Zürcher Zeitung*, 19.11.1934 (Morgenausgabe), S. 1. Schon in einem Artikel vom 18. November werden die Emigranten dazu aufgefordert, mehr Takt zu zeigen. Darin wird aber nur die Pfeffermühle erwähnt: „Takt ist eine wertvolle Eigenschaft, deren Vorhandensein in einem bestimmten Verhältnis zu der Möglichkeit von Reibungen und Konflikten steht, zu denen der Aufenthalt und die Betätigung aus ihrem Heimatlande ausgewanderter Personen auf [...] zürcherischem Boden Anlass geben kann. Es wäre zu wünschen, dass man [...] in Zukunft dieser leicht erfassbaren Relation mehr Beachtung schenken würde, als es in letzter Zeit in Kabarett- und anderen Bühnen geschehen ist." (Frontistische Radaupolitik. In: *Neue Zürcher Zeitung*, 18.11.1934 (Zweite Sonntagausgabe), S. 2.)

> ein anderer Teil bedauert, durch diese Taktlosigkeit selbst in eine solche Demonstration verwickelt zu werden.[28]

Diese unüberlegte Begeisterung des Publikums, schlussfolgerte Korrodi mahnend, könnte auch bei anderen das Bedürfnis auftauchen lassen, der eigenen Ablehnung gegenüber dem „unbedachte[n] und taktlose[n] Hervortreten einer Minderheit der Bevölkerung“[29] Ausdruck zu verleihen. Die Behörden sollten also bedenken, dass die „Darstellung des spezifisch-deutschen Konfliktstoffes der Judenfrage“[30] – ein Thema, das die Schweiz laut Korrodi nicht kennen würde – so gefährlich wäre wie „das taktlose Hervortreten politischer Emigranten in unserem Lande“[31]. Aus diesem Grund ging die *Neue Zürcher Zeitung* sogar so weit, die Behörden aufzufordern, die Aufführungen des Dramas zu verbieten.

Die Situation spitzte sich zu. Am 20. November erwiderte das Schauspielhaus die kritischen Äußerungen der *Neuen Zürcher Zeitung* mit einem in derselben Zeitung veröffentlichten, jedoch durchaus defensiven Artikel.[32] Darin wurde erläutert, dass *Professor Mannheim* nur die Realität darstellen würde, wie sie sei, und dass solche Zeitstücke für jedes Theater ein wichtiger Teil des Spielplans wären. Die *Neue Zürcher Zeitung* wiederum konterte mit einem neuerlichen Artikel, in dem *Professor Mannheim* abermals als Tendenzstück angeprangert wurde:

> Die Gewichte von Sympathie und Antipathie und die Überzeugungskraft der Argumente sind vielmehr zwischen den beiden Gruppen von vornherein so verteilt, dass dem Publikum die Parteinahme für ‚die beiden kommunistischen Figuren‘ natürlich erscheint und damit auch die geschickt verhüllte Absicht einer Parteinahme für die kommunistische Sache erreicht wird.[33]

Dann wurde wiederum mehr Takt eingefordert und die eigene Position als gewaltverhindernde Maßnahme, geradezu als schweizerische Bürgerpflicht gerechtfertigt:

> [Es] musste gegenüber der ‚Pfeffermühle‘ wie gegenüber dem Zürcher Schauspielhaus […] festgestellt werden, dass sie mit gewissen ihrer Darbietungen

28 Mehr Takt! [1].
29 Ebd.
30 Ebd.
31 Ebd.
32 Vgl. Mehr Takt [2]. In: *Neue Zürcher Zeitung*, 20.11.1934 (Morgenausgabe), S. 1.
33 Ebd.

> das zur Vermeidung von Reibungen und Konflikten wünschenswerte Maß von Takt nicht beachtet haben. Der Sinn solcher Feststellungen liegt darin, unkontrollierbaren Äußerungen des Protestes vorzubeugen und [...] den Vorwand zu gewalttätigen Aktionen zu nehmen.[34]

Derart publizistisch munitioniert, formierten sich sofort die Frontisten und versammelten sich schon am Abend des 20. Novembers zu Protesten vor dem Schauspielhaus, das daraufhin von der Polizei geschützt werden musste. Und nur einen Tag später, am 21. November, rief die Nationale Front zu einer Kundgebung gegen die Pfeffermühle und *Professor Mannheim* und für eine „radikale Säuberung der Schweiz vom ganzen Geschmeiß ausländischer Emigranten, die sich schon allzu lang in unserem Lande breit macht" auf.[35] Als sich kommunistische Gegen-Demonstranten in der Nähe des Versammlungsortes einfanden, wurde die Polizei aktiv und verhaftete einige von ihnen. Zugleich verhinderte die Polizei jedoch auch, dass frontistische Demonstranten nach Versammlungsschluss zum Schauspielhaus und zum Kabarett von Erika Mann zogen, um ihren Worten dort Taten folgen zu lassen.
Das Schauspielhaus und die Pfeffermühle wurden von den Frontisten attackiert, weil Juden und Emigranten in diesen Einrichtungen eine wichtige Rolle spielten und weil man die guten Beziehungen zu Deutschland nicht gefährden wollte. Nach den Krawallen und ihren antisemitischen Parolen sah sich deshalb nun auch die Zürcher jüdische Gemeinde genötigt, etwas zu unternehmen. Sowohl die Israelitische Cultusgemeinde Zürich wie auch das Lokalcomité Zürich des Schweizerischen Israelitischen Gemeindebundes wandten sich daraufhin, nicht zum ersten Mal,[36] an die Kantonsregierung

34 Mehr Takt [2].

35 Gegen die Wühlerei der Emigranten! Öffentliche Protestkundgebung in der STADTHALLE ZÜRICH, Mittwoch, 21. Nov. Es sprechen: Henne, Tobler, Wirz. In: *Die Front. Zentrales Kampfblatt der Nationalen Front*, 19.11.1934, S. 1.

36 Schon am 29. Juli 1933 hatten die Vertreter der jüdischen Gemeinde die Kantonspolizei dazu aufgefordert, die antisemitischen Äußerungen der frontistischen Presse unter Kontrolle zu halten. Am 6. September 1933 erklärte die Regierung den Betroffenen, sie sollten sich an das Gericht wenden und sich auf die Gesetze zur Ehrenverletzung stützen. Nach Einsicht des Kantons waren die von jüdischer Seite unter Anklage gestellten Handlungen nicht gravierend genug für den polizeilichen Eingriff. Vgl. Saly Braunschweig (Präsident) / Dr. G. Guggenheim (Aktuar): Vorstand der Israelitischen Cultusgemeinde Zürich und des Lokalcomités Zürich des Schweiz. Israel. Gemeindebundes: Brief an den Regierungsrat des Kantons Zürich, Zürich, 23.01.1935. Typoskript, 19 Bl., 19 S., unveröffentlicht. Archiv für

und forderten, dass den Redakteuren der Zeitung *Die Front* und den Parteichefs der Nationalen Front verboten werden sollte, die jüdische Religion und Rasse zu schmähen. Darüber hinaus wurde gefordert, entsprechende Gesetze zu verabschieden, die „Äußerungen, die kränkend oder verletzend für einzelne Gruppen der Bevölkerung sind (Kollektivbeleidigungen)“[37] künftig unter Strafe stellen sollten.

Und der Konflikt schwelte weiter. Am 26. November kam es bei einer sogenannten Volksvorstellung von *Professor Mannheim* im Zürcher Stadttheater erneut zu Protesten. Einige Tage vor der Veranstaltung wandte sich der Präsident der Zürcher Sektion der Nationalen Front, Robert Tobler, an den Stadtrat und forderte im Namen seiner Partei eine Absetzung der Aufführung sowie ein Verbot aller von der Stadt mitfinanzierten Volksvorstellungen. Zugleich beklagte sich Tobler über polizeiliche Ausschreitungen gegen die „falsche“ Seite.[38]

Das rief nun auch die Gegenseite auf den Plan. In einer Sitzung des Stadtrates vom 23. November 1934 forderte der Sozialdemokrat Otto Lang die Stadt und den Kanton auf, zum Schutz der Personenrechte und der Freiheit von Kunst und Literatur endlich einzugreifen, damit das Kulturleben der Schweiz nicht weiter unter der frontistischen Gewalt und den mit den letzten Krawallen verbundenen antisemitischen Angriffen leiden müsse. Der Kommunist Marinus Bodenmann stellte sich an seine Seite und verlangte in

Zeitgeschichte Zürich, Nachlass des SIG (Schweizerischer Israelitischer Gemeindebund), Sign. A21, S. 2. Die Anforderung der Israelitischen Cultusgemeinde Zürich und des Lokalcomités Zürich des Schweizerischen Israelitischen Gemeindebundes blieb ohne Konsequenzen. Der kantonale Regierungsrat erklärte, dass schon genügend Gesetze existierten, um die von der jüdischen Gemeinde beklagten Verbrechen zu bekämpfen, und dass passende Gesetze zu diesen Fragen von der Bundesregierung verabschiedet werden müssten. Vgl. Paul Keller (Staatsschreiber): Aus dem Protokoll des Regierungsrates 1935. Sitzung vom 7. März 1935. Typoskript, 4 S., unveröffentlicht. Archiv für Zeitgeschichte Zürich, Nachlass des SIG (Schweizerischer Israelitischer Gemeindebund), Sign. A21, S. 3–4.

37 Braunschweig: [Brief des Vorstandes der Israelitischen Cultusgemeinde Zürich und des Lokalcomités Zürich des Schweiz. Israel. Gemeindebundes an den Regierungsrat des Kantons Zürich, Zürich, 23.01.1935], S. 1.

38 Im Laufe der früheren Proteste gegen die Pfeffermühle und das Schauspielhaus hatte die Polizei Demonstranten verhaftet. Einer der Verhafteten war der Präsident der Nationalen Front, Rudolf Henne, der allerdings zwei Tage später wieder entlassen wurde.

derselben Sitzung politische Maßnahmen gegen die frontistischen „Provokationen".[39]

Nachdem sich am 26. November erneut Frontisten und Kommunisten vor dem Stadttheater versammelten, so dass die Polizei eingreifen musste, berief der Stadtrat eine Sondersitzung zu den um *Professor Mannheim* und die Pfeffermühle entflammten Krawallen ein. Die Mehrheit der Abgeordneten stellte sich hierbei nach wie vor gegen ein Verbot der umstrittenen Veranstaltungen, weil sie das nationale Gefühl der Schweiz auf keine Weise verletzt sahen.[40]

Vor allem die Christlichsoziale Partei brachte hierbei die gespaltene Haltung des schweizerischen Bürgertums zum Ausdruck: Einerseits waren ihr die frontistischen Gewaltakte zuwider, andererseits wünschte man sich, die Veranstaltungen würden verboten werden, da sie als Ursache der Krawalle angesehen wurden.[41]

Doch statt die Aufführung zu verbieten, untersagte der Stadtrat am 13. Dezember 1935 für die Laufzeit eines Monats zunächst einmal alle von Kommunisten und Frontisten geplanten Demonstrationen und Versammlungen im Freien.[42]

Die frontistischen Krawalle veranlassten schließlich auch das Bundesgericht, den Fall „Professor Mannheim" zu untersuchen. So wurde ein Beamter der kantonalen Polizei damit beauftragt, einen Bericht über die Inszenierung zu verfassen. In seinem Schreiben hob er daraufhin die Neutralität der Schweiz hervor und verurteilte

39 Vgl. Zürcher Gemeinderat / Sitzung vom 23. November. Hausse in Interpellationen. In: *Tagesanzeiger*, 24.11.1934, S. 9.

40 Vgl. Der Stadtrat zu den Demonstrationen gegen „Pfeffermühle" und Schauspielhaus. In: *Tagesanzeiger*, 27.11.1934, S. 1. Das Kabarett von Erika Mann wurde später aus Angst vor weiteren Krawallen in den anderen Kantonen verboten. Trotz der Erklärungen des Stadtrates blieb die Haltung der Behörde unklar. Einerseits kam die Polizei zum Schutz der Pfeffermühle und des Schauspielhauses zum Einsatz, andererseits verfolgte sie in ihrem Handeln antisemitische Muster. So untersuchte die Polizei infolge der judenfeindlichen Ausschreitungen gegen das Kabarett die rassische Identität der Künstler, um herauszufinden, ob es sich tatsächlich um Juden und Emigranten handeln würde. Vgl. Neue Demonstrationen vor dem Kursaal. Wieder 18 Verhaftungen. In: *Tagesanzeiger*, 20.11.1934, S. 5. Als Argument gegen die Angriffe erklärte die Polizei, die jüdischen Mitglieder wären nur eine Minderheit im Ensemble. Die antisemitischen Argumente der Frontisten wurden also nicht bekämpft sondern aufgenommen, und das Kabarett wurde vor Angriffen geschützt, weil es nicht jüdisch war.

41 Vgl. Zu den Straßendemonstrationen. In: *Tagesanzeiger*, 29.11.1934, S. 7.

42 Vgl. Exinger: *Die Narretei eines Idealisten*, S. 81.

das Stück als linkes Drama, das den Hass auf alles „Nationale“ zum Ausdruck brächte.[43]

Im Vorfeld der Aufführung von *Professor Mannheim* – wie schon ein Jahr zuvor bei den Aufführungen von *Die Rassen* – hatte auch die deutsche Botschaft in Bern versucht, ihren Einfluss geltend zu machen, um die Aufführungen abzusetzen. Der Botschafter selber, Ernst von Weizsäcker, hatte sich direkt an das Bundesgericht gewandt, um dieses Ziel zu erreichen. Seine Initiative blieb jedoch erfolglos.[44]

Insgesamt wurde *Professor Mannheim* in Zürich 42 Mal aufgeführt (vom 8. November 1934 bis zum 7. April 1935). Das Ensemble zeigte das Stück anschließend auch in Bern (im April 1935) und in Basel (vom 17. bis zum 24. Juni 1935).[45] Auch in diesen Städten entzündeten sich Debatten und Auseinandersetzungen rund um das Drama. Das *Berner Tagblatt* forderte zum Beispiel, das Tendenzstück abzusetzen, um die Beziehungen mit dem Nachbarland Deutschland nicht in Gefahr zu bringen.[46]

Professor Mamlock – in Zürich als *Professor Mannheim. Ein Drama aus dem Deutschland von heute* aufgeführt – war nach Ferdinand Bruckners *Die Rassen* das erste Exildrama, das sich mit dem Thema des nationalsozialistischen Antisemitismus beschäftigte. Im Unterschied zu Bruckner wollte Wolf den Judenhass allerdings nicht als psychologisches Phänomen behandeln, sondern ihn aus einer historischen und politischen Perspektive darstellen. Aus diesem Grund war das Stück Friedrich Wolfs umstritten und unbequemer als *Die Rassen*. Denn mit *Professor Mamlock* klagte er das deutsche und europäische Bürgertum direkt an.

Professor Mamlock wurde in vielen Ländern inszeniert und machte Wolf in den 1930er Jahren als antifaschistischen Autor weltweit bekannt. Und überall versuchten die Botschaften des Dritten Reichs, die Aufführungen zu boykottieren. Die Geschichte der Inszenierungen *Professor Mamlocks* zeigt damit, wie hoch das Potential dieses den Nazis so verhassten Stückes war.

43 Vgl. Amrein: *Los von Berlin!*, S. 428–429.

44 Vgl. ebd., S. 430.

45 Vgl. Exinger: *Die Narretei eines Idealisten*, S. 79.

46 Vgl. Amrein: *Los von Berlin!*, S. 429.

Gleichzeitig rückt durch die Analyse der Rezeption *Professor Mamlocks* die Frage des Publikums in den Fokus. Eine vergleichende Analyse der verschiedenen Fassungen des Dramas wird zeigen, dass und auf welche Weise das Werk mal nach dem Geschmack des Publikums, mal nach politischen Forderungen verändert wurde, um je nach Inszenierung unterschiedlichen Kriterien zu entsprechen.

Professor Mamlock
–
Die Rezeption

Die Uraufführung des Dramas fand am 19. Januar 1934 auf Jiddisch im Kaminskitheater in Warschau unter dem Titel *Der gelbe Fleck. Dr. Mamlocks Ausweg* statt. Am 25. Juli desselben Jahres wurde das Stück dann auch auf Hebräisch unter dem Titel *Professor Mannheim* von Leopold Lindtberg am Habima Theater[1] in Tel Aviv inszeniert.[2] Und am 8. November 1934 schließlich inszenierte Lindtberg das Stück zum ersten Mal auf Deutsch unter dem Titel *Professor Mannheim. Ein Schauspiel aus dem Deutschland von heute* am Zürcher Schauspielhaus.[3]

1 Das Habima Theater war 1917 in Moskau als dramatisches Studio im Umfeld von Konstantin Stanislawskis Moskauer Künstlertheater gegründet worden. Aufgrund zunehmender Repressionen des stalinistischen Regimes begab sich das Ensemble 1926 auf Tournee nach Europa und Amerika. 1928 traten die Künstler zum ersten Mal in Palästina auf. Nach einer zweiten Tournee in Europa kamen sie 1931 nach Palästina zurück. Vgl. Sebastian Schirrmeister: *Das Gastspiel. Friedrich Lobe und das hebräische Theater 1933–1950.* Berlin: Neofelis 2012, S. 38–40.

2 In der Inszenierung in Tel Aviv benutzte Friedrich Wolf das Pseudonym Hans Scheer. Vgl. Manfred Geis: Großer Erfolg der Habimah. In: *Jüdische Rundschau*, 10.08.1934, S. 11. Zur Geschichte der hebräischen Inszenierung vgl. Schirrmeister: Der erste Mamlock. Eine Spurensuche.

3 In dieser Inszenierung spielte Kurt Horwitz die Hauptrolle Professor Mannheim, Emil Stöhr spielte seinen Sohn Rolf, Dinorah Press seine Tochter Ruth; Wolf Beneckendorf spielte Carlsen, Erwin Kalser war Dr. Hirsch, Maria Schanda war Dr. Inge Ruoff, Leonard Steckel der Krankenpfleger Simon. In der Inszenierung hatten insbesondere Wolfgang Langhoff in der Rolle des kommunistischen Arbeiters und Heinz Greif als der nationalsozialistische Arzt und Feind Mamlocks, Dr. Hellpach, großen Erfolg.

Insbesondere die letztgenannte Inszenierung hatte großen Erfolg und wurde zum Ausgangspunkt heftiger Auseinandersetzungen. Während die dramaturgische Arbeit des Ensembles weithin gelobt wurde, konzentrierte sich die Kritik auf die politischen Inhalte. Nach Meinung vieler, auch liberaler Kreise, hätte das Stück nicht in den Spielplan aufgenommen werden dürfen. Diese Haltung wurde beispielsweise durch einen Vergleich mit *Die Rassen*[4] begründet: Die *Neue Zürcher Zeitung* etwa lobte *Die Rassen* ausdrücklich, weil das Drama kein Tendenzstück sei und Bruckner beiden Parteien (Juden und Nationalsozialisten) gerecht zu werden versuche, *Professor Mamlock* hingegen erginge sich in Schwarzweißmalerei. Das Drama käme als Zeitstück daher, würde aber im Gegenteil eine Wirklichkeit beschreiben, die es nicht mehr gäbe. Auf diese Weise heile Wolf keine Wunden, sondern er verschärfe sie.[5]
In ähnlicher Weise wurde *Professor Mamlock* von der gesamten bürgerlichen Presse als Tendenzstück verurteilt, dem es an Objektivität mangele. Die *Zürcher Volkszeitung* zum Beispiel gab sich zwar voller Mitgefühl für das Schicksal der Juden, beklagte an dem Drama aber eine zu eindimensionale Darstellung des Nationalsozialismus. Er dürfe nicht schlicht mit Antisemitismus gleichgesetzt werden, sondern sei sehr viel komplexer. Das Drama könne deshalb all jene nicht überzeugen, die doch Mitleid für das tragische Schicksal der Juden empfänden, sich aber nicht mit den politischen Zielen Friedrich Wolfs identifizieren könnten.[6] Die bürgerliche Presse reduzierte damit den Antisemitismus zu einer Frage des Mitleids und bagatellisierte den Nationalsozialismus, der sich nicht einfach auf die antisemitische Diskriminierung reduzieren ließe.

4 Auch *Die Rassen* behandelt das Thema des Antisemitismus. Allerdings stellt der Autor weder politische Meinungen und Lösungen dar noch bildet er eine Parteilinie ab. Der Nationalsozialismus wird nur aus psychologischer Perspektive beschrieben, als psychische Deformation, die in einen archaischen Rausch mündet und von jeglicher Vernunft frei ist. In Bruckners Stück wird das menschliche Drama durch die Geschichte eines Deutschen dargestellt, der in eine Jüdin verliebt ist, aber zum Anhänger des Nationalsozialismus wird. Als er dann beauftragt wird, seine ehemalige Freundin zu verhaften, gerät er in einen Konflikt und beginnt, mit seiner politischen Überzeugung zu hadern. Schließlich rebelliert er.

5 Vgl. „Professor Mannheim". Schauspielhaus (8. November). In: *Neue Zürcher Zeitung*, 10.11.1934 (Morgenausgabe), S. 3.

6 Vgl. „Professor Mannheim". In: *Zürcher Volkszeitung*, 09.11.1934.

Für die katholische Zeitung *Neue Zürcher Nachrichten* war das Werk vor allem aus ästhetischen Gründen fragwürdig. Friedrich Wolf würde sich einer Schwarzweißtechnik bedienen, die einem Kunstwerk unangemessen wäre.[7] Zu einem ähnlichen Urteil gelangte Arthur Koestler in seiner in *Das Neue Tagebuch* veröffentlichten Rezension: „Friedrich Wolf lässt seine Helden [...] Leitartikel reden. [...] diese Hindenburgdemokraten und Hitlerjuden [...] aus Mund und Poren und allen Leibesöffnungen quillt ihnen gedrucktes Papier."[8]

Aus diesem Grund müsse das Drama als „schwaches, zusammengezimmertes, unkünstlerisches Stück"[9] kritisiert werden. Es sei ein „Reportage-Drama", ein Zeitstück, das als solches keinen dauerhaften Wert und keine dauerhafte Bedeutung haben könne. Trotzdem – so Koestler – habe das Drama durchaus einige Qualitäten. Immerhin handele es sich um das einzige antifaschistische Stück, das in einem großen europäischen Theater aufgeführt würde – gemeint ist das Zürcher Schauspielhaus. Außerdem sei nicht zu leugnen, dass das Drama die wahren Verhältnisse in Deutschland beschreiben würde. (In seiner Antwort auf die Kritik der *Neuen Zürcher Zeitung* hatte ja schon das Schauspielhaus selber – wie oben erwähnt – auf den Wahrheitswert des Stücks hingewiesen.)

Auch ein Artikel in der *Jüdischen Rundschau* – der sich mit der Inszenierung Lindtbergs an der Habima beschäftigte – nannte das Drama eine Reportage. Zugleich sei *Professor Mannheim*, wegen seiner vielen Diskussionen, aber auch ein Konversationsdrama, in dem die wichtigsten Aktionen außerhalb der Bühne stattfinden würden. Die Arbeit des Regisseurs wurde für die realistische Inszenierung gelobt, in der das lebendige Sprechen einen ermüdenden Pathos-Stil meiden würde.[10]

In seiner Rezension der Zürcher Inszenierung bewegte sich Josef Halperin ganz auf der Linie der Kommunistischen Partei. Lobend hob er hervor, dass die Frage des Antisemitismus nicht das einzige

7 Vgl. Zürcher Schauspielhaus. Professor Mannheim. Schauspiel von Friedrich Wolf. In: *Neue Zürcher Nachrichten*, 10.11.1934.

8 Arthur Koestler: Professor Mannheims Bekehrung. In: *Das Neue Tagebuch*, 30.03.1935, S. 307.

9 Ebd.

10 Vgl. Geis: Großer Erfolg der Habimah.

Thema des Dramas sei und dass Friedrich Wolf eher eine politische Interpretation der Rassismusfrage anbieten würde. Der Autor zeige uns, dass die Judenfrage in Wahrheit eine Klassenfrage sei. Eigentliche Opfer der nationalsozialistischen Gewalt seien die Arbeiter, die Armen, die Sklaven jeder Rasse und Religion. Die Geschichte Mannheims diene deswegen nur als Vehikel, dessen sich Wolf bediente, um das Wesen des Nationalsozialismus offenzulegen.[11]

Auch eine von Heinrich Diament verfasste Rezension der polnischen Inszenierung lag nahe der Parteilinie. Diament kritisierte die von der Warschauer jüdischen Presse veröffentlichten Artikel, die das Stück allesamt gründlich missverstehen würden, weil sie die tragische Geschichte des assimilierten Juden Mamlock in den Vordergrund stellten. Der „Judenfrage" werde dadurch eine viel zu große Bedeutung beigemessen und das eigentliche Thema des Stücks – der antifaschistische Kampf der Arbeiterbewegung – in den Hintergrund gedrängt. Dieser falschen Akzentsetzung leiste *Professor Mamlock* allerdings auch Vorschub, weil darin der Arbeiterkampf nicht in angemessener Schärfe geschildert würde.[12]

Der sozialistische Zürcher *Tagesanzeiger* wiederum fand es, im Gegenteil, gerade richtig, dass Wolf sich auf diesen einen Aspekt des Nationalsozialismus, seinen Antisemitismus, konzentrierte. Beklagt wurde allerdings die dramaturgische Anlage des Stücks: Mamlock sei im Grunde die einzig bedeutende Figur des Dramas, in der zwar große Qualitäten verkörpert seien, die aber alle anderen Figuren an den Rand drängen würde. Es fehle an gleichwertigen Antagonisten.[13]

In der *Deutschen Hochschulwarte* (Prag) rezensierte Paul Winter im Oktober 1935 die erste deutschsprachige Ausgabe des Stücks, die im selben Jahr vom Verlag Oprecht & Helbling veröffentlicht worden war. In seinem Artikel kritisierte Winter, dass sich die Entwicklung der Geschichte durch die Bühnenhandlung allein nicht

11 Vgl. Josef Halperin: Professor Mannheim. Ein Schauspiel aus dem Deutschland von heute. Von Friedrich Wolf. In: *Deutsche Stimmen. Beilage zur Deutschen Freiheit*, 18./19.11.1934.

12 Vgl. [Hei]nrich Diament: Fr. Wolf's „Doktor Mamlock" auf der Bühne des Warschauer Theaters [1934]. Typoskript, 6 Bl., 6 S., unveröffentlicht. Archiv der Akademie der Künste, Nachlass Friedrich Wolf, Sign. 196/2a, S. 3–5.

13 Vgl. Dr. H.: „Professor Mannheim" Premiere im Zürcher Schauspielhaus. In: *Tagesanzeiger*, 10.11.1934, S. 9.

ausreichend erschlösse. Vielmehr werde die Kenntnis historischer Ereignisse vorausgesetzt, ohne die das Stück von den Zuschauern nicht verstanden werden könne. Zudem seien die verschiedenen Teile des Dramas nicht wirklich miteinander verbunden, so dass es an Handlungseinheit mangele. Da außerdem einige Szenen unwahrscheinlich wirkten – zum Beispiel die Szene mit dem verwundeten Arbeiter, der kurz vor seiner Operation mit den Ärzten über Politik diskutiert – und manche Dialoge wie Zeitungsauszüge klängen, sei *Professor Mamlock* letztlich als Kunstwerk nicht überzeugend.[14]
Ähnlich urteilten die Rezensenten der Stockholmer Inszenierung – das Stück wurde nach langen und schwierigen Verhandlungen[15] im Februar 1938 im Blanche-Theater aufgeführt: Das Drama würde mit langen theoretischen Diskussionen ermüden, wie sie in der Realität kaum vorkämen – erneut wurde auf die umstrittene Szene mit dem verwundeten Arbeiter verwiesen. Die Figuren wirkten dadurch steif, wie vorgefertigte Modelle. Dennoch sei das Stück zwar nicht als Kunstwerk, aber für seinen Wahrheitsgehalt zu schätzen.[16]
Auch in einigen Artikeln zur polnischen Inszenierung wurde Wolfs Drama für seinen Wahrheitsgehalt gelobt, weil es wirkliche Geschehnisse auf die Bühne brächte und viele authentische Figuren aus Deutschland zeige. Das Stück sei eine Reportage.[17] Diese Wahrheitsqualität hob später auch Erwin Piscator hervor, der dem Drama eine „Identität des Selbsterlebten“[18] attestierte.

14 Vgl. Paul Winter: Friedrich Wolf: Doktor Mamlocks Ausweg. In: *Deutsche Hochschulwarte*, Oktober 1935.

15 Der Briefwechsel zwischen dem Agenten Wolfs in Skandinavien, Walter Hammer, und Astrid Andersson – die den Text ins Schwedische übersetzte und Per Lindberg zukommen ließ, der seinerseits das Drama ans Blanche-Theater brachte – erleuchtet einige Hintergründe. Ihm zufolge haben die Nazis auch in Stockholm versucht, durch ihren Einfluss und Druck die Inszenierung von *Professor Mamlock* zu verhindern. Vgl. Walter Hammer: [Brief an Astrid Andersson, Kopenhagen, 23.12.1937]. Typoskript, 1 Bl., 1 S., unveröffentlicht. Archiv der Akademie der Künste, Nachlass Friedrich Wolf, Sign. S 380/12; ders.: [Brief an Astrid Andersson, Kopenhagen, 03.01.1938]. Typoskript, 1 Bl., 1 S., unveröffentlicht. Archiv der Akademie der Künste, Nachlass Friedrich Wolf, Sign. S 380/12.

16 Vgl. SCHWEDISCHE PRESSE UEBER FRIEDRICH WOLFS „PROFESSOR MAMLOCK“ [1938]. Typoskript, 9 Bl., 9 S. Archiv der Akademie der Künste, Nachlass Friedrich Wolf. Sign. 196/8, S. 1–2.

17 Vgl. [„Der gelbe Fleck“, Zeitungsausschnitte (1934)]. Typoskript, 1 Bl., 1 S. Archiv der Akademie der Künste, Nachlass Friedrich Wolf, Sign. S 380/10.

18 [Erwin Piscator]: Friedrich Wolfs Bühnenwerke im Auslande. Aus einem Vortrag des Gen. E. Piscator im Moskauer Radio. In: *Deutsche Zentralzeitung*, 23.12.1934, S. 3.

Zusammenfassend betrachtet war die Rezeption des Stücks durchaus ambivalent. In der bürgerlichen Presse herrschte die Tendenz vor, das Phänomen des Antisemitismus und des Nationalsozialismus zu bagatellisieren und *Professor Mamlock* als klassenkämpferisches Tendenzstück hinzustellen. In den der kommunistischen Partei nahestehenden Blättern wiederum wurde die ‚Judenfrage' bagatellisiert und der Antisemitismus zur Klassenfrage umdefiniert. Entsprechend wurde von manchen Rezensenten beklagt, dass die Beschreibung des antifaschistischen Kampfes der Arbeiterbewegung zu sehr im Hintergrund stände, während die Hauptfigur, der Jude Mamlock die ganze Geschichte dominiere.

Dass die Wahrnehmung des Stücks stets politisch beeinflusst sein würde, dürfte Friedrich Wolf nicht nur von vornherein klar gewesen sein, er hatte es darauf angelegt. Selbst in der neutralen Schweiz verhinderte die antisemitische Tradition eine offene und umfangreiche Diskussion der ‚Judenfrage'. Darüber hinaus förderte die Angst vor dem mächtigen deutschen Nachbarn eine Tabuisierung des Themas und veranlasste einige Schweizer Zeitungen sogar zu Hetzartikeln gegen Juden und Kommunisten. Auf der anderen Seite erwies sich das Thema der Judenverfolgung auch für die Kommunisten als unbequem.

Gleichwohl wurde immer wieder der Wahrheitsgehalt des Dramas hervorgehoben. Das Stück würde nur wirklich geschehene Tatsachen wiedergeben und sein Wert bestände darin, sie authentisch zu zeigen. Vor allem dadurch wurde *Professor Mamlock* schließlich zum ersten antifaschistischen Drama des Exils.

Professor Mamlock
–
Rasse oder Klasse?

> Nur Fremdheit ist das Gegengift gegen Entfremdung.
>
> (Theodor W. Adorno, *Minima Moralia*)

In diesem Kapitel soll die Produktionsgeschichte von *Professor Mamlock* rekonstruiert werden. Die Spurensuche ist deshalb besonders interessant, weil es unterschiedliche Fassungen des Dramas gibt. Die vergleichende Analyse ermöglicht es, die Bedingungen der literarischen Arbeit im Exil zu untersuchen und die Beziehung zwischen künstlerischem Schaffen und Publikum zu beleuchten. Im Folgenden kann gezeigt werden, wie die Distanz von seinem Stammpublikum den Autor dazu zwang, sich an neue Zuschauer zu wenden. Gegenüber seinem Publikum, verstanden als Auftraggeber, musste der Schriftsteller im Exil besonders flexibel agieren, und es war eben diese Bereitschaft, sein Werk zu verändern, die Wolf zum Welterfolg verhalf.

Die Frage nach dem idealen Publikum, auf die der Autor auch mit *Professor Mamlock* eine Antwort suchte, ist mit dem Diskurs über das Exil aufs Engste verbunden. Als Wolf 1933 die Arbeit an *Professor Mamlock* begann, war er davon überzeugt, der Nationalsozialismus in Deutschland würde nur von kurzer Dauer sein. Der deutsche Alltag war ihm noch vertraut, und er konzipierte das Stück so, dass es in den Nachbarländern zu Deutschland, grenznah, inszeniert werden konnte. Dennoch sah er sich veranlasst, das Drama mehrmals zwischen 1933 und 1935 zu verändern, sei es nach den Forderungen der Ensembles und den Wünschen des Publikums, sei es nach den Vorgaben der Partei.

Als die erste Druckversion 1935 veröffentlicht wurde, begann eine neue Phase des Exils. Die Emigranten hofften nun nicht mehr auf ein schnelles Ende der nationalsozialistischen Diktatur. Die antifaschistischen Kräfte versuchten deshalb, sich in einer Volksfront zu einigen. In dieser Phase bekam *Professor Mamlock* ein neues Profil. Während in der ersten Version des Stücks die ‚Judenfrage' im Vordergrund stand, wurde das Drama nun, in der Druckversion aus dem Jahr 1935, zur „Tragödie der westlichen Demokratie", in deren Zentrum jetzt der Arbeiterkampf geriet.

Dabei spielte die Publikumsfrage eine wichtige Rolle, weil Friedrich Wolf im Exil von seinem Stammpublikum getrennt war. Das galt natürlich auch für Brecht und die anderen Autoren der Weimarer Avantgarde. Das deutsche Proletariat war für sie nach 1933 unerreichbar. Das zwang Wolf dazu, seinen Stil zu verändern und sich vom Agitproptheater zu verabschieden. Darüber hinaus hatte die nun einsetzende Wende in der literarischen Arbeit des Autors aber auch politische Ursachen.

Im März 1933, kurz nach seiner Flucht aus Deutschland, begann Friedrich Wolf mit der Arbeit an dem Stück *Professor Mamlock*, das er im Sommer 1933 in Frankreich abschloss. Das Drama wurde gemeinsam mit dem Schauspielerkollektiv Truppe 31 konzipiert, das sich zur selben Zeit wie Wolf in der Schweiz aufhielt. Die Theatergruppe wollte das Stück anschließend in verschiedenen Ländern an der Grenze zu Deutschland selber aufführen. Damit dies unter den schwierigen Bedingungen des Exils geschehen konnte, musste sich Wolf von vornherein mit einer möglichst überschaubaren Anzahl von Figuren und Schauplätzen begnügen.[1]

Zu einer Inszenierung von *Professor Mamlock* durch die Truppe 31 ist es allerdings nie gekommen.[2] Lediglich ein Schauspieler der

1 Vgl. Pollatschek: *Friedrich Wolf*, S. 160–161.

2 Curt Trepte schreibt dazu: „Da Granach ausfiel, die finanziellen Mittel für die Inszenierung nicht aufgebracht werden konnten und eine Einladung zur Übersiedlung der Truppe nach Moskau von Piscator und Arthur Pieck vorlag, beschloss das Kollektiv […], in die Sowjetunion zu emigrieren." (Curt Trepte: Begegnungen mit Friedrich Wolf. Typoskript, 2 Bl., 2 S., unveröffentlicht. Archiv der Akademie der Künste, Nachlass Friedrich Wolf, Sign. 379/1, S. 1.) – Ein Teil des Kollektivs blieb

Agitpropgruppe, Alexander Granach, nahm als Hauptfigur an der Uraufführung in jiddischer Sprache im Kaminski-Theater in Warschau am 19. Januar 1934 teil. Diese Inszenierung von Michael Brandt unter dem Titel *Der gelbe Fleck. Dr. Mamlocks Ausweg* war sehr erfolgreich und erlebte mehr als 300 Aufführungen.[3] Darauf folgten – wie im vorangehenden Kapitel geschildert – die Inszenierungen in Tel Aviv (Juli 1934) und in Zürich (November 1934).
Das Stück erzählt das dramatische Schicksal eines jüdischen Arztes: Die Handlung setzt im Frühjahr 1932 während der Wahlen ein, an denen sich der jüdische Chirurg Mamlock als überzeugter Hindenburg-Anhänger und Antikommunist beteiligt. Nach dem Reichstagsbrand im Februar 1933 geraten der konservative Mamlock und sein kommunistisch eingestellter Sohn Rolf in einen offenen Konflikt. Vor die Alternative gestellt, zwischen der Familie und der Partei zu wählen, entscheidet sich Rolf für den antifaschistischen Widerstand und verlässt das Elternhaus. Infolge des *Gesetzes zur Wiederherstellung des Berufsbeamtentums* vom April 1933 verliert der staatstreue Mamlock dann jedoch seine Arbeit und muss erniedrigt die Klinik verlassen. Dennoch hält er weiterhin an seiner konservativ-liberalen Gesinnung fest. Als er im letzten Akt als ehemaliger Frontkämpfer in seinen Beruf zurückkehren darf, versucht er, auch den zuvor mit ihm entlassenen jüdischen Krankenpfleger Simon in die Klinik zurückzuholen, wodurch er in einen scharfen Konflikt mit seinem nationalsozialistisch gesinnten Kollegen, Dr. Hellpach, gerät. Seine Mitarbeiter wenden sich schließlich von ihm ab, nur Dr. Inge Ruoff hält weiterhin zu ihm. Durch die Ereignisse in der Klinik und ihre Liebe zu Mamlocks Sohn Rolf hat sich die einstige Nationalsozialistin dem Kommunismus zugewandt. Im Verlauf des Konflikts erliegt Mamlock schließlich den eigenen bürgerlich-demokratischen Illusionen. Er glaubt weiterhin hartnäckig an die Verfassung und beruft sich auf Gerechtigkeit und Freiheit, obwohl die nationalsozialistische Realität längst jeder demokratischen

aber in Frankreich. Gründe für die Auflösung der Truppe 31 waren die materiellen Schwierigkeiten und politische Pressionen von Seiten des Dritten Reichs gegen in Deutschland verbliebene Angehörige. Vgl. Villard: Exiltheater in Frankreich, S. 198.

3 Vgl. Boguslaw Drewniak: Exiltheater in Polen. In: *Handbuch des deutschsprachigen Exiltheaters 1933–1945*, Bd. 1, S. 245–249, hier S. 248–249.

Grundlage entbehrt. Seine Fehleinschätzungen kosten ihm am Ende das Leben.
Das ist, kurz gefasst, die Handlung des Dramas. Die Geschichte Mamlocks, die inmitten dramatischer historischer Ereignisse spielt und durch das tragische Schicksal des Juden Mamlock sowie durch die Schilderung der Folgen der antisemitischen NS-Politik die Grundlagen und das Wesen des Faschismus aufzeigen möchte, hatte aber nicht nur ein aufklärerisches Ziel. Friedrich Wolf wollte zugleich agitieren und sein Publikum zum Aufstand, zum bewaffneten Kampf gegen die Nazis anstiften.
Die politische Motivation des Autors, ebenso wie die zeitgeschichtliche Konstellation, in der er agierte, hatten Konsequenzen, die bereits die Genese des Stücks *Professor Mamlock* beeinflusst und den Autor immer wieder zu Veränderungen veranlasst haben. Als Folge davon liegt das Drama in verschiedenen Fassungen vor.

Spurensuche

Die erste Druckfassung des Werkes wurde im Jahre 1935 unter dem Titel *Doktor Mamlocks Ausweg. Tragödie der westlichen Demokratie* vom Oprecht Verlag in Zürich veröffentlicht. Elf Jahre später, 1946, erschien im Aufbau Verlag eine Neuausgabe;[4] diese Fassung ist identisch mit der 1960 von Else Wolf und Walter Pollatschek in Berlin wiederum neu herausgegebenen Ausgabe.[5] Die 1946 veröffentlichte Fassung unterscheidet sich jedoch in wesentlichen Teilen von der Erstausgabe des Oprecht Verlags. In der „Aufbau-Fassung" fehlen unter anderem zwei Szenen aus dem ersten und vierten Akt, in denen Frau Ruoff, die Mutter von Dr. Inge, auftritt.
Neben diesen Druckausgaben sind jedoch noch zwei weitere Texte zu berücksichtigen: ein im Friedrich-Wolf-Archiv gefundenes Manuskript, das die handschriftliche Fassung des ersten und einen

4 Friedrich Wolf: Professor Mamlock. In: Ders.: *Dramen*, Bd. IV: Besinnung. Vier Dramen: Professor Mamlock. Patrioten. Doktor Wanner. Was der Mensch säet. Berlin: Aufbau 1946, S. 5–72.

5 Friedrich Wolf: Professor Mamlock. In: Ders.: *Gesammelte Werke in sechzehn Bänden*, Bd. 3: Dramen: Die Matrosen von Cattaro. Tai Yang erwacht. Die Jungens von Mons. Professor Mamlock. Laurencia, hrsg. v. Else Wolf / Walter Pollatschek. Berlin: Aufbau 1960, S. 295–365.

Teil des zweiten Aktes enthält, sowie ein Typoskript, das sich im Nachlass Arthur Piecks[6] im Bundesarchiv Berlin befindet.

Das handschriftliche Manuskript aus dem Friedrich-Wolf-Archiv trägt den Titel *Doktor M's Ausweg*[7]. Durch zwei in diesem Text enthaltene Angaben kann die handschriftliche Fassung zeitlich eingeordnet werden. Am Ende des ersten und zu Beginn des zweiten Aktes finden sich jeweils Datumsangaben, die darauf schließen lassen, dass der erste Akt am 25. Mai 1933 abgeschlossen wurde[8] und die Arbeit am zweiten Akt am 28. Mai 1933 begann.[9] Diese handschriftliche Fassung ist dem im Nachlass Arthur Piecks enthaltenen Typoskript sehr ähnlich. Es fehlen darin jedoch einige Szenen, die der Autor erst später – wie sich zeigen wird, auf Veranlassung einer Korrespondenz mit dem New Yorker Theaterkollektiv Theatre Union – ergänzt hat. Es handelt sich um eine Frau Ruoff-Szene, eine Szene mit einem verwundeten Arbeiter im ersten Akt und eine Szene, in der die soziale Basis des nationalsozialistischen Klassenneides durch die Figur Dr. Hellpachs gezeigt wird.[10]

Anhand eines Vergleichs dieser beiden Texte (des im Friedrich-Wolf-Archiv gefundenen Manuskripts und des im Nachlass Arthur Piecks befindlichen Typoskripts) lässt sich schlussfolgern, dass es sich bei der handschriftlichen Fassung um jenen Text handelt, den Wolf am 30. Mai 1933 an das Theatre Union geschickt hat.[11] Die Kommentare und Ergänzungswünsche des Schauspielerkollektivs hat der Autor anschließend durch neue Figuren und Szenen in das Stück eingearbeitet. Davon abgesehen unterscheiden sich die zwei Archivtexte (Manuskript und Typoskript) kaum voneinander.

6 Arthur Pieck – seit 1932 im Exil in Moskau – war Mitglied des Sekretariats des Moskauer Internationalen Revolutionären Theaterbundes. Zur Biographie Arthur Piecks vgl. Lutz Heuer: *Arthur Pieck (1899–1970). Ein Leben im Schatten des Vaters.* Berlin: Trafo 2005.

7 Friedrich Wolf: Doktor M's Ausweg. Manuskript, undatiert [ca. 1933], 128 S., unveröffentlicht. Archiv der Akademie der Künste, Nachlass Friedrich Wolf, Sign. 16/2, S. 2.

8 Vgl. ebd., S. 46.

9 Vgl. ebd., S. 47.

10 Die handschriftliche Fassung ist ein Fragment, das nur den ersten und Teile des zweiten Akts enthält. Deswegen werden in diesem Zusammenhang die Zwischenszene und die zweite Frau-Ruoff-Szene im vierten Akt nicht berücksichtigt.

11 Am 30. Mai wurde aber nur der erste Akt gesendet. Der zweite war noch in Bearbeitung. Vgl. Friedrich Wolf: Brief an Theatre Union, 30.05.1933. In: Ders.: *Briefwechsel. Eine Auswahl*, S. 247–250, hier S. 247.

Der im Nachlass Arthur Piecks gefundene Text trägt den Titel *Doktor Mamlocks Ausweg. Ein Schauspiel aus Deutschland 1934* und ist im Unterschied zu der handschriftlichen Fassung nicht datiert. Diese Pieck-Fassung unterscheidet sich aber wesentlich vom Text der Oprecht-Ausgabe; sie enthält Szenen und Zwischenszenen, die in der Zürcher Ausgabe fehlen, weitere Szenen wiederum sind so anders gestaltet, dass sich ein Bedeutungswechsel ergibt.

Vor einer vergleichenden Analyse dieser beiden Texte („Oprecht-" und Pieck-Fassung) ist es jedoch zunächst zweckdienlich, den Übergang von der im Manuskript enthaltenen – wahrscheinlich ersten – Fassung zur Pieck-Fassung zu rekonstruieren. Hier erweisen sich zusätzliche Materialien als sehr nützlich. Einige Phasen der Produktionsgeschichte von *Professor Mamlock* können durch den Briefwechsel zwischen Friedrich Wolf und dem Theatre Union rekonstruiert werden – das New Yorker Theaterkollektiv, das das Stück inszenieren wollte und mit dem der Autor während der Arbeit an seinem Werk korrespondierte.

Am 30. Mai 1933 schickte Wolf den ersten Akt (wie oben erwähnt, handelte es sich höchstwahrscheinlich um die am 25. Mai 1933 abgeschlossene Fassung) an das Agitpropkollektiv.[12] Aus dem darauf folgenden Brief des Autors (22. Juni 1933) geht hervor, dass das New Yorker Ensemble mit dem Text Wolfs sowohl stilistisch wie auch inhaltlich nicht zufrieden war. Diese Unzufriedenheit hing zweifellos damit zusammen, dass Wolf schon zuvor und auch mit diesem Stück von der Agitpropkunst Abstand genommen hatte und stattdessen ein Werk schreiben wollte, das sich an den in seinen Augen als Adressat bislang vernachlässigten Mittelstand wendete. In seinem Brief vom 22. Juni bekräftigte der Autor abermals, dass er kein Agitpropstück schreiben möchte. Er erklärte sich dennoch dazu bereit, die Forderungen des Theatre Union zu berücksichtigen; dazu fügte er einige Zwischenszenen in den Text ein, deren Inhalt im Brief kurz erläutert wird.[13] Die in dieser Briefpassage erwähnte dritte Zwischenszene ist tatsächlich in der Pieck-Fassung enthalten und entspricht dem in Wolfs Brief beschriebenen Ablauf:

12 Vgl. Wolf: Brief an Theatre Union, 30.05.1933, S. 247.

13 Vgl. Friedrich Wolf: Brief an Theatre Union, 22.06.1933. In: Ders.: *Briefwechsel. Eine Auswahl*, S. 250–253, hier S. 250–252.

> 3. Intermedium vor IV. Akt
> Der Boykott und die Kommunistenhatz
> Linke Bühnenhälfte […]: Die kleinen jüdischen Budiker werden gejagt, geprügelt, […], vor den kleinen Kaufläden in Berlin […] wird ein polnischer jüdischer Kleinkaufmann festgenommen […]
> Rechte Bühnenhälfte: Keine jüdische Bank darf belästigt werden, da dies „ein Eingriff in die Wirtschaft" ist (alles Tatsachen). Die Bankiers sitzen wieder friedlich da, SAführer kommt, meldet diesen jüd. Großbankiers stramm, dass sie nichts zu fürchten haben, dass sie im Gegenteil verpflichtet sind, ihre Institute weiter offen zu halten.[14]

Mit demselben Brief schickte Wolf an das Theatre Union auch den zweiten und den dritten Akt und schlug den Titel *Der gelbe Fleck* für sein Stück vor.[15] Am 1. Juli 1933 schickte Wolf dann auch den vierten (und letzten) Akt nach New York. Das Werk war jetzt in seiner ersten Fassung fertig. Am 31. Juli schrieb das Theatre Union dem Autor. Nach Ansicht der Theatergruppe war der Text weiterhin nicht überzeugend: Wolf würde im Publikum zu viele Vorkenntnisse voraussetzen, die Gründe der Machtübernahme Hitlers seien nicht erklärt. Das Ensemble forderte deshalb, dass die historischen Hintergründe – die einem amerikanischen Publikum nicht hinreichend vertraut seien – erläutert würden und empfahl, die sozialen Wurzeln der nationalsozialistischen Barbarei durch die Figur Hellpachs freizulegen:

> Habe ich nicht recht zu glauben, dass der repräsentative Nazi ein Kleinbürger ist, dem es nur auf sich selbst ankommt, […] der jahrelang gelitten hat, der glaubt, „zu lange zwischen der Aristokratie der Arbeit und der Aristokratie der Junker" gemahlen worden zu sein. Wenn das in Hellpachs Eifersucht auf Mamlock gezeigt werden könnte, vielleicht in Bezug auf seine eigenen Kämpfe, persönliche, so würde das schließlich glaubwürdiger werden und die wirkliche Basis, die Klassenbasis der Nazimacht und der jüdischen Verfolgung selbst würde deutlicher.[16]

Darüber hinaus kritisierten die Mitglieder des Theatre Union den pessimistischen, hoffnungslosen Grundton des Werkes: Mamlock träte – auch mit seinen ganzen Schwächen – als die einzig bedeutende Figur hervor; weder Rolf noch der Flugblattverteiler Ernst hätten seine Größe. Dagegen träten das Elend, der Kampf oder

14 Ebd., S. 252–253.

15 Vgl. ebd., S. 253.

16 Theatre Union: Brief an Friedrich Wolf, 31.07.1933. In: Ders.: *Briefwechsel. Eine Auswahl*, S. 256–259, hier S. 257.

die Bedeutung der zerschlagenen Arbeiterbewegung zu sehr in den Hintergrund.[17] Das Agitpropkollektiv empfahl, die Figur eines in einem Gefecht gegen die Nazis verwundeten Arbeiters einzufügen, den Mamlock zu operieren hätte:

> […] einen entschiedenen kommunistischen Arbeiter […], der zur Behandlung in die Praxis gebracht wird. Wird Dr. Inge, wird Dr. Hellpach bei der Behandlung des kommunistischen Feindes assistieren? Er ist nicht so schwer verwundet, dass er nicht sprechen könnte. Durch ihn und in seiner Verkörperung und in seinen Erlebnissen können alle Arbeiter Deutschlands sprechen.[18]

In einem Brief vom 21. August an das Theatre Union äußerte Wolf seine Bedenken diesen Ratschlägen gegenüber. Was die Theatergruppe erläutert und deutlicher dargestellt sehen möchte, sei zwar in Europa leidlich bekannt, dem amerikanischen Publikum aber wohl eher fremd. Darüber hinaus bestünde die in dem Stück verwendete „indirekte Technik" ja gerade darin, eben nicht alles zu erklären und zu zeigen. Im Gegenteil solle das Publikum dazu gebracht werden, selber zu Schlussfolgerungen und Lösungen zu kommen.[19] Gleichwohl erklärte sich Wolf dazu bereit, den Text zu verändern, und versorgte das Kollektiv dann am 30. August mit neuen Szenen, Zwischenszenen und Ergänzungen:

> Hier sind nun *anliegend* die neuen Scenen/Zwischenscenen/ Ergänzungen nach Euren […] Suggestions. Ich habe versucht, alle Eure Anregungen in Scenen umzusetzen. […] ich habe […] manches entgegen meiner bisherigen Art und Technik 'overemphasited' […]. Die neuen Frau Ruoff-scenen und die Arbeiterszene (I. Akt und IV. Akt) halte ich für wirklich wichtig und klärend (Eure Suggestions).[20]

Im Verlauf der Zusammenarbeit mit dem Theatre Union entstanden so insgesamt folgende Szenen, die – wie schon erwähnt – in der handschriftlichen Erstfassung (Manuskript) nicht zu finden sind: die Szene (erster Akt) vom verwundeten Arbeiter, der mit Hellpach im Operationssaal über Politik diskutiert; die Szene (erster Akt), in der die soziale Basis von Hellpachs Klassenneid offenbar wird;

17 Vgl. Theatre Union: Brief an Friedrich Wolf, 31.07.1933, S. 257.

18 Ebd., S. 258.

19 Vgl. Friedrich Wolf: Brief an Theatre Union, 21.08.1933. In: Ders.: *Briefwechsel. Eine Auswahl*, S. 261–264, hier S. 261–263.

20 Friedrich Wolf: Brief an Theatre Union, 30.08.1933. In: Ders.: *Briefwechsel. Eine Auswahl*, S. 264–267, hier S. 264–266.

die Zwischenszene (dritter Akt); und schließlich die zwei Ruoff-Szenen (erster und vierter Akt). Am 16. September schrieb Wolf abschließend:

> Ich bin nun wirklich froh und dankbar über Eure Anregungen; [...]. ‚Der wild gewordene Spießer' (Kleinbürger), den Lenin schon so oft als den gefährlichsten, weil unberechenbarsten Gegner des Proletariats erwähnt, ich glaube, er ist in der neuen Figur der FRAU RUOFF (I. und IV. Akt) jetzt wenigstens vorhanden; auch die Klassenbasis des Dr. Hellpach ... alle diese gefährlichen Deklassierten, die das Millionenheer des Feldwebels Hitler darstellen.[21]

Im Briefwechsel und in der Zusammenarbeit zwischen Autor und Ensemble zeigte sich Friedrich Wolf überaus flexibel. Seine Bereitschaft, das eigene Werk nach den Forderungen der Theatergruppe zu verändern, resultierte sicher auch aus einer existenziellen Verunsicherung. Auf der Flucht – und damit auch von seinem Stammpublikum getrennt – gehörte Flexibilität wohl zu den unabdingbaren Eigenschaften eines Theaterschriftstellers, wenn er die eigenen Werke aufgeführt sehen wollte. Die Bereitschaft, das literarische Werk im Kollektiv zu erarbeiten, war aber für Wolf nicht ausschließlich mit der Erfahrung des Exils verbunden; diese Arbeitsmethode hatte der Autor schon in den letzten Jahren der Weimarer Republik praktiziert, als seine Stücke fast ausschließlich nur noch von Agitpropkollektiven aufgeführt und in enger Zusammenarbeit mit der vom Autor geleiteten Spieltruppe Südwest konzipiert worden waren. Auch im Falle von *Professor Mamlock* wurde – wie oben erläutert – der Plot des Werkes ursprünglich kollektiv konzipiert und das Stück nach Kriterien gestaltet, die durch die zeitgeschichtliche Lage bedingt waren.

Von der ‚Judenfrage' zum Klassenkampf

Ein viel weitergehender Bedeutungsunterschied als zwischen der handschriftlichen und der Pieck-Fassung ergibt sich nun zwischen der letztgenannten und der Oprecht-Ausgabe. Mittels einer vergleichenden Analyse dieser Fassungen lassen sich nicht nur die inhaltlichen und stilistischen Änderungen begründen, sondern auch die

21 Friedrich Wolf: Brief an Theatre Union, 16.09.1933. In: Ders.: *Briefwechsel. Eine Auswahl*, S. 270–272, hier S. 270.

historischen und politischen Hintergründe für die Umgestaltung des Werkes offenlegen.

Pieck-Fassung

1) Im ersten Akt der Oprecht-Fassung – nachdem Frau Ruoff die Bühne verlässt – fehlt der Dialog zwischen Inge und Hellpach, in dem Hellpach die soziale Basis des beruflichen Erfolgs Mamlocks denunziert; in der Figur des Naziarztes wird der Kleinbürger mit seinem Hass und seinem Klassenneid dargestellt:

> Hellpach: Sein Vater war ein wohlhabender Arzt […]. Er konnte in der Grosstadt [sic!] bleiben, Fortbildungskurse belegen, sich spezialisieren, sich […] eine glänzende Privatpraxis aufbauen. […].
> Dr. Inge: […]
> Hellpach: […] konnte der junge Mamlock auf dieser väterlichen Basis seine ‚wissenschaftliche Laufbahn' einschlagen; er konnte […] 5–10 Jahre bei allen möglichen Kapazitäten assistieren; […] aber unsereins, als Sohn eines Justizbeamten, muss nach dem praktischen Jahr oder vielleicht nach 1–2 Jahren Assistenz sofort in die Praxis springen, um seinen […] Eltern nicht länger auf der Tasche zu liegen[.][22]

2) In der Oprecht-Fassung fehlt ebenfalls der im dritten Akt der Pieck-Fassung enthaltene Dialog zwischen Mamlock und dem Krankenpfleger Simon, in dem Simon die eigene zionistische Gesinnung erläutert. Durch Simon, Mamlock und Rolf werden in dieser Szene die verschiedenen von jüdischer Seite vertretenen Lösungen der ‚Judenfrage' präsentiert. Für Simon ist die Lösung der ‚Judenfrage' in der Rückkehr nach Palästina zu finden; Mamlock ist der assimilierte Jude, der sich ganzheitlich deutsch fühlt, er will seine Heimat Deutschland nicht verlassen, durch seinen bürgerlichen Individualismus ist er aber zu einem verzweifelten, einsamen und hoffnungslosen Kampf gezwungen; für Rolf wiederum löst sich die ‚Judenfrage' im Sozialismus, an seiner Seite sind die Genossen der Arbeiterbewegung; er begreift die ‚Judenfrage' als Klassenfrage.

> Mamlock: […] Zion und Jerusalem, das sind uns heute Symbole, erhabne, heilige Symbole, sowie unsere Helden Simson, Gideon und David, wie unsere Propheten Jessia, Hiskia, Jeremias; sie gehören der Geschichte an…

22 Friedrich Wolf: Doktor Mamlocks Ausweg. Ein Schauspiel aus Deutschland 1934. Typoskript, undatiert [ca. 1933], 149 S. (durchgehend paginiert von S. 56–143), unveröffentlicht. Bundesarchiv Berlin, Nachlass Arthur Pieck, Sign. NY4130, S. 62.

> Simon: (glühend) Sie stehen mitten unter uns […]!
> […]
> Simon: Faschisten… wir haben die Pharaonen überlebt, die Assyrer, Babylonier und Römer… Faschisten, ein Schatten, der vorüber huscht; wir rasten irgendwo und wandern dann weiter zu unserer Heimat.
> Mamlock: Unsere Heimat ist Deutschland; Zion ist für uns ein Gebet…
> Simon: […] Zion ist unsere Heimat!!
> […]
> Mamlock: […] Deutschland, Simon, Deutschland: Hier bist Du geboren, Du, Dein Vater, Dein Urgroßvater; die Luft dieses Landes, dieser Bäume, Wiesen, Felder hast Du geatmet. Deine Väter liegen im deutschen Boden begraben, aus ihren Leibern wuchsen deutsche Blumen, das Land hat Dich aufgenommen seit Jahrhunderten, es hat Dich verarbeitet, Du gehörst diesem Lande!
> […]
> Rolf: Ihr beide seid Juden, Vater, aber liegt Eure Lösung der jüdischen Frage nicht weiter auseinander als Mekka und Berlin? Eure beiden Lösungen sind keine Lösungen; sie sind Flucht!
> […]
> Rolf: Weil Ihr nicht sehen wollt, dass nicht Deutschland und Palästina die Fronten sind, sondern dass die eigentliche Front ganz anders verläuft.[23]

3) Der dritte Akt der Pieck-Fassung enthält eine Zwischenszene, die in der Oprecht-Fassung fehlt. Um Mamlock und Simon zu zeigen, wo die Fronten verlaufen, ruft Rolf als Conférencier einige Figuren auf die Bühne, die gewissermaßen ein Stück im Stück inszenieren; dabei wird die ‚Judenfrage' als Klassenfrage gefasst: Die Fronten befinden sich nicht zwischen den Rassen, sondern zwischen Kapital und Proletariat. In dieser Szene treten zwei Bankdirektoren (Seidel und Loeb) und der Leiter des Warenhauses A. G. (Rosenthal) auf. Rosenthal beklagt sich über den Boykott der großen jüdischen Warenhäuser; die Banken, sagt er, seien dagegen von den Nazis nicht angerührt worden:

> Rosenthal: […] Warum?! Warum?! Weil alle Ihr Geld […] bei Euch liegen haben, auch die besseren Nazis […].
> […]
> Rosenthal: […] Ist vielleicht Ihre Bank geschlossen oder nur irgendwie von den Nazis belästigt worden, Herr Direktor Loeb, oder die Bank von Dreyfuss, oder die von Rothschild, oder die von Oppenheim? Keiner jüdischen Bank haben die Nazis auch nur auf die Hühneraugen getreten![24]

23 Ebd., S. 96–98.

24 Ebd., S. 99.

Nachfolgend wird thematisiert, wie andererseits Kommunisten und jüdische Kleinhändler weiter angegriffen und verhaftet werden, während die jüdischen Besitzer oder jüdischen Direktoren großer Warenhäuser und Banken unbehelligt bleiben. Entsprechend wird der Judenhass der Nazis (von Seidel) als ein in der Geschichte immer wiederkehrendes Phänomen interpretiert: Seit je werde der Antisemitismus von den Regierungen als wirkungsvolle politische Strategie ausgenutzt, um die Aufmerksamkeit des Volkes von den wichtigen sozialen Fragen abzulenken:

> Seidel: Man darf die paar Belästigungen von irgendwelchen Juden auch nicht so aufbauschen. Schließlich muss man bei einer Revolution den Massen auch etwas bieten. Wenn da einige Juden verprügelt werden, gewiss, menschlich bedauerlich, aber das hat man schon im Mittelalter getan, wenn die Pest ausbrach oder etwas schief ging; das taten die russischen Zaren praktisch nach jedem verlorenen Krieg; das muss auch Hitler tun, da ihm nichts Vernünftigeres einfällt; das geht vorüber.[25]

Für den gehobenen Mittelstand ist der Faschismus jedenfalls der bolschewistischen Revolution vorzuziehen; aus diesem Grund sind die einzelnen Gewaltakte – nach Ansicht der im Stück auftretenden Bankdirektoren – zu dulden.

Zu diesem Zeitpunkt kommt der Nazi Hellpach auf die Bühne – in der Zwischenszene wird er den Kommissar für die Wirtschaftsführung des Stadtbereichs darstellen; jüdische Bankdirektoren, Eigentümer der Warenhäuser und Nazis einigen sich, um die freie uneingeschränkte Entwicklung der Wirtschaft zu sichern. Das Kapital (auch wenn es sich um jüdisches Eigentum handelt) anzugreifen, würde den ökonomischen Zusammenbruch Deutschlands bewirken; und das wollen sowohl (jüdische und nicht jüdische) Kapitaleigner als auch Nazis vermeiden:

> Seidel: […] ich resümiere […]: Die Vertreter der Warenhäuser und der Großbanken begrüßen die neuen Richtlinien der Regierung […], wonach keinerlei ‚Wirtschaftsexperimente' noch irgendwelche Eingriffe in die freie Wirtschaft statthaft sind. Sie verpflichten sich […] mitzuarbeiten an dem großen nationalen Aufbauprogramm.[26]

Nationalsozialisten und jüdische Kapitalisten einigen sich schließlich – und geben damit der politischen These der kommunistischen

25 Wolf: Doktor Mamlocks Ausweg. Ein Schauspiel aus Deutschland 1934, S. 102.
26 Ebd., S. 106.

Partei Nahrung, wonach die Rassenfrage eine Klassenfrage sei. So erläutert Rolf zum Schluss der Zwischenszene:

> […] die Hunderttausende unterdrückter, armer, wirklich verfolgter Juden, die gehören auf die Seite aller heute Unterdrückten, Entrechteten, Verfolgten und Kämpfenden; die gehören in die Front der kämpfenden Arbeiterklasse! Das ist die einzige reale Lösung auch der ‚jüdischen Frage'.[27]

4) Im dritten Akt der Oprecht-Fassung fehlt im Vergleich zur Pieck-Fassung weiterhin ein Teil des Dialogs zwischen Inge und Rolf; dieser Dialog erhält dadurch aber eine ganz andere Nuancierung: Während in der Oprecht-Fassung das Gespräch über die Lage der Partei einen gewissen Optimismus zeigt, wird in der Pieck-Fassung Kritik an der KPD geübt, weil sie die Gefahr des Faschismus unterschätze und in der entscheidenden Stunde der Machtübernahme Hitlers keinen Widerstand geleistet habe:

> Dr. Inge: Ihr hattet Dutzende Organisationen, Zehntausend Bewaffnete, Arbeiter der Faust hinter Euch. Aber als diesen Februar unsere paar SA-Formationen mitten im Herzen des ‚roten Berlin' vor dem Karl-Liebknechthaus aufmarschierten, wo waren da Eure Kämpfer. Eure Führer, Eure Sportler und Betriebsproleten?
> Rolf: Sie hielten Disziplin…
> Dr. Inge: Sie hielten Disziplin, sie hockten da wie die hypnotisierten Kaninchen und warteten, sie hielten derart Disziplin, dass in diesen Tagen, die das Schicksal der deutschen Arbeiter auf Jahre bestimmen werden, kein Widerstand geleistet, kein Streik ausgelöst wurde, keine einzige Massenaktion der Millionen ‚klassenbewussten Arbeiter'![28]

5) Im vierten Akt der Oprecht-Fassung fehlt ein großer Teil des Dialogs zwischen Mamlock und Simon, in dem der jüdische Krankenpfleger noch einmal seine zionistische Gesinnung zum Ausdruck bringt. Hellpach verlangt, dass Simon aufgrund des *Gesetzes zur Wiederherstellung des Berufsbeamtentums* entlassen wird. Mamlock will sich dem Verfahren widersetzen, aber Simon interpretiert dieses Ereignis als Fingerzeig Gottes, der sein Volk nach Palästina zurückbringen will:

> Simon: […] Das befiehlt nicht irgendein Minister oder Kanzler, das befiehlt durch den Mund dieses jungen Mannes der Gott, der uns wieder sendet in Unser Land![29]

27 Ebd., S. 108.
28 Ebd., S. 121.
29 Ebd., S. 132.

6) Die Pieck-Fassung enthält insgesamt weit mehr Informationen, die Auskünfte über die Judenverfolgung und den Boykott, über die Verflechtung zwischen Kapital und Nationalsozialismus erteilen.
7) In verschiedenen Passagen der Pieck-Fassung – die in der Oprecht-Fassung fehlen – werden die antisemitischen Theorien des Nationalsozialismus erwähnt und widerlegt.

Oprecht-Fassung:
1) Im ersten Akt der Pieck-Fassung wiederum fehlen verschiedene Teile des von den Mitarbeitern Mamlocks vor der Ankunft des Chefarztes geführten Gesprächs, in dessen Verlauf die Ziele des Faschismus erläutert und seine Expansionspolitik angezeigt werden:

> Dr. Hellpach: […] jedes Volk, das auf Ehre und Lebensraum hält, auch unser Volk kann nur mit der Waffe in der Hand seinen ihm gebührenden Platz gegen die minderwertigen Nationen wahren!
> Dr. Hirsch: Wo bedroht man unserm Volk den Platz an der Sonne?
> Dr. Hellpach: Wo? Es gibt noch Millionen deutscher Volksgenossen, die unter Fremdherrschaft schmachten; denn Deutschland ist überall dort, wo die deutsche Zunge klingt, wo deutsches Blut durch deutsche Adern braust, Deutschland ist Elsass, ist Saargebiet, ist Österreich…
> Dr. Inge: Deutschland ist Schleswig-Holstein…
> Dr. Hellpach: Deutschland ist das deutschsprechende tschechische Mähren, ist das deutschbesiedelte ungarische Siebenbürgen, Deutschland ist Kurland, ist Baltenland, ist die Ukraine, ist der ganze russische Ostraum, den wir als Siedlungsgebiet für unser großes Volk brauchen…
> Dr. Hirsch: Das ist der Krieg.[30]

2) Der im ersten Akt stattfindende Dialog zwischen Hellpach und dem Arbeiter entwickelt sich in der Pieck- und in der Oprecht-Fassung unterschiedlich. Die Oprecht-Fassung wirkt insgesamt optimistischer: Die Nazis werden am Ende besiegt; die Proletarier, die noch auf der Seite der Nazis sind, werden in Zukunft an der richtigen Front kämpfen:

> Arbeiter: Natürlich kämpfen grad die SA-Proleten gegen die roten Proleten, […] das wird noch 'ne Zeit lang dauern, bis denen der Knopf uffjeht, bis sie merken, weshalb die Industrie die Millionen stiftet für die SA-Kasernen.
> […]

30 Friedrich Wolf: *Doktor Mamlocks Ausweg. Tragödie der westlichen Demokratie.* Zürich: Oprecht & Helbling 1935, S. 15.

> Arbeiter: [...] die Kämpfe, die fechten überall und immer die Proleten aus, und [...] die werden sie auch in der Zukunft ausfechten... aber dann auf der richtigen Front![31]

3) Am Ende des zweiten Aktes ist der Dialog zwischen Inge und Frau Mamlock in den zwei Fassungen unterschiedlich gestaltet. In der Oprecht-Fassung tritt Inge mehr in den Vordergrund, es wird mehr Aufmerksamkeit auf ihre Psychologie gelenkt, ihre Gefühle für Rolf treten deutlicher hervor. Inge bewundert den Mut Rolfs, hat aber Angst um sein Leben, ist durch die eigenen Gefühle verwirrt und stellt allmählich ihre nationalsozialistische Gesinnung in Frage, um sich schließlich von der NSDAP zu distanzieren:

> Dr. Inge: Ein großartiger ‚Feind' bin ich, ja, ein verdammt großartiger und genauer Feind, [...] der zittert, wenn der Gegner stirbt.
> [...]
> Dr. Inge [...]: Ich bin wahnsinnig, ich weiß es, ich weiß gar nichts mehr, ich brenne nur vor Scham, vor Verzweiflung, vor Sinnlosigkeit, vor irgendetwas... [...] Sie sollten mich doch verstehen, Sie, eine Deutsche, eine Arierin, Sie sind mit einem Juden verheiratet, eine fremde Welt, eine furchtbare Welt, eine wahnsinnige Welt.[32]

Zusammenfassend ist die Pieck-Fassung dem Stil des Agitproptheaters näher: In ihr will der Autor viel mehr erläutern, erklären, belehren, Auskünfte über Tagesereignisse und politische Vorfälle erteilen. In dieser Fassung tritt auch die ‚Judenfrage' viel stärker in den Vordergrund: In den Gesprächen zwischen Mamlock und Simon werden die verschiedenen Lösungen vorgestellt, die die jüdische Welt zur Frage des nationalsozialistischen Antisemitismus und der Judenverfolgung gefunden hat.
Die Oprecht-Fassung wirkt dagegen optimistischer: Widerstand steht hier im Vordergrund, und der Sieg des antifaschistischen Kampfes erscheint nahezu unvermeidbar. In dieser Fassung wird der Nationalsozialismus wegen seiner Expansionspolitik und seiner friedensfeindlichen Ziele angeklagt. Die Figuren sind psychologisch komplexer: Inge und Rolf treten sehr viel stärker in Erscheinung als in der Pieck-Fassung; gezeigt wird die Bekehrung von Inge zum antifaschistischen Kampf, bewirkt durch die Liebe zu Rolf.

31 Ebd., S. 19–20.
32 Ebd., S. 39.

Die aufgrund der Forderungen des Theatre Union von Wolf eingefügten Änderungen und neuen Szenen sind in der Oprecht-Fassung zum Teil gestrichen: Es fehlen die Zwischenszene und die die soziale Basis des Nationalsozialismus an der Figur Hellpachs darstellende Szene. Enthalten sind jedoch die zwei Frau Ruoff-Szenen im ersten und vierten Akt sowie die Szene mit dem verwundeten Arbeiter im ersten Akt. Darüber hinaus erscheint die Oprecht-Fassung – im Unterschied zur Pieck-Fassung – nicht als Agitpropstück mit seiner berichtenden, informativen, belehrenden Tendenz.
In der Fassung aus dem Jahr 1946 (Aufbau) sind weitere Stellen gestrichen: die zwei im ersten und vierten Akt enthaltenen Frau Ruoff-Szenen. In der Szene im vierten Akt wie auch in der Zwischenszene (Pieck-Fassung) wird gezeigt, dass das eigentliche Ziel der nationalsozialistischen Verfolgung nicht die Juden, sondern die Arbeiter seien: Die Auseinandersetzung findet zwischen den Nazis – Gewaltinstrument des Kapitals – und der Arbeiterbewegung statt. Unter den Juden werden Kleinhändler, Intellektuelle und Angestellte angegriffen. Durch die ideologisch entgegengesetzten Erklärungen von Rolf (Zwischenszene) und Frau Ruoff (vierter Akt) wird gezeigt, dass keine jüdischen Bankdirektoren oder Eigentümer von Warenhäusern verhaftet werden – und nach Meinung Wolfs droht ihnen auch in Zukunft weder Verhaftung noch Verfolgung –, weil die ökonomischen Gesetze unantastbar seien, der Markt frei sein müsse und die Wirtschaft keine Eingriffe oder Experimente – auch nicht nationalsozialistischer Art – vertrage. Damit vertritt Wolf die kommunistische Analyse des Faschismus als extreme Form des Kapitalismus, der sich des Antisemitismus bedient, um das Volk von den wichtigen sozialen Fragen abzulenken.
Die schon in der Fassung von 1935 fehlende Zwischenszene ist wahrscheinlich aus stilistischen Gründen vom Autor gestrichen worden – Wolf selber erklärte in zwei Briefen an das Theatre Union, dass die Zwischenszene die Einheit des Werkes zerstören könnte.[33] Die zwei Ruoff-Szenen entfallen später aus historischen Gründen: 1946, nach dem Krieg und dem Mord an sechs Millionen

33 Vgl. Fiedrich Wolf: Brief an Theatre Union, 04.08.1933. In: Ders.: *Briefwechsel. Eine Auswahl*, S. 259–260; Friedrich Wolf: Brief an Theatre Union, 30.08.1933. In: Ebd., S. 264–267.

Juden, war die ‚Judenfrage' schlicht nicht mehr als Klassenfrage zu missdeuten.

Die Partei als Mitautor

Der Übergang von der Pieck-Fassung zur folgenden Oprecht-Fassung kann unter Zuhilfenahme einiger Archivmaterialien rekonstruiert werden. So sind beispielsweise am Ende der Pieck-Fassung folgende Anmerkungen eines Regisseurs zu lesen[34]:

> In der vorliegenden Fassung wiegt ebenfalls die Rassenfrage über, der Klassenkampf tritt in den Hintergrund. Die Rolle der Kommunistischen Partei wird nicht genügend gezeigt. […] Der Autor des Stückes ist Arzt, Jude, Kommunist. Er schrieb das Stück nach seinen persönlichen Eindrücken während der Zeit der Machtergreifung Hitlers, er ist noch zu stark deprimiert, hat noch nicht den nötigen Optimismus, den die Arbeiterschaft in ihrem Kampf braucht.
> Klar zeigt er nur die Rolle des Faschismus und die Rolle des demokratischen Arztes Mamlock.[35]

Weiter führt er aus:

> Ich habe mich entschieden, die Rolle der Partei stärker in den Vordergrund zu rücken. Die Idee des Stückes ist nicht Rassenkampf, sondern Klassenkampf, und zwar unter den schwierigsten Bedingungen des faschistischen Terrors.
> Das Thema des Stückes: Liquidierung der demokratischen Illusionen, das Herauskristallisieren zweier Klassen: Bourgeoisie und Proletariat.
> Das Stück selbst ist ein Drama im realistischen Stil.[36]

Da die Pieck-Fassung nicht datiert ist, ist nur schwer rekonstruierbar, auf welche Inszenierung sich der Regisseur in seinen Anmerkungen bezog; auf Grund anderer Archivmaterialien ist aber zu vermuten, dass das Stück von dem Regisseur vor der Zürcher Aufführung am 8. November 1934 gelesen wurde. In einem im Nachlass von Leopold Lindtberg in der Akademie der Künste Berlin aufbewahrten Brief wandte sich Kurt Hirschfeld (der damalige Agent Friedrich Wolfs)[37] an den Regisseur der Zürcher Inszenierung, Leopold Lindtberg:

34 Vgl. Wolf: Doktor Mamlocks Ausweg. Ein Schauspiel aus Deutschland 1934, S. 147.

35 Ebd., S. 146.

36 Ebd., S. 147.

37 Vgl. Else Wolf: [Brief an Burian, Moskau, 07.02.1935]. Typoskript, 1 Bl., 1 S., unveröffentlicht. Archiv der Akademie der Künste, Nachlass Friedrich Wolf, Sign. 389.

> Lieber Lindtberg, Wolf sagt mir eben, dass Eure Premiere erst am 8. ist. Er lässt Dir daher noch diese für die hiesige Premiere gemachten Änderungen schicken [...]. [...] die roten angestrichenen Stellen sind die wichtigsten[.][38]

Bei diesen Änderungen und Ergänzungen handelt es sich um Stellen, die nicht in der Pieck-Fassung, aber in der Oprecht-Fassung zu finden sind: a) das Gespräch zwischen Hellpach und dem Arbeiter (erster Akt), das in dieser neuen Version optimistischer wirkt und das volle Vertrauen in den Sieg des antifaschistischen Kampfes zum Ausdruck bringt; b) die Szene (erster Akt), in der durch das Gespräch zwischen Hirsch, Seidel, Inge und Hellpach die Expansionsziele NS-Deutschlands gezeigt werden.

Die für Wolf wichtigsten „roten angestrichenen Stellen" sind: 1) ein Teil des aufgeregten Dialogs zwischen Mamlock und seinem Sohn (zweiter Akt), in dem Rolf ein in dieser Fassung höheres politisches Bewusstsein und eine größere Selbstsicherheit zeigt;[39] 2) der Dialog zwischen Inge und Frau Mamlock (zweiter Akt), in dem sich die Liebe von Inge für Rolf zum ersten Mal abzeichnet – auf diese Weise möchte Wolf die sich im vierten Akt zeigende Bekehrung dieser Figur zum Kommunismus überzeugender machen.

Durch den Brief Hirschfelds erfährt man eindeutig, dass die von Wolf vorgenommenen Änderungen für die Zürcher Inszenierung gedacht waren. Und ab diesem Zeitpunkt entwickelt sich der Text zu einer neuen Form; sogar der veränderte Titel des Werkes weist auf eine neue Konzeption hin: *Doktor Mamlocks Ausweg. Tragödie der westlichen Demokratie.* Wolf will die Tragödie der westlichen Demokratie, den Zusammenbruch ihrer liberalen Einrichtungen, ihrer Rechtsordnung, ihrer ideologischen und philosophischen Grundlage beschreiben. Es geht ihm zunehmend um die Tragödie des Bürgertums, das Hindenburg und Hitler gewählt hat – um sich vor dem Kommunismus zu verteidigen –, aber auf diese Weise den

38 Kurt Hirschfeld [?]: [Brief an Leopold Lindtberg, o.O., 1934]. Manuskript, 1 Bl., 1 S., unveröffentlicht. Archiv der Akademie der Künste, Nachlass Leopold Lindtberg, Sign. 230, S. 1.

39 In den Augen Mamlocks ist das politische Engagement Rolfs der rebellische Ausbruch eines unreifen Jungen. Er deutet den Konflikt mit dem Sohn als Generationenkonflikt. Dazu sagt Rolf: „Ich glaube Vater, diese Frage, worum es heute geht, ist keine Generationsfrage, ist keine physiologische Frage. [...] Diese Frage ist [...] eine Klassenfrage." (Wolf: *Doktor Mamlocks Ausweg. Tragödie der westlichen Demokratie*, S. 30–31.)

eigenen Niedergang einleitet. In dieser neuen Fassung treten Rolf und Inge stärker in den Vordergrund. Die Aufgabe Rolfs als kommunistischer Intellektueller besteht darin, den richtigen Weg zu weisen; die Bekehrung von Inge zum Kommunismus zeugt von dem Versuch Wolfs, den seinem Stück vorgeworfenen Pessimismus in Optimismus umzuwandeln: Die Partei ist nicht niedergeschlagen, der antifaschistische Kampf geht weiter, seine Anhängerschaft wächst.

Die Agitpropelemente, die auf Wunsch des Theatre Union eingefügt worden waren, sind in dieser neuen Fassung wieder getilgt worden. Obwohl Wolfs dramaturgische Arbeit Ende der 1920er Jahre mit den Aktivitäten proletarischer Agitproptruppen eng verbunden war und er selber Agitpropstücke verfasst hatte, wendet sich der Autor mit *Professor Mamlock* nun einer eher psychologischen Theaterkunst zu und bedient sich traditionellerer Kunstmittel. Er will kein ausschließlich proletarisches Publikum ansprechen, sondern möchte sich stärker den von der aufklärerischen Arbeit der KPD vernachlässigten Zwischenschichten zuwenden, die für ihn die Basis der nationalsozialistischen Macht darstellen.

Schon in dieser Zeit – trotz Anwendung epischer Kunstmittel – bedient sich Wolf aber auch einiger Identifikationsmuster, die noch in den 1930er Jahren zu seiner Dramaturgie gehören werden: Spieler versus Gegenspieler, Held versus Antiheld. Trotz des Einsatzes epischer Kunstmittel (Zwischenszene, Intermedien, Songs, Plakate, Filmprojektionen) zielt der Autor auf Identifikation. Seine Agitpropphase darf nicht darüber hinwegtäuschen, dass sein Theater im Grunde immer auf Identifikation beruht, wodurch der Zuschauer allerdings – anders als in der Dramaturgie Brechts – wieder in die passive Haltung seiner traditionellen Rolle gedrängt wird. In diesem Sinne bedeutet *Professor Mamlock* keine wirkliche Stiländerung in der Arbeit des Autors.

Was sich nach 1933 allerdings massiv änderte, ist sein Publikum. Das deutsche Proletariat war für ihn jetzt unerreichbar geworden. Welche Konsequenzen daraus für die dramatische Arbeit Wolfs erwuchsen, ließ sich schon an dem kurz vor dem Exil verfassten Agitpropstück *Bauer Baetz* erkennen. Im Unterschied zu den früheren mit der Spieltruppe Südwest konzipierten Agitpropstücken wandte sich der Autor mit *Bauer Baetz* schon nicht mehr an das deutsche Proletariat, sondern an die Bauern und erzählte eine

Geschichte aus deren Milieu. Auf ähnliche Weise versuchte Wolf dann auch mit *Professor Mamlock* neue, bis dahin von der KPD vernachlässigte soziale Schichten zu erreichen. Die Entscheidung für neue Rezipienten in der Exilphase war natürlich durch den Verlust des Stammpublikums bedingt. Gleichzeitig kam sie der neuen politischen Linie der KPD entgegen, die nun einen Konsens auch in der Mittelschicht und im Bauermilieu suchte.

Allerdings hatte die Entscheidung Wolfs – wie im Briefwechsel mit dem Theatre Union deutlich wird –, sich vom Agitprop zu verabschieden, um sich traditionellerer Kunstformen zu bedienen, auch andere Gründe. Einerseits war es jetzt notwendig, neue Stilformen zu finden, um sich an das neue Publikum zu wenden. Andererseits ist aber die Abwendung Wolfs vom Agitprop auch durch äußere, vor allem durch politische Ereignisse zu erklären. Im Laufe der 1930er Jahre drängte die neue Linie des Moskauer Kulturapparates das Agitproptheater und die Avantgarde Schritt für Schritt an den Rand. Dieser Prozess löste schließlich die Debatte über den Expressionismus[40] und die Säuberungen aus.

In einem Brief aus dem Jahr 1935 an Else Wolf freute sich der Autor bei einer Reise in die USA über die Zustimmung, die das Agitproptheater in Amerika erfuhr. Die Zeitstücke Wolfs wurden hier geschätzt. Dies zeigt gleichzeitig, wie schwer es Wolf fiel, sich an die neuen Richtlinien der Partei anzupassen, nachdem die Agitpropkunst aus der Sowjetunion verbannt wurde:

> Verhandlungen wegen ‚Mamlock', ‚Kolonne Hund', ‚Bauer Baetz' schweben noch. Seltsamerweise herrscht für letzteren (‚Farmerproblem') das größte Interesse, auch wegen der originellen Dramat[ischen] Form. Für unsere Dramat[ischen] Museumswächter drüben wäre es sehr nötig, hier sich einmal etwas frischen Wind um die Nase pfeifen zu lassen! Das künstlerische=gekonnte Agittheater ist hier die neue kommende Form des Theaters.[41]

Im November 1932 wurde auf dem 2. Plenum des Internationalen Revolutionären Theaterbundes in Moskau ein neuer Kurs innerhalb des revolutionären Theaters angekündigt, wodurch die

40 Zur Expressionismus-Debatte vgl. Schiller: *Der Traum von Hitlers Sturz*, S. 351–417.

41 Friedrich Wolf: [Brief an Else Wolf, Moskau, 01.04.1935]. Manuskript, 1 Doppelbl., 3 S., unveröffentlicht. Archiv der Akademie der Künste, Nachlass Friedrich Wolf, Sign. 280, S. 2–3.

Agitpropkunst ihre zentrale Stelle verlor.[42] Die Debatte, die sich ab diesem Zeitpunkt um die Frage Avantgarde vs. Tradition entwickelt hatte, war schließlich mit der Bannung des Experimentellen in der Kunst und dem Sieg des Sozialistischen Realismus als einziger von den offiziellen Stellen akzeptierter literarischer Konzeption für beendet erklärt worden. Die Abwendung Wolfs vom Agitproptheater entspricht in diesem Sinne der offiziellen kulturpolitischen Linie der KPD.

Ähnlich verhält es sich mit den inhaltlichen Veränderungen, die sich Wolf an *Professor Mamlock* vorzunehmen veranlasst sah. So ist in der Fassung von 1935 die Rolle Simons bereits wesentlich eingeschränkt, die zionistische Lösung der ‚Judenfrage', die Rückkehr nach Palästina, wird nur flüchtig angedeutet[43]; in dieser Fassung fehlt zudem das Gespräch zwischen Mamlock, Rolf und Simon, in dem die verschiedenen Stellungnahmen der jüdischen Welt zur Frage des nationalsozialistischen Antisemitismus thematisiert werden. Wann sind aber nun diese Stellen im Drama gestrichen worden?

Dank der Übersetzung des hebräischen Manuskripts durch Sebastian Schirrmeister[44] und anhand der Lektüre eines Artikels zur Erstaufführung in Tel Aviv im Jahre 1934 lässt sich schließen, dass diese Inszenierung auf dem Text beruhte, in dem die ‚jüdischen' Stellen noch enthalten waren:

> Es gab und gibt in Deutschland viele Männer vom Schlage dieses Mannheim, die […] trotz ihres Judentums […] ihr eigenes Leben für dieses Land eingesetzt und geopfert haben […]. Und die doch entfernt wurden aus ihren Berufen […]. Vielen wurde dieser plötzliche Umschwung Anlass, heimzukehren in das Land der Väter […]. Aber nicht allen, die durch Jahrhunderte assimiliert wurden, gelang es, sich zum Bekennen eines stolzen und bewussten Judentums durchzuringen. Ein Mannheim greift zur Pistole. Für ihn sind Zion und Jerusalem bloß heilige Symbole, Stätten der Antike, und auch der Enthusiasmus des […] Heilgehilfen Simon vermögen ihn nicht von der Realität jüdischer Aufbauarbeit zu überzeugen.[45]

Die zionistische Gesinnung Simons, der Hinweis auf Zion und Jerusalem als heilige Stätten erinnert an den Dialog zwischen Mamlock und Simon im dritten Akt der Pieck-Fassung: „Mamlock: […]

42 Vgl. Seelbach: *Proletarisch-Revolutionäres Theater in Düsseldorf 1930–1933*, S. 236.

43 Vgl. Wolf: *Doktor Mamlocks Ausweg. Tragödie der westlichen Demokratie*, S. 58.

44 Vgl. Schirrmeister: Der erste Mamlock. Eine Spurensuche.

45 Geis: Großer Erfolg der Habimah.

Zion und Jerusalem, das sind uns heute Symbole, erhabne, heilige Symbole, […]; sie gehören der Geschichte an."[46]
Gerade der jüdische Kern des Werkes wurde aber bald darauf kritisiert, wie die oben erwähnten Anmerkungen am Ende der Pieck-Fassung zeigen. Eine ähnlich lautende Kritik wurde auch an der Moskauer Inszenierung aus dem Jahr 1935 geübt. Einige ‚jüdische' Szenen wurden gestrichen.[47] In einem Brief vom 9. März 1935 berichtete Else Wolf an Friedrich Wolf über die Proben zu *Mamlock*:

> Der Gen. von Gl[af] R[epert] K[om] […] sagte […], dass in dem Stück das Rassenproblem sehr im Vordergrund stünde, das hier nicht mehr interessieren würde, es wäre eine ‚Lokalangelegenheit'.[48]

Offensichtlich war die jüdische Färbung des Stücks einigen kommunistischen Funktionären ganz und gar nicht Recht. Dabei missfiel ihnen nicht nur, dass die Größe Mamlocks den antifaschistischen Kampf und die Rolle der KPD in den Schatten zu stellen drohte. Die ‚Rassenfrage' sollte auch deshalb möglichst ausgeblendet werden, weil Antisemitismus auch in der Sowjetunion traditionell weit verbreitet war und selbst in der kommunistischen Partei zahlreiche Anhänger hatte.
Infolge solcher Kritiken und solchen Drucks seitens der politischen Apparate, sah sich Wolf gezwungen, sein Stück entsprechend anzupassen. Das Zeitstück, das die antisemitische Politik des Nationalsozialismus anprangern wollte, bekam dadurch zum Teil eine neue Konnotation. Durch die Figur Mamlocks sollten vor allem die Tragödie der westlichen Demokratien und – jetzt schwerpunktmäßig – der unaufhaltsame Kampf der am Ende siegreichen Arbeiterbewegung und ihrer Partei zum Ausdruck kommen. Die antifaschistischen Kräfte sollten damit zur Einheit aufgerufen werden. Die ‚Rassenfrage' hatte dahinter zurückzutreten.

46 Wolf: Doktor Mamlocks Ausweg. Ein Schauspiel aus Deutschland 1934, S. 96.

47 Gestrichen wurde der Dialog zwischen Mamlock und seiner Frau (zweiter Akt), die an dieser Stelle in einer Auseinandersetzung mit dem Ehemann rassistische Gemeinplätze zum Ausdruck bringt. Vgl. Else Wolf: Brief an Friedrich Wolf, 09.03.1935. In: Ders.: *Briefwechsel. Eine Auswahl*, S. 75–80; vgl. auch Else Wolf: [Brief an Friedrich Wolf, Moskau, 03.04.1935]. Typoskript, 3 Bl., 3 S., unveröffentlicht. Archiv der Akademie der Künste, Nachlass Friedrich Wolf, Sign. 282.

48 Else Wolf: Brief an Friedrich Wolf, 09.03.1935. In: Ders.: *Briefwechsel. Eine Auswahl*, S. 75–80, hier S. 79.

Obwohl sich Wolf schon in der Pieck-Fassung der KPD-Linie treu zeigte und den Antisemitismus (durch die Aussagen Rolfs und der Frau Ruoff) als Klassenfrage interpretierte, tritt die ‚Judenfrage' in dieser früheren Fassung noch viel stärker in den Vordergrund als in der vom Oprecht Verlag veröffentlichten. Wolf selber schrieb in einem Brief an das Theatre Union, dass er – als Jude – „ein inneres, altes Recht" habe, dieses Thema zu behandeln: „Dass ich auch ein inneres, altes Recht habe über den ‚ritterlichen' Juden zu schreiben"[49].

Die jüdische Thematik, vermittelt durch die Erziehung und das Umfeld, in dem er aufgewachsen war, war dem Schriftsteller natürlich vertraut. Schon vor *Professor Mamlock* hatte er sich damit in zwei Werken beschäftigt: im Drama *Mohamed* und in dem *Heldenepos des Alten Bundes*. Der assimilierte Jude Wolf bekannte sich darin zu seinem Erbe und betonte den universellen Wert der jüdischen Tradition. In einigen während der Arbeit an *Mamlock* niedergeschriebenen Notizen erklärte er stolz, von einem Volk von Helden und Königen abzustammen: „Ich stamme von Helden und Königen ab, vom König David"[50].

In seinem Kampf gegen den nazistischen Antisemitismus ging Wolf der westlichen Kultur auf den Grund und suchte die Wurzeln ihrer Zivilisation in der jüdischen Tradition. Wie *Professor Mamlock* war auch schon *Das Heldenepos des Alten Bundes* – die 1924 von Wolf erarbeitete und 1925 der Öffentlichkeit vorgelegte Nachdichtung des Alten Testaments – ein Versuch, sich den antisemitischen Tendenzen der Zeit zu widersetzen. Seine Bearbeitung erzählt von den Helden der jüdischen Tradition und will den Stereotypen und Vorurteilen des rassistischen Judenbildes entgegenwirken. Darüber hinaus möchte Wolf die zentrale Stellung der jüdischen Kultur, als Nabel der westlichen Welt, hervorheben; in der Einleitung des *Heldenepos* schreibt er: „Unabweisbar: unsere ganze Epoche […], unser ganzes abendländisches Leben wird von den Stämmen dieser alten Kultur getragen, aus ihren Wurzeln gespeist."[51]

49 Friedrich Wolf: Brief an Theatre Union, 30.05.1933. In: Ders.: *Briefwechsel. Eine Auswahl*, S. 247–250, hier S. 248.

50 Wolf: Doktor M's Ausweg. Manuskript, undatiert [ca. 1933], 128 S., unveröffentlicht. Archiv der Akademie der Künste, Nachlass Friedrich Wolf, Sign. 16/2, hier S. 127.

51 Friedrich Wolf: *Das Heldenepos des Alten Bundes*, hrsg. v. Jürgen Seim. Neuwied: Kehrein 1993, S. 13.

Wolf war Jude und Kommunist und wollte durch *Professor Mamlock* den Antisemitismus anprangern und seine Stereotypen als Lügen entlarven sowie die Öffentlichkeit aufklären und sie bewegen, den Rassismus zu bekämpfen.

> Bei unserem Vormarsch im Osten 1915 da stießen wir bei Grodno und Wilna auf Juden […] athletische Kerle, Ringkämpfergestalten, Riesen, Brustkörbe wie Schränke; warum? In diesem Land waren sie in Berufe der Fahrleute, der Lastträger, der Handwerker gedrängt. Ein paar Monate später, als unsere Division nach Lemberg und Krakau geworfen wurde, da fanden wir die kleinen Ghettojuden, die handelten und Teestuben betrieben. […] Unser Beruf, unsere Arbeit, die Luft des Landes, in dem wir atmen, das formt die Physis und den Menschen.[52]

Der Jude, das sei nicht der verkümmerte Ghettojude, ließ Wolf Mamlock sagen. Es gebe in der jüdischen Welt und Geschichte auch Riesen und Helden, starke wohlgebaute Gestalten – die Umwelt forme den Menschen. Durch solche Argumente versucht Mamlock, die irrationalistische, von Hellpach vorgetragene Rassenlehre zu widerlegen. Durch die Worte seiner Hauptfigur wollte Wolf als Arzt und Wissenschaftler den irrationalen Überzeugungen der Nationalsozialisten rationale und vernünftige Argumente entgegensetzen. Mamlock selbst verkörpert in sich die Widerlegung der antisemitischen Rassentheorien. Er ist ein Held des Ersten Weltkriegs, stets mutig und preußisch pflichtbewusst. Auch der Krankenpfleger Simon ist mit seiner Kraft und seinem Mut der sichtbare Gegenbeweis für das Stereotyp des jüdischen Schwächlings.[53]

Wolf war als Jude sozialisiert; die Mythen und Symbole, auf denen das Judentum gründet, bildeten auch sein Gedankengut. Zionistische Ideen waren ihm in den zwanziger Jahren vor seinem Eintritt

52 Wolf: Doktor Mamlocks Ausweg. Ein Schauspiel aus Deutschland 1934, S. 72.

53 Wie Carsten Jakobi bemerkt, entspricht die Gestaltung der Figur Mamlocks allerdings einer politischen Strategie. Wolf möchte die Rassentheorie widerlegen. In den Exildramen findet man stets eine jüdische Figur, deren zahlreiche positive Eigenschaften hervorgehoben werden. Der jüdische Held, der alle bürgerlichen Qualitäten besitzt, Mut, Kraft, Fleiß, Aufrichtigkeit, soll die irrationale Grundlage des nationalsozialistischen Staates aufzeigen, der auf derart qualifizierte Bürger verzichtet. Ein Staat, der Juden verfolge, statt sie einzugliedern und sich ihrer Zusammenarbeit zu bedienen, sei nicht mehr legitim. Schließlich benutzt Wolf hier bürgerliche Gedankenmuster, um auch jene sozialen Schichten zu überzeugen, die dem Antisemitismus zugeneigt sind. Vgl. Carsten Jakobi: *Der kleine Sieg über den Antisemitismus. Darstellung und Deutung der nationalsozialistischen Judenverfolgung im deutschsprachigen Zeitstück des Exils 1933–1945*. Tübingen: Niemeyer 2005, S. 188.

in die Partei nicht fremd geblieben. Ein Teil der Identität Wolfs verkörpert sich in Simon, der zur Rückkehr der Juden nach Palästina aufruft.[54]

Dem Autor konnte das Schicksal der Juden nicht gleichgültig sein; in einer entscheidenden Phase der Geschichte wollte er deshalb die Aufmerksamkeit der Welt auf die ‚Judenfrage' lenken, indem er das Judentum in seinen vielfältigen ideologischen Facetten durch die Figuren seines Stücks darstellte: den assimilierten Juden, der Deutschland nicht verlassen will und der die Grundlage der jüdischen Identität als Mythos begreift; den Zionisten, der seine gemeinschaftliche Identität historisch und geographisch begründen will; den Juden, der – so wie Wolf – mithilfe des Kommunismus ein Ideal von Gerechtigkeit und Gleichheit in die Tat umsetzen und den Nationalsozialismus bekämpfen will. Diese jüdisch-ideologischen Standorte, die zugleich Teile der Identität Wolfs repräsentierten, werden in der Pieck-Fassung noch differenziert zum Ausdruck gebracht; sie fehlen allerdings in der Fassung von 1935.

Seitens des Theatre Union, des Regisseurs, dessen Anmerkungen am Ende der Pieck-Fassung zu lesen sind, wie auch des Genossen, der die Proben der Moskauer Inszenierung kommentierte, wurde das Stück kritisiert und nach Veränderungen verlangt. Beklagt wurde, dass das Werk nicht genügend Zuversicht ausstrahlen und die ‚Rassenfrage' zu stark in den Vordergrund heben würde, während die Arbeiterbewegung und ihre Partei im Hintergrund blieben.

In Warschau wurde das Werk 1934 unter dem Titel *Der gelbe Fleck*[55] uraufgeführt: Das lässt vermuten, dass der Text dieser Aufführung (wie auch die Vorlage der Tel Aviver Aufführung) die ‚jüdischen' Stellen noch enthielt. Die von Wolf für die Zürcher Inszenierung vorgenommenen Änderungen und Ergänzungen hatten dann gewissermaßen einen hybriden Text entstehen lassen, der schon viele wesentliche Teile der Oprecht-Fassung enthielt, aber auch noch verschiedene Stellen der Pieck-Fassung. Allerdings fehlten

54 Wolf, der Ende 1924 Sympathien für linkszionistische Sozialismuskonzeptionen entwickelt hatte, entwarf im selben Jahr einen (allerdings nie ausgeführten) Reiseplan nach Jerusalem, Angora (Ankara) und Moskau. Vgl. Müller: *Friedrich Wolf (1888–1953)*, S. 28.

55 Gelber Fleck, Judenring oder Judenkreis waren seit dem Mittelalter in vielen Regionen Europas für Juden vorgeschriebene Kennzeichnungen, die sie außen sichtbar auf der Kleidung tragen mussten.

wahrscheinlich schon in der Aufführung am Zürcher Schauspielhaus die Gespräche zwischen Simon, Mamlock und Rolf, durch die die ideologischen Facetten der jüdischen Welt aufgezeigt werden. In den Artikeln zu dieser Inszenierung wurden diese Szenen jedenfalls nicht erwähnt. *Professor Mamlock* entwickelte sich von diesem Zeitpunkt an zu seiner endgültigen Fassung, in der schließlich, nach den Wünschen der Partei, die ‚Rassenfrage' in den Hintergrund trat und sowohl die Bedeutung von Rolf und Inge als auch die Hoffnung des antifaschistischen Kampfes – verkörpert in der Partei der Arbeiter – stärker akzentuiert wurden.

Die Produktionsgeschichte des Dramas zeigt, inwiefern „die innere Landschaft" und das Werk des Schriftstellers im Exil von äußeren Bedingungen mitgestaltet wurden. Der Verlust der Rezipienten – das Publikum in Deutschland, das Wolf zum Widerstand mobilisieren möchte, war unerreichbar – führte zu mehrfacher Verunsicherung. Der Schriftsteller musste sich nun an eine neue Zuschauerschaft wenden und das Stück beispielsweise für das amerikanische proletarische Publikum verändern. Er musste sich aber auch dem Willen höherer politischer Stellen beugen, damit seine Stücke die Chance zur Aufführung erhielten. Die ‚Judenfrage' blieb zudem auch im Ausland und im Exil ein umstrittenes und unbequemes Thema, über das viele gern den Mantel des Schweigens decken wollten. Als jüdischer und kommunistischer Schriftsteller befand sich Wolf damit politisch wie individuell in einer Zwickmühle. Der als notwendig erachtete Widerstand wie auch der künstlerische Selbsterhaltungstrieb erforderten Kompromisse. Und ein wichtiges Zeugnis in diesem Sinne ist *Professor Mamlock*, Zeitstück über die nazistische Barbarei und die antisemitische Verfolgung einerseits, glühende Aufforderung zum Widerstand und zur Zivilcourage andererseits. Der Jude Wolf – wie auch der Jude Mamlock – musste aber zugunsten der von Parteifunktionären geforderten Rolle des kommunistischen Helden zurücktreten. Die Frage nun, wie sehr der jüdische Schriftsteller auch unter dem Antisemitismus seines Utopielandes sowie unter dem Antisemitismus innerhalb der von ihm unterstützten kommunistischen Bewegung gelitten hat, ist durch die Entstehungsgeschichte seines am Ende zwischen ‚Rassenfrage' und Klassenkampf schwankenden Werkes leicht zu beantworten. Zeugnis der verzweifelten Lage und unbequemen Stellung des Juden Friedrich Wolf innerhalb des kommunistischen Lagers ist der Brief des Schriftstellers an Stalin vom 24. Juli 1945. Darin fragte er nach Kriegsende angesichts der ausbleibenden Erlaubnis zur Heimkehr nach Deutschland nach dem Grund seiner Zurücksetzung: „Ist es, weil ich Jude bin?"[56]

Das Exil im Drama

Die äußere Landschaft – das wusste schon Lion Feuchtwanger – verändert die innere Landschaft des Schriftstellers. Tatsächlich hatte die Exilerfahrung Friedrich Wolfs einen nicht unerheblichen Einfluss auf seine literarische Arbeit. Dabei ist es gar nicht einfach, das Exil Wolfs zeitlich klar zu definieren, weil es nicht nur auf biographische Daten reduziert werden kann. Obwohl sein Exil 1933 mit der Flucht aus Deutschland begann und 1945 mit der Rückkehr aus der Sowjetunion endete, begann die Erfahrung der Isolation für den Autor schon in den 1920er Jahren. Und am anderen Ende, bei seiner Rückkehr nach Deutschland, fand er nicht einfach die verlorene Heimat wieder. Durch die Erfahrung des Nationalsozialismus und des Exils waren Wolf und seine Landsleute einander fremd geworden. Seine Hoffnung auf die Revolution und den Widerstand gegen Hitler war enttäuscht worden, Deutschland hatte grausame Verbrechen begangen. Was die Deutschen allenfalls noch retten konnte, war das Bewusstsein der eigenen Schuld und Verantwortung. Man musste den Schleier der Lügen zerreißen, denn nur die Wahrheit konnte – nach Wolf – das deutsche Volk retten.
So definierte sich die existentielle Lage Wolfs und vieler anderer Emigranten auch nach 1945 durch die Erfahrung der Isolation und des Exils. Piscator zum Beispiel blieb noch lange in den USA, bevor er nach Deutschland zurückkehrte und dort erst sehr viel später wieder zu arbeiten begann.[57] Die sich in Westdeutschland niederlassenden Schauspieler des Zürcher Schauspielhauses fanden dort keinen großen Spielraum mehr vor. Und im Osten dominierten (von Wolf so genannte) nihilistische Werke die Spielpläne. Die Theater zeigten kein Interesse an Dramen, die das Thema der Schuld und der Verantwortung analysierten. Das letzte Exilstück Wolfs *Was der*

56 Friedrich Wolf zit. n. Müller (Hrsg.): *Wer war Wolf?*, S. 212.

57 Piscator kommt 1951 nach Deutschland zurück und wird erst 1962 mit der Leitung der Freien Volksbühne in West-Berlin beauftragt.

Mensch säet gefiel den Deutschen im Westen wie im Osten nicht, weil es sie mit ihrer schmerzlichen und grausamen Vergangenheit konfrontierte. So wurde Friedrich Wolf Schritt für Schritt vergessen, sein Publikum existierte nicht mehr, es wurde durch Verfolgungen und Krieg vernichtet oder durch die ideologische Gleichschaltung Hitlers und Stalins zum Schweigen gebracht.

Das Exil als Existenzbedingung ist andererseits mit dem Prozess der künstlerischen Produktion eng verbunden. Erfahrungen von Isolation und Entwurzelung sind wichtige Elemente des Kunstschaffens in der modernen Welt. So bemerkt Christina Thurner, dass das Bild des Emigranten oft als Metapher des modernen Dichters benutzt wird und die Künstleridentität sich seit der Romantik über den Exildiskurs definiert.[58]

Was Wolf angeht, begann seine Isolation schon vor 1933 und setzte sich bis in die zweite Hälfte des 20. Jahrhunderts fort, so dass er in Vergessenheit geraten ist. Zunächst als Jude und Kommunist von den Nazis verfolgt, war er später als Stalin-treuer Autor im Westen verpönt. Im Osten hingegen wurde er zwar als Ikone des Antifaschismus verehrt, aber seine Werke verschwanden allmählich auch aus den Theatern der DDR.

Die wissenschaftliche Forschung hat sich mit Friedrich Wolf vor allem in der DDR beschäftigt. Dort haben Else Wolf und Walther Pollatschek zwischen 1960 und 1967 die *Gesammelten Werke* des Autors herausgegeben. Im Westen war seit den 1970er Jahren ein wachsendes Interesse an der Exilzeit im Allgemeinen und Wolf im Besonderen zu verzeichnen, doch ist der Autor dann nach 1989 wieder in Vergessenheit geraten. Der Fall der Berliner Mauer hat damit gewissermaßen ein drittes Exil des Schriftstellers verursacht, gleichzeitig aber auch viele bis dahin geheimgehaltenen Dokumente aus seinem Nachlass zugänglich gemacht. So war es möglich, bislang unveröffentlichte Archivmaterialien einzusehen – u. a. auch das Manuskript *Professor Mamlock*, das der wissenschaftlichen Forschung bis dahin unzugänglich war.

So ist es heute möglich, konkrete Antworten auf die Frage zu finden, inwieweit und in welcher Weise die Exilerfahrungen

58 Vgl. Christina Thurner: *Der andere Ort des Erzählens. Exil und Utopie in der Literatur deutscher Emigrantinnen und Emigranten 1933–1945.* Köln / Weimar / Wien: Böhlau 2003, S. 2.

Friedrich Wolfs seine literarische Arbeit verändert haben. Dabei ist die Publikumsfrage – wie oben schon erläutert – natürlich ein wichtiges Element. Wolf veränderte *Professor Mamlock* mehrmals für die verschiedenen Inszenierungen, er zeigte damit Flexibilität und passte sich den Forderungen und Wünschen seiner Auftraggeber an. Solche Anpassungsbereitschaft mussten natürlich viele Autoren aufbringen, sie hatten bei der Produktion eines Werkes sowohl das Publikum und seinen Geschmack zu bedenken wie auch die Wünsche von Verlagshäusern und Produzenten zu berücksichtigen. In Wolfs Fall führte die Trennung von seinem Stammpublikum zu einer Stilwende, die ihn vom Agitprop Abschied nehmen ließ.

Wie schon erwähnt, hatte diese Entwicklung mit *Bauer Baetz* begonnen. In diesem Drama versuchte Wolf erstmals, epische Elemente des Agitproptheaters in eine umfassende dramatische Form zu integrieren. *Bauer Baetz* und *Professor Mamlock* wurden kurz hintereinander verfasst (*Bauer Baetz* wurde im Dezember 1932 uraufgeführt und das *Mamlock*-Projekt im Frühling 1933 konzipiert), sie haben eine ähnliche Struktur, aber kommen zu ganz anderen Ergebnissen. Wie der Bauer Baetz ist auch Mamlock ein konservativer Individualist. Beide sind pflichtbewusste Bürger, die die Verfassung und die demokratischen Prinzipien hoch halten. Beide berufen sich auf die in den Gesetzen festgeschriebenen Rechte – und beide werden am Ende enttäuscht. Das Gesetz, so müssen sie feststellen, steht immer auf Seiten der Starken, sowohl im nationalsozialistischen Deutschland wie auch schon zuvor in der Hindenburg-Phase. Durch diese Erkenntnis, die Enttäuschung ihres naiven Vertrauens in die demokratischen Institutionen, geraten sie in einen verzweifelten individuellen Kampf. Der Bauer Baetz verweigert seinen Leidensgenossen (Bauern und Arbeitern) nunmehr die Unterstützung und versucht, sein Recht auf eigene Faust durchzusetzen – nachdem er vergeblich an die Gesetze appelliert hat. Nun ist er selber gesetzlos und wird schließlich verhaftet. Doch durch diese Erfahrung sieht er endlich die Notwendigkeit des Kampfes und der Solidarität ein und erkennt das Wesen der liberalen Institutionen als Maskierung des Kapitals. Derart aufgeklärt, setzt er seinen Kampf aus dem Gefängnis fort, weiß sich jetzt aber Schulter an Schulter mit den kämpfenden Arbeitern und Bauern, die ihn unterstützen.

Auch Mamlock ist Opfer seiner Ideale, er glaubt an die Institutionen, ist ein treuer Diener des Staates und zeigt sich selbst dann noch als unfähig, seine Werte als bürgerliche Illusionen zu erkennen, als sie von der von ihm verehrten Staatsmacht schon längst mit Füßen getreten werden. In *Professor Mamlock* endet der Konflikt in einer Tragödie. Nachdem er als Jude verfolgt, erniedrigt und aus der Klinik entlassen wurde, erkennt Mamlock endlich seine Fehleinschätzung und entschließt sich zum Kampf. Hinter ihm steht aber keine Bewegung von kämpfenden Arbeitern und Bauern wie bei *Bauer Baetz*. Auch sein Sohn Rolf und dessen Genosse Ernst erscheinen letztlich als Vertreter einer in die Defensive gedrängten Partei. Schilderungen wie die Folgende haben dann auch immer wieder dazu geführt, dass das Drama als zu pessimistisch verurteilt wurde:

> Ernst: Wisst Ihr, dass tausende, nein, Zehntausende [sic!], nein, hunderttausende deutscher Proleten aus den Betrieben geworfen wurden und werden wegen ihrer Überzeugung, dass sie denunziert, gejagt, verhaftet, verprügelt, aus den Stempelstellen getrieben werden, dass sie kein Bankkonto haben und keine Ersparnisse, dass diese Genossen, die nicht ‚auf der Flucht erschossen' werden und in den Gefängnissen verrecken, glatt verhungern müssen… und keine Zeitung des In- und Auslandes schreibt über <u>die</u> eine einzige Zeile…
> […]
> …Tausende hier in der Stadt allein sind seit 4 und 5 Wochen nicht mehr in ihre Wohnung gekommen, Hunderte pennen auf den Laubengeländen, in Hütten, Schuppen, an Bahndämmen, in Wäldern, andere jede Nacht in nem anderen Quartier.[59]

Professor Mamlock setzt die Tradition des Weimarer Zeitstücks fort. Das Drama teilt einige Aspekte mit anderen Exildramen, die sich mit der Frage des Antisemitismus beschäftigen. Wie an der Figur Hellpach abzulesen ist, sind politische Ansichten unmittelbar in den Personen des Dramas verkörpert. Das gilt auch für die sozialen Verhältnisse. Der nationalsozialistische Antisemitismus wird dadurch aber nicht als politischer Wille, sondern in Form persönlicher Interessen dargestellt. Die nationalsozialistische Brutalität erscheint als die Brutalität seiner im Drama anwesenden Vertreter und ist mit deren persönlichen Interessen eng verknüpft.[60] Hellpach beispielsweise will Mamlock ruinieren, um seine Position in der Klinik einzunehmen.

59 Wolf: Doktor Mamlocks Ausweg. Ein Schauspiel aus Deutschland 1934, S. 115.
60 Vgl. Jakobi: *Der kleine Sieg über den Antisemitismus*, S. 94.

Zu Wolfs besten Werken zählen die Dramen, die die „indirekte Technik" verwenden und die zu demonstrierende These nicht offen und didaktisch auf der Bühne deklamieren. Das sind zum Beispiel *Cyankali* und *Professor Mamlock*. Diese Zeitstücke werden nicht auf ihre politische These reduziert. Aktualität und Wahrhaftigkeit der geschilderten Geschichte dienen allenfalls dazu, die revolutionäre These zu stützen. Mit Hilfe der wahren Geschichte und ihrer Details wird gezeigt, dass die politische These genau so wahr ist, wie es die geschilderten Ereignisse sind.

In *Cyankali* und in *Professor Mamlock* wollte Wolf menschliche Tragödien schildern: die der Frauen in *Cyankali*[61]; die der deutschen Juden in *Professor Mamlock*. In beiden Dramen verknüpft sich das menschliche Schicksal mit der politischen Botschaft. In *Cyankali* verbindet sich die tragische Geschichte der Hauptfigur mit der Darstellung der Armut und der Kämpfe des Proletariats. In *Professor Mamlock* sehen wir dann die Kämpfe zwischen Nationalsozialisten und Kommunisten. Im Vordergrund stehen aber in beiden Stücken einzelne Menschen, die als solche und nicht als Puppen dargestellt sind.

Sobald Wolf für ein nicht ausschließlich proletarisches Publikum schrieb und sich außerhalb der Kulturlinie der KPD bewegte, wurde sein Werk komplexer. Dies belegt die im Nachlass Arthur Piecks enthaltene *Mamlock*-Fassung, die der Ursprungsversion (Manuskript-Fragment) sehr nahe steht und die Intentionen des Schriftstellers vor der Zensuraktion der Partei erkennen lässt.

Das Zeitstück *Doktor Mamlocks Ausweg. Ein Schauspiel aus Deutschland 1934* will das nationalsozialistische Regime und seinen Antisemitismus anklagen, gleichzeitig wird darin die Tragödie des jüdischen Arztes Mamlock und ganz Deutschlands geschildert. Die Tragödien des Verfalls der Institutionen, der menschlichen Beziehungen, der Niederlage der Arbeiterbewegung dürfen nicht im Namen einer zukünftigen idealen Welt verschwiegen, sondern müssen beschrieben werden – was die Partei dann allerdings als zu pessimistisch verurteilte und zu verändern vorgab.

61 Das Drama plädiert für die Abschaffung des Paragraphen 218, der Millionen Frauen aus armen Milieus mit Gefängnis bedrohte. In *Cyankali* stirbt die Hauptfigur an den Folgen eines selbst durchgeführten Abtreibungsversuchs.

Aber durch eben diesen Pessimismus brachte Wolf zugleich die Tragödie des Emigranten zum Ausdruck. Das Stück, das mit dem Selbstmord des verzweifelten Mamlock endet, war also in erster Linie ein Drama der Identität und der Zivilcourage.

Zerrissene Identität und Zivilcourage in *Professor Mamlock*

Die drei Vertreter der jüdischen Welt (Simon, Mamlock und Rolf) in *Professor Mamlock* können als drei verschiedene Ausprägungen der deutsch-jüdischen Identität interpretiert werden. Wolf hatte sich schon früher mit der sogenannten ‚Judenfrage' beschäftigt. Aber erst durch die Erfahrung der Verfolgung und des Exils wurde die jüdische Herkunft für viele Emigranten zu einem starken Identitätselement. Das Emanzipationsprojekt der Juden war gescheitert. Der emanzipierte Jude, der sich nicht mehr als jüdisch definiert hatte, fand durch Verfolgung und Exil zu seinen Wurzeln zurück. Der emanzipierte Jude, der sich bis dahin als Deutscher empfand, war plötzlich keiner mehr. Denn die Identität beruht ganz wesentlich auf der Grundlage des Blicks des Anderen. „Der Jude ist der Mensch, den die anderen als solchen betrachten"[1] – schrieb Sartre in seinem Essay *Betrachtungen zur Judenfrage*.

So entdeckten viele deutsch-jüdische Autoren im Exil die Wurzeln ihrer Identität und Kultur wieder. Das ermöglichte ihnen zugleich, innerlich wie äußerlich zu Deutschland auf Distanz zu gehen. Dadurch wurde es für sie auch einfacher, die Grenzen der nationalen Literatur zu überwinden.[2]

1 Jean Paul Sartre zit. n. Karin Schlootz: Die moralischen Wurzeln Friedrich Wolfs in der jüdischen Ethik. In: *Einspruch. Mitteilungen für die Mitglieder und Freunde der Friedrich–Wolf-Gesellschaft e. V.* 6 (1998), S. 22–29, hier S. 22.

2 Vgl. Bernhard Greiner: Exil und Literatur im jüdischen Horizont. In: Ders. (Hrsg.): *Placeless Topographies. Jewish Perspectives on the Literature of Exile.* Tübingen: Niemeyer 2003, S. 5–21, hier S. 6.

Bei der Analyse deutsch-jüdischer Exilliteratur ist stets auch die Frage des Antisemitismus zu berücksichtigen. Im Exil beschäftigten sich insbesondere jüdische Autoren mit der ‚Judenfrage', indem sie versuchten, die antisemitischen Stereotype des Nationalsozialismus zu enttarnen und ein vielfältiges und facettenreicheres Bild der Juden zu zeichnen.[3] Das war zunächst auch ein Anliegen des Emigranten Friedrich Wolf. Die Exilerfahrung rief in ihm eine Zerrissenheit und Orientierungslosigkeit hervor, die sich in seinem Werk in Form des ihm mehrmals vorgeworfenen Pessimismus niederschlugen. In einer in der *Deutschen Zentralzeitung* veröffentlichten Rezension beschrieb Piscator 1934 den Agitationseifer Wolfs:

> Wolf zeigt den Weg wieder und wieder – er wird nicht müde, ein Trommler zu sein, aber ‚nicht ohne Inhalt' – ein Propagandist, aber ohne Phrase, ein Mensch der selbst schreit, weil er litt, aber der nicht mehr leidet, weil er den Ausweg kennt.[4]

Später wurde Wolf als Exilikone in der DDR gefeiert. Seine Verzweiflung und der realistische Pessimismus einiger seiner Exilwerke gerieten in den Hintergrund. Man sah in ihm nur noch den Schöpfer von Helden, die als unermüdliche antifaschistische Kämpfer den Weg wiesen und optimistisch in die Zukunft schauten. Ein anderes Bild des Autors offenbaren einige Briefe an Else Wolf aus seinem Nachlass. Aus dem Briefwechsel erfahren wir, dass Wolf, zwischen verschiedenen Frauen zerrissen, unter starken Depressionen litt und Selbstmordgedanken hegte – und dass er nach wie vor unter der Entwurzelungserfahrung des Exils litt. So schrieb Else am 14. März 1935 an ihren Mann:

> Wenn Du diesen Brief bekommst, wirst Du die trübe Stimmung längst überwunden haben und wieder ganz positiv dastehen, auf Schiff wirst Du viel gedacht haben […]. Aber ich denke so qualvoll, dass Du Deinem Leben ein Ende setzen müsstest, war es doch noch nicht. Und das wirst Du auch nie tun, das wird ja Deine Weltanschauung schon nicht zulassen.[5]

3 Vgl. Ross: *Anti-Fascist Literature and Authors of Jewish Origin in the Early German Democratic Republic*, S. 182.

4 [Piscator]: Friedrich Wolfs Bühnenwerke im Auslande, S. 3.

5 Else Wolf: [Brief an Friedrich Wolf, Moskau, 14.03.1935]. Typoskript, 2 Bl., 2 S., unveröffentlicht. Archiv der Akademie der Künste, Nachlass Friedrich Wolf, Sign. 282, S. 2.

Die Identitätsfrage warf Wolf insbesondere in der Figur Mamlock auf. Immer wieder bezeichnet sich Mamlock als Deutscher. Wie Jonathan Maurice Ross[66] bemerkt, ist diese „deutsche Identität" ein zentraler Aspekt im Leben Mamlocks, so dass er keine andere Lösung als den Selbstmord sieht, als ihm sein Leben als deutscher Bürger genommen wird:

> Mamlock: [...] Wir bleiben in Deutschland, wir können nicht mehr aus Deutschland, wir lieben Deutschland, wir sind ein Teil dieses Landes wie Ihr... wenn Ihr uns alles nehmt, unsere Arbeit, unsere Ehre, unsere Heimat, dann bleibt uns nur ein Ausweg...[7]

Durch die Tragödie Mamlocks appelliert Wolf zugleich an die Zivilcourage. Der Tod seiner Hauptfigur wird durch seine Isolation verursacht. Wie ein verlorener Ritter kämpft er allein gegen seine Feinde, um den Krankenpfleger Simon zu schützen. Am Ende steht niemand auf seiner Seite. Seine alten Freunde lassen ihn aus Feigheit im Stich. So verzweifelt Mamlock an seiner Isolation, wie Wolf an dem Verrat der Deutschen. Eine ganze Nation verweigerte sich dem Kampf, schwieg aus Feigheit und schaute zu, wie sich der Horror verbreitete:

> Mamlock: (glühend) Ihr zittert, Ihr wollt nicht kämpfen, Ihr zuckt zurück vor dem Kampf gegen den Massenwahn, gegen Phrase und Gewalt, Ihr meint, man kann mit weichen Knien durch die Reihen der Gegner schleichen, man kann den Kampf vermeiden? Ihr täuscht Euch! [...] Aus Eurer Feigheit wird der Gegner sich neue Waffen schmieden. Denn es gibt kein größeres Verbrechen als nicht kämpfen wollen, wo man kämpfen muss. Menschenskinder, ich beschwöre Euch, werft Euch nicht kampflos weg!![8]

So wurde die Feigheit zum brennendsten Anklageobjekt des Autors. Auch in *Was der Mensch säet* richtete sich Wolfs Urteil am Heftigsten gegen diejenigen, die dabeistehen. Wer aber zuschaut, ist genauso schuldig wie die Täter. Der in Mamlock verschlüsselte Aufruf zur Zivilcourage ist der authentische Kern des Dramas. Nur Mamlock sieht man im Drama unmittelbar kämpfen. Von Rolfs und Ernsts Kampf erfahren wir nur indirekt. Es wird berichtet, sie verteilen Flugblätter und organisieren den fragmentierten Widerstand. Aber

6 Vgl. Ross: *Anti-Fascist Literature and Authors of Jewish Origin in the Early German Democratic Republic*, S. 193.

7 Wolf: Doktor Mamlocks Ausweg. Ein Schauspiel aus Deutschland 1934, S. 119.

8 Ebd., S. 139.

nur Mamlock sehen wir in seinen Auseinandersetzungen mit Hellpach direkt auf der Bühne kämpfen. Er ist der mutige Ritter für Zivilisation und Demokratie. Obwohl Wolf den Weg Rolfs zum Kommunismus als einzige mögliche Lösung erkannte, machte er doch Mamlock zum jüdischen Vorkämpfer der Zivilcourage und zur Hauptfigur seines Dramas. Die Verteidigung der demokratischen Institutionen erscheint hier wichtiger als das Ziel der sozialistischen Revolution.

Der in seiner Identität zerrissene Autor stellte den Selbstmord Mamlocks als einzigen Ausweg für seine Hauptfigur dar. In dieser ausweglosen und hoffnungslosen Geste Mamlocks kam auch die eigene Verzweiflung Wolfs zum Ausdruck. Doch ein solches Ende konnte der Partei nicht gefallen. Der Selbstmord als Resignationsgeste passte nicht zum Bild des unerschütterlichen Helden, dem auch die Niederlage nur als weiterer Schritt zum Sieg zu dienen hat. Auch *Das trojanische Pferd* wurde von den Parteifunktionären kritisiert, weil es in seiner ersten Version mit dem Tod seiner Hauptfigur endete. Für dieses Drama änderte Wolf daraufhin den Schluss und konzipierte auf diese Weise einen Helden des Schweigens, der auf die offene Auseinandersetzung verzichtet, um den Kampf mit anderen Mitteln fortzusetzen.

Aus dem Briefwechsel zwischen Wolf und seiner Frau erfahren wir, dass der Selbstmord ein roter Faden im Werk und im Leben des Schriftstellers war. In der DDR wurde Wolf als stolzer Kämpfer voller Optimismus und Vertrauen in die große Sache gefeiert. Selbstmord, Verzweiflung und Depression waren tabuisiert. Es ist deswegen kein Zufall, dass die Verfilmung von *Professor Mamlock* ein anderes Ende bekam. Im Film findet am Ende kein Selbstmord statt, sondern Mamlock wird zum Schluss von den Nazis ermordet. Der Plot wurde auch anderweitig geändert und von der ‚Judenfrage' auf die Klassenfrage umgelenkt. Der echte Held des Films ist nicht mehr Mamlock, sondern Rolf.

„Mut zum Leben“ – Von *Floridsdorf* bis *Was der Mensch säet*

Die Weltgeschichte ist das Weltgericht.
(Friedrich Schiller, *Resignation*)

Während seiner ersten sowjetischen Exilzeit schrieb Wolf *Floridsdorf. Ein Schauspiel von den Februarkämpfen der Wiener Arbeiter*. Dieses Drama spielt in der unmittelbaren Vergangenheit und stellt den Aufstand vom Februar 1934 in Österreich dar.[1] Die Darstellung der Revolution und ihrer Niederlage wollte nicht nur einen beispielhaften Heldenmut feiern, sondern das Publikum über die Ursachen der Niederlage zum Nachdenken anregen, damit aus dem Scheitern für die künftig anstehenden Kämpfe die richtigen Lehren gezogen werden. Auch in *Floridsdorf* bedeuten die Niederlage und die folgenden Repressalien nicht das Ende des Kampfes. Die Waffen werden lediglich versteckt, um sie bei nächster Gelegenheit

1 Nachdem das Parlament 1933 aufgelöst wurde, wurden die Kommunistische Partei und der Schutzbund in Österreich (der paramilitärische Verband der Sozialdemokratischen Arbeiterpartei Österreichs) verboten. Im Februar 1934 begann die Revolte als Reaktion auf Durchsuchungen der Polizei, die auf der Suche nach den vom Schutzbund versteckten Waffen war. Nach der Niederschlagung des Aufstands wurde auch die sozialdemokratische Partei verboten. Vgl. Paul Dvorak: Die Geschichte der österreichischen Sozialdemokratie 1930–1938. Ein Forschungsüberblick. In: Lucile Dreidemy / Florian Wenninger (Hrsg.): *Das Dollfuss/Schuschnigg-Regime 1933–1938. Vermessung eines Forschungsfeldes*. Wien / Köln / Weimar: Böhlau 2013, S. 17–40, hier 20–23.

wieder einzusetzen. Das Drama hat mithin ein optimistisches Ende, auch weil einige Protagonisten Rettung in der Tschechoslowakei finden.

Mit *Floridsdorf* kehrte der Autor noch einmal zum Stil des sozialistischen Realismus zurück, dessen er sich schon in seinem früheren Werk *Die Matrosen von Cattaro* bedient hatte. Aufgabe der Kunst wäre es, nicht nur die Realität zu beschreiben, sondern auch Änderungswege aufzuzeigen. Die Kunst sollte agitieren, zum Handeln aufrufen. Wolf selber bezeichnete die entsprechende Kunstform als historische Chronik:

> Wolf hält sich durchaus an das Geschehen. Er wählt nicht […] einen einzelnen Helden […] – der Held des Stückes ist Floridsdorf. Historische Chronik heißt für den socialistischen [sic!] Realisten wie Wolf, den historischen Sachverhalt in seiner notwendigen Entwicklung mit den sich gesetzmäßig ergebenden Perspektiven sprechen zu lassen. Es heißt […] nicht einen Zustand aufzuzeigen und zu beklagen, sondern ihn zu interpretieren und Perspektiven, Möglichkeiten der Aufhebung und Veränderung dieses Zustandes sichtbar zu machen. Das richtige Bewusstsein (die revolutionäre Theorie) dem falschen Bewusstsein (Reformismus) gegenüberzustellen und das letztere von den Tatsachen ad absurdum führen zu lassen.
>
> Das bedingt, dass es sich nicht um ‚Charaktere' im Sinne des Naturalismus handelt, sondern um Typen […]. Typen, die nichts anderes sind als Repräsentanten einer durch sociale [sic!] Herkunft […] relativ einheitlichen Masse.[2]

So wie in *Die Matrosen von Cattaro* werden auch in diesem Drama revoltierende Massen dargestellt. Ihr Scheitern ist jedoch nur eine Etappe auf dem Weg zum Sieg des Sozialismus. Obwohl Wolf mit *Floridsdorf* ein Stück im Auge hatte, dessen Hauptakteur das Kollektiv der Arbeiter sein sollte, steht auch hier ein einzelner Held mit einer klaren politischen Vision im Vordergrund. Weissel verkörpert einen Kämpfer, der (nach dem Beispiel der russischen Revolution) „den richtigen Weg" weist. In der Tat war das damalige Wien die erste Probebühne des antifaschistischen Kampfes in Europa – der hier jedoch noch verloren wurde. Insofern war es für Wolf wichtig, zu zeigen, wie das Proletariat aus den eigenen Fehlern lernen könnte:

2 [Friedrich Wolf:] [Floridsdorf:] Inhaltsangabe und Kommentar von Friedrich Wolf. Typoskript undatiert [ca. 1935], 3 Bl., 3 S., unveröffentlicht. Archiv der Akademie der Künste, Nachlass Friedrich Wolf, Sign. 201, S. 2.

> weil wir Fehler begingen, weil wir zu unklar, zu kleinmütig, zu unerfahren waren [...]. Es werden Tage kommen. Da werden wir anders handeln, unter anderen Bedingungen, da werden wir aus der großen Lehre von heute gelernt haben zu siegen, wie bisher nur eine Arbeiterschaft in der Welt zu siegen verstand.[3]

Auf ähnliche Weise erklärte Rolf in *Professor Mamlock*[4] die Niederlagen zu Lehrstunden der Revolution:

> [U]nsere Fehler sind unsere Feuerproben, neue Kader werden herausgeschmolzen aus den Irrtümern und Umwegen, aus den Qualen, Verfolgungen und Kerkern, und diese Kader werden Hämmer sein, die wir jetzt schmieden.[5]

Für einen der größten Irrtümer hielt Wolf in jener Zeit den sozialdemokratischen Reformismus und stellte in *Floridsdorf* die Sozialdemokratische Partei, in Gestalt von Otto Bauer, unter Anklage. Realistische Details sollten die These stützen, wonach die Sozialdemokratie der schlimmste Feind des Proletariats und eine Form des Sozialfaschismus sei. Die Sozialdemokratie habe den proletarischen Massen keine klare Kampfstrategie angeboten. Der Aufstand vom Februar 1934 sei wegen der reformistischen Politik der sozialdemokratischen Parteikader gescheitert. Der Reformismus habe die Ziele des politischen Kampfes auf den kleinsten gemeinsamen Nenner gebracht. Verantwortlich für die Niederlage seien also die Parteikader – insbesondere Otto Bauer, der in *Floridsdorf* als der innere Feind schlechthin dargestellt wird.[6]

Dieser harsche Angriff Wolfs traf selbstverständlich nicht nur auf Zustimmung. Besonders kritisiert wurde eine Szene, in der der

3 Friedrich Wolf: Floridsdorf. In: Ders.: *Gesammelte Werke in sechzehn Bänden*, Bd. 4, S. 5–122, hier S. 109.

4 Vgl. Claude D. Conter: „Alle Kommunisten sind Juden, alle Juden können Kommunisten werden." Über das Verhältnis von Juden und antifaschistischem Widerstand in der sozialistischen Literatur. In: Pòl O'Dochartaigh (Hrsg.): *Jews in German Literature since 1945: German-Jewish Literature?* Amsterdam / Atlanta: Rodopi 2000, S. 295–313, hier S. 299.

5 Wolf: *Doktor Mamlocks Ausweg. Tragödie der westlichen Demokratie*, S. 63.

6 Die österreichische Abteilung des Komintern verurteilte die Darstellung Otto Bauers in *Floridsdorf* als nicht gelungen und unglaubwürdig – und verlangte eine Veränderung dieser Szene: „Die Charakterisierung Otto Bauers ist nicht besonders glücklich und unglaubwürdig, sie muss gemildert werden." (Einschätzung der österreichischen Sektion der Komintern. Typoskript sowie handschriftliche Anmerkungen, 19.11.1934, 2 Bl., 2 S., unveröffentlicht. Archiv der Akademie der Künste, Nachlass Friedrich Wolf, Sign. 201/2, S. 1.)

Präsident der österreichischen Sozialdemokratischen Partei gleichzeitig zwei Telefongespräche führt: Während er auf der einen Leitung die Anhänger der Partei zu beruhigen versucht, verhandelt er auf der anderen Leitung mit der Regierung.[7] Das ging selbst der Kommunistischen Partei zu weit, und sie verurteilte diese Szene als der politischen Phase unangemessen – da man gerade versuchte, eine Volksfront aufzubauen. Und in dieser Situation war die Darstellung der Sozialdemokratie als Sozialfaschismus bei den Parteistrategen unerwünscht. Auch die Sozialdemokraten waren selbstverständlich nicht erfreut und bemühten sich, den Autor zu diskreditieren. In Otto Bauers Zeitschrift *Der Kampf* heißt es:

> Im Zeitalter der Bemühungen um eine Einheitsfront, […] in diesem Augenblick lässt Friedrich Wolf ein Theaterstück erscheinen, mit dem er sich ein typisches Schandstück leistet. […] Von künstlerischer Gestaltung, Entwicklung und Vertiefung der behandelten Begebenheiten und der auftretenden Personen ist in seinem Werke kein Hauch. […] begnügt sich […] Friedrich Wolf, anstatt die Materie, die er sich zum Vorwurf genommen hat, ernstlich zu studieren und in sich zu verarbeiten, durch einige ‚Pikanterien', […] durch Spitznamen von einigen Personen, durch die Einführung von wirklichen Nebenpersonen an der Seite der Hauptpersonen, Vertrautheit mit dem Milieu vorzutäuschen. […] erkennt der Leser […], dass Friedrich Wolf von dem historischen Bilde, das er entrollt, von dem Hintergrund und den davor agierenden Menschen, auch nicht die leiseste Ahnung hat. […] Den Autor hat nicht interessiert, nachzulesen, was dem Februar an politischen Aktionen vorangegangen ist, er zieht es vor, für sein leichtbefriedigtes Publikum die Dinge primitiv wie ein Verfasser von Kolportageromanen darzustellen, in dem der Bösewicht eben in jeder Minute ein Bösewicht ist […]. An sich verdient das Schauspiel Friedrich Wolfs gewiss nicht Beachtung, sie kommt ihm nur als Symptom zu. Es ist ein Spiegelbild jener Gattung von Literaten, die ganz gleich, welche aktuelle Gesinnung sie sich anschminken, ob sie sich mit einem Male auf Blut und Boden besinnen, […] ob sie […] sich mit dem lieben Gott auf Du und Du stellen – ‚letzten Endes' sich doch nur an die Macht anschmeißen, die gerade das spendieren kann, wonach ihr Herz jeweils begehrt.[8]

7 Es ist kein Zufall, dass die russische Übersetzung von Wischnewski eine milde Version der Otto-Bauer-Szene enthielt. Um diese Szene entflammte eine Debatte zwischen dem Autor und dem Übersetzer. Vgl. insb. Friedrich Wolf: [Brief an Vsevolod Wischnewski, M[oskau], 26.11.1935]. Typoskript, 2 Bl., 2 S., unveröffentlicht. Archiv der Akademie der Künste, Nachlass Friedrich Wolf, Sign. 202/3.

8 Peter Roberts: Friedrich Wolf. Floridsdorf. Ein Schauspiel aus den Februarkämpfen der Wiener Arbeiter. In: *Der Kampf*, 09.09.1935, S. 1–2.

Nach diesem Artikel äußerte sich auch Oskar Maria Graf zu dem Thema. In einem Brief an Karl Schmückle[9] schrieb er:

> Wolf hat sich allem Anschein nach nur von den Schutzbündlern in Moskau unterrichten lassen und jedes Gequatsch ernst genommen, er ist nicht einmal hergegangen und hat strenge historische Studien gemacht über seine Menschen und über die wirklich vorgefallenen Tatsachen.
> Und dies geschieht nun [...] gerade in dem Augenblick, da man sich allgemein bemüht eine Einheitsfront [...] herzustellen! Ich halte das für das Niederschmetterndte [sic!] an dem Schmachtstück! [...] Das Stück hat [...] in jenen einheitswilligen Kreisen der österreichischen Arbeiter – und wohlgemerkt in den besten Kadern der Illegalen, die ideologisch schon bei uns stehen – einen wahren Empörungssturm, einen Abscheu sondergleichen hervorgerufen. [...]
> Schauerlicher Gedanke, dass wir dem national-sozialistischen Schrifttum bis jetzt [...] nichts Überragendes entgegengestellt haben!
> Wenn wir nicht den Mut zur strengsten Kritik unter uns haben, werden wir es nie zu etwas bringen.[10]

In der Sowjetunion wurde das Drama erst ein Jahr nach seiner Entstehung inszeniert. Die erste Aufführung war schon für Ende 1935 geplant, aber *Floridsdorf* kam dann erst im November 1936 auf die Bühne, nachdem das Thema des antifaschistischen Kampfes durch den Spanienkrieg wieder aktuell geworden war.
1935 wurde Wolf vom Moskauer Theater für jugendliche Zuschauer beauftragt, ein Stück über den Widerstand junger Kommunisten in Deutschland zu schreiben.[11] So entstand das Erziehungsdrama *Das trojanische Pferd*, mit dem sich Wolf an die Jugend Europas wendete.
Die Strategie des „trojanischen Pferdes" wurde von Dimitrow auf dem 7. Weltkongress der Komintern erläutert: Der antifaschistische Widerstand sollte die nationalsozialistischen Institutionen unterwandern, um diese von innen her zu sabotieren. Schon der Titel zeigte Wolfs Loyalität gegenüber der Parteilinie. Zudem unterstützte das Zeitstück nun auch die Idee der Volksfront und der Einigung aller antifaschistischen Kräfte im Kampf gegen den

9 Karl Schmückle, enger Mitarbeiter Johannes R. Bechers in der Redaktion der Zeitschrift *Internationale Literatur – Deutsche Blätter*, wurde 1936 als Trotzkist verurteilt. 1937 wurde er verhaftet und ein Jahr später zum Tode verurteilt.

10 Oskar Maria Graf: [Brief an Karl Schmückle, Brno (C.S.R.), 27.09.1935]. Typoskript mit Unterstreichungen von Friedrich Wolf, 1 Bl., 2 S., unveröffentlicht. Archiv der Akademie der Künste, Nachlass Friedrich Wolf, Sign. 202/2, S. 1–2.

11 Vgl. Schiller: Vom „Mamlock" zum „Beaumarchais", S. 65–66.

Nationalsozialismus. Alle politischen Strömungen der antifaschistischen Front waren durch die Figuren des Dramas (von den Kommunisten über die Katholiken bis hin zu den Sozialdemokraten) vertreten.

Auch im *Trojanischen Pferd* behandelte der Autor ein aktuelles Thema und hatte deshalb Informationen über die gegenwärtige Lage in Deutschland gesammelt. Dennoch machte das Stück erstmals deutlich, dass Wolf die von ihm beschriebenen Geschehnisse nicht mehr aus eigener Anschauung, aus eigenem Erleben kannte. Die Handlung wirkt wenig wahrscheinlich, und die Darstellung des antifaschistischen Widerstands in Deutschland erscheint irreal und unglaubwürdig. Diese Schwierigkeit, eine immer fernere und fremd gewordene Welt darzustellen, teilten auch andere Exilschriftsteller mit Wolf. Wie konnte man ein Deutschland zeigen, das so anders geworden war als das Land, das man verlassen hatte? Aus solcher Entfremdung erklärt sich, warum im Laufe des Exils immer weniger Deutschlandromane verfasst wurden. Das in diesen Romanen und den Zeitstücken des Exils dargestellte Deutschlandbild hatte sich zunehmend von der Wirklichkeit abgekoppelt. Die Literatur war zu einer utopischen Zone zwischen dem Nicht-Ort des Exils und dem unerreichbaren Heimatland geworden. Für Christina Thurner wurde die literarische Arbeit im Exil dadurch vor allem zu einer Antwort auf die Entwurzelungssituation der Emigranten. In ihrem Essay *Der andere Ort des Erzählens* beschreibt sie das Erzählen als

> eine Taktik, um die Situation der Entwurzelung und der Entortung zu verarbeiten und zu transformieren. Durch die kunstvolle Versetzung der Realität und der herrschenden Diskurse schafft die Narration einen fiktionalen ‚Raum' auf der Schwelle zwischen Vergangenheit und Zukunft, zwischen der verlorenen und der sich neu zu konstituierenden Identität. Sie kann verstanden werden als eine künstlerische Reflexion auf den ‚Nicht-Ort' Exil, dem sie eben jenen flüchtigen ‚Raum' der Narration entgegensetzt.[12]

Mangelnde Nähe war aber nicht das einzige Problem für den antifaschistischen Autor im Exil. Häufig fehlte es ihm auch an Distanz, um das Zeitgeschehen literarisch zu verarbeiten. Im Zeitstück entscheidet der Autor, direkt in die Gegenwart einzugreifen, die Realität seiner Zeit darzustellen und Auswege aufzuzeigen. In *Das*

12 Thurner: *Der andere Ort des Erzählens*, S. 47.

trojanische Pferd hatte Wolf damit gleich ein doppeltes Problem. Einerseits waren die dargestellten Ereignisse zu zeitnah, so dass für eine kritische Reflexion der Geschehnisse kaum Zeit blieb. Andererseits war ihm keine durch eigene Anschauung grundierte, realistische Darstellung der deutschen Lage mehr möglich. Wie konnte Wolf es dennoch wagen, ein so zeitnahes Thema zu behandeln? Zu dieser Frage äußerte sich der Autor selbst im Laufe der geschlossenen Parteiversammlung der Deutschen Kommission des Sowjet-Schriftstellerverbandes (4.–8. September 1936):

> für uns als revolutionäre Schriftsteller steht die Frage so, dass wir an die aktuellen gegenwärtigen Probleme in Deutschland nicht mehr herantreten können. [...] Mit einem gewissen Recht habt ihr damals gesagt, wie kann sich der Genosse Wolf bereits heranwagen an einen Stoff bereits nach drei Monaten nach dem Weltkongress, nach der Brüsseler Konferenz, wo der Weltkongress noch die Frage stelle, es ist zwar ehrenvoll zu sterben für die Partei, aber ehrenvoller zu leben. [...] ist es für uns augenblicklich ideologisch und künstlerisch ganz unmöglich, an die Gestaltung dieser Probleme heranzutreten. Es ist ein Wagnis, ein Risiko, man schreibt so etwas in die Luft, ganz umsonst. Aber ich glaube, dass wir antifaschistischen Schriftsteller dieses Risiko auf uns nehmen müssen, um den unkristallisierten Stoff zu gestalten.[13]

Die erste Fassung des Stücks *Das trojanische Pferd* endet mit dem Tod des Helden. Dieser Schluss wurde jedoch auf Druck der Parteifunktionäre geändert. In der letzten Version verwandelt sich die Hauptfigur – wie schon einmal erwähnt – vom tragischen Helden zu einem Schweigehelden. Die neue Widerstandsstrategie für Deutschland setzte nunmehr auf Infiltration und Schweigen. Zu den Zielen und der Produktionsgeschichte des Dramas äußerte sich Wolf in derselben Parteiversammlung:

> Wie kam die Frage des ‚Trojanischen Pferdes' [...]? [...] Ich habe das Stück leider euch nicht vorgelesen. [...] Ich habe das Stück bei der MORT vorgelesen, und es gab ernste große Meinungsverschiedenheiten. Ich habe das Stück dann zur Komintern gegeben, und auch hier entstanden große Meinungsverschiedenheiten, zum Teil vollkommene Ablehnung, zum Teil teilweise Ablehnung. Dann wurde es in der MORT auf eine Sitzung gestellt. [...] Ich habe Gen. Most die Frage gestellt, ob Abänderungen möglich sind. Wir haben darüber diskutiert, dass der Schluss falsch ist, dass das heroische Sterben nicht auf der Parteilinie liegt. Ich habe den Schluss geändert. [...] Dieser Satz des Gen. Pieck auf der Brüsseler Konferenz gab ein neues Moment, eine neue Perspektive: nicht heroisch zu sterben [...]. Ich bin bereit, alle politischen

13 Friedrich Wolf zit. n. Becher / Lukács / Wolf et al.: *Die Säuberung*, S. 255.

> Mängel, die vorhanden sind, auszubessern, obwohl die Proben schon laufen […]. Ich möchte nicht, dass eine falsche Linie hineinkommt.[14]

Die letzte Fassung des Stücks wurde von der Partei dann gutgeheißen. Die optimistische und – für den heutigen Leser – unglaubwürdige Darstellung des Widerstands, der Auseinandersetzung zwischen schwachen Nationalsozialisten und starken Dissidenten gefiel Arthur Pieck sehr gut:

> Hier ist ein Stück, das das Leben in Deutschland so zeigt, wie es heute ist. Die antifaschistische Front wächst, sie kämpft unermüdlich weiter. […] Immer neue Wege werden gefunden, um mit den Massen des Volkes eng verbunden zu sein, um alles für die Wahrnehmung der Arbeiterinteressen zu tun. Die Taktik des ‚trojanischen Pferdes' gilt nur diesem Zweck. Das haben die deutschen Kommunisten begriffen und mit ihnen schon große Massen des deutschen Volkes. Von dieser gegenwärtigen Situation gibt Wolfs Stück ein Spiegelbild.[15]

Im Anschluss an *Das trojanische Pferd* beschäftigte sich Wolf dann mit einem Thema, das deutsche und sowjetische Geschichte in Verbindung setzen sollte. Bei der geschlossenen Parteiversammlung aus dem Jahr 1936 erklärte der Autor seine Themenwahl und begründete sie – selbstkritisch – mit den Schwierigkeiten des Schriftstellers im Exil:

> Ich sagte schon, dass bei der Frage der Produktionsschwierigkeiten eine der Hauptfragen die Thematik ist. […] Wir sind tatsächlich abgewiesen von Deutschland und sind noch nicht verwurzelt in der Sowjetunion. Das ist diese Frage, die Genosse Lukács als eine der zentralen Fragen unserer Emigrationskrankheit bezeichnet hat, dass wir mit der Massenbewegung hier noch nicht verbunden sind. […] Ich habe den Versuch gemacht, ein sowjetdeutsches Problem zu nehmen, indem ich die deutsche Okkupation der Ukraine 1918 wählte.[16]

Peter kehrt heim kann die oben skizzierte These von der utopischen Konzeption der Exilliteratur unmittelbar belegen. In seiner Entwurzelungssituation schafft der Exilschriftsteller durch die Literatur einen utopischen Ort, der zwischen Gegenwart und Vergangenheit vermitteln und den Autor von seiner eigenen Zerrissenheit befreien

14 Friedrich Wolf zit. n. ebd., S. 255–257.

15 Arthur Pieck: Das trojanische Pferd. In: *Deutsche Zentral-Zeitung*, 15.01.1937, S. 3.

16 Friedrich Wolf zit. n. Becher / Lukács / Wolf et al.: *Die Säuberung*, S. 258.

kann. Im Laufe des Dramas verwandelt sich die Sowjetunion immer mehr zur idealisierten neuen Heimat des Helden. In diesem Land findet er sein eigenes Utopia.

Peter kehrt heim (Bajonette und Brot). Ein Stück von der deutschen Okkupation der Ukraine 1918 wurde 1937 verfasst und spielt während des Ersten Weltkriegs in der Ukraine. Das Stück beschreibt die deutsche Besetzung der Region und die politische Entwicklung des Soldaten Buck. Als Kriegsgefangener, der nach Deutschland zurückkehren möchte, kommt er in Kontakt mit dem ukrainischen Widerstand und schlägt sich Schritt für Schritt auf dessen Seite, bis er schließlich die Sowjetunion als neue Heimat annimmt. Das Werk feiert dieses Land als utopischen Ort, möchte sein Publikum aber zugleich vor den expansionistischen Zielen Deutschlands warnen und die Deutschen selber zum Widerstand aufrufen.

Das Drama möchte zeigen, dass die Fronten nicht zwischen den ‚Rassen' (Deutschen und Ukrainern) verlaufen, sondern dass das Unrecht in den Macht- und Eigentumsverhältnissen begründet liegt. Zugleich wollte Wolf zeigen, dass die Behauptung, die Besetzung der Ukraine (und die Ostexpansion) würde als politische Initiative zum Schutz der deutschen Bevölkerung und Kultur geschehen, nichts als eine Lüge sei. Denn unter der deutschen Besatzung litten in Wahrheit die deutschen Bauern nicht weniger als die Ukrainer.

Im Drama werden die verschiedenen von der Zivilbevölkerung geübten Widerstandsformen didaktisch erläutert. In Verbindung mit der Geschichte des ukrainischen Kampfes und den Lebensereignissen des Soldaten Buck wird auch die politische Entwicklung Deutschlands nachgezeichnet. Karl Liebknecht wird umgebracht, und die Nachricht seines Todes entzündet einen Aufstand unter den Soldaten, die sich am Ende gegen die Offiziere stellen. Die Personen des Dramas sind nach ihrer sozialen Klassenzugehörigkeit differenziert. Buck, der sich schließlich dem ukrainischen Widerstand anschließt und eine neue Heimat (die der Arbeiter) findet, steht eindeutig auf der Seite der Gerechtigkeit. Die von der deutschen Armee durchgeführten grausamen Aktionen haben ihn zum Nachdenken gebracht und ihn erkennen lassen: Verantwortlich sind und schuldig machen sich nicht nur diejenigen, die direkt etwas Böses tun, sondern auch diejenigen, die dabeistehen und zuschauen:

Buck: Ich will kein Blut mehr!

Gascha: Du willst es nicht und du hast es nicht gewollt, Peter, und doch liegt da der Bolländer. Und wenn du dabeistehst, und der Unteroffizier rammt dem Alten das Bajonett durch die Brust, dann hast du wohl kein Blut vergossen?[17]

Nachdem Wolf die Sowjetunion verlassen hatte, schrieb er 1938 *Das Schiff auf der Donau* in Frankreich – eine Geschichte, die er sowohl zu einem Drehbuch für das amerikanische Kino als auch zu einem Theaterstück ausarbeiten wollte. Das Werk wurde erst nach dem Tode des Schriftstellers veröffentlicht. Es handelt von einer Gruppe von Gefangenen, die kurz nach dem Anschluss Österreichs von den Nationalsozialisten auf einem Schiff interniert werden. Zu der heterogenen Gruppe gehören sowohl Juden als auch Leute, die einfach den Mut gehabt haben, die Wahrheit auszusprechen und sich der Barbarei zu widersetzen. Hunger und Verzweiflung schüren Streit und Hass unter den Gefangenen, den sie dann Schritt für Schritt zu überwinden und in Solidarität und Mut zu verwandeln lernen. Die Hauptfigur des Dramas, Hanna, ist eine Jüdin, die sich großzügig und mutig um eine schwangere Frau kümmert und einen Flüchtling versteckt, der zum Widerstand gehört.

Der Kern des Stücks dreht sich allerdings um den Soldaten Sepp und seine Liebesgeschichte mit Hanna – die Sepp schließlich erkennen lässt, dass man sich dem Bösen aktiv widersetzen muss. Man darf sich seiner Zivilverantwortung nicht entziehen, man darf nicht einfach dabeistehen und der Barbarei passiv zugucken:

Hanna: Ich glaube, das geht uns alle an, Herr Soldat, sonst würde ich nicht zu Ihnen so reden; ich glaube, wir tragen alle hier die Verantwortung füreinander, wir für die draußen und Sie, Soldat, für uns.

Sepp: […]

Hanna: […] Aber, Herr Soldat, finden Sie es nicht noch schwerer, hier all das mitanzusehen, dabeizustehen und all diese verlogene Feigheit herunterzuschlucken?[18]

Der Antagonist von Hanna ist der junge Nationalsozialist Alois. Im Dorf an der Donau, wo sich das Schiff befindet, stehen junge und alte Generationen einander feindlich gegenüber: auf der einen Seite

17 Friedrich Wolf: Peter kehrt heim (Bajonette und Brot). Ein Stück von der deutschen Okkupation der Ukraine 1918. In: Ders.: *Gesammelte Werke in sechzehn Bänden*, Bd. 4, S. 231–317, hier S. 279.

18 Friedrich Wolf: Das Schiff auf der Donau. In: Ders.: *Gesammelte Werke in sechzehn Bänden*, Bd. 4, S. 319–454, hier S. 346–347.

die alten dem christlichen Prinzip der Nächstenliebe treu gebliebenen Eltern, auf der anderen Seite ihre von nationalsozialistischem Hass durchdrungenen Kinder. Und es sind in diesem Fall die Alten, in die der Autor Wolf seine Hoffnung setzt:

> Flüchtling: […] Feigheit und Verrat beherrschen heut die Welt […]. Und doch lebt unter dieser grauen, verhärteten Kruste noch etwas andres, noch glüht unter der Asche geheim der Funke des Muts, der Treue, der Freiheitsliebe.[19]

Mut, Solidarität und Menschlichkeit zeigen sich zum Schluss des Dramas stark genug. Die Barbarei wird besiegt, die anfängliche Zersplitterung der Gefangenen, die Streitigkeiten um das Essen und der Egoismus bleiben Episode. Schließlich sind die Gefangenen in der Lage, mit Hilfe von Sepp zu entfliehen. Das Schiff legt ab und entkommt in die Freiheit.

Solche Ermutigung war durchaus zentral für das Werk von Friedrich Wolf: Man darf nicht resignieren. Man muss die Isolation durchbrechen und die Welt informieren – wobei die Isolation des Schiffes im Grunde auf die Isolation des Emigranten verweist, dessen Aufrufe von der Weltöffentlichkeit ignoriert bleiben:

> Hanna: […] Wir dürfen uns hier nicht verloren geben, wir müssen immer wieder versuchen, die da draußen zu verständigen, die in Paris, in London, in New York.[20]

Ähnlich wie Hanna appelliert auch ein Pfarrer in dem Stück an den Mut seiner Zeitgenossen:

> Pfarrer: […] Mit der Menschenfurcht fängt das Übel an; deshalb lehrt auch der Apostel: Vor allem eines, ihr sollt euch nicht fürchten vor der Macht der Menschen! […] Mit der Feigheit fängt alles an, mit der Feigheit, die nur eine Vorstufe der Lüge ist […]![21]

Die Figur des Pfarrers ist von Wolf ganz bewusst gewählt. Wie auch in vielen anderen Exildramen zum Thema Antisemitismus vertritt die Person des Pfarrers allgemein anerkannte, nicht auf die christliche Kultur reduzierbare ethische Prinzipien. Durch eine in der Gesellschaft allgemein akzeptierte Figur möchte der Autor seiner These Kraft verleihen.[22]

19 Ebd., S. 365.

20 Ebd., S. 360.

21 Ebd., S. 414.

22 Vgl. Jakobi: *Der kleine Sieg über den Antisemitismus*, S. 94–95.

Die Hauptfigur des Dramas ist eine Jüdin. Wie schon in *Mamlock* wollte Wolf auch in *Das Schiff auf der Donau* ein differenziertes, nicht stereotypisiertes Bild der jüdischen Welt zeichnen. Aus diesem Grund treten bei ihm stets verschiedene Judentypen auf. Unter ihnen steht Hanna als mutige Heldin da, die das eigene Leben riskiert, um anderen zu helfen. Wolf wollte damit sowohl Juden und Deutsche zum Widerstand aufrufen als auch die antisemitischen Stereotype des Nationalsozialismus entlarven. Hierfür griff Wolf immer wieder auf biblische und historische Beispiele zurück, um etwa dem Vorurteil des „feigen Juden" entgegenzuwirken:

> Rebstock: Es war eine furchtbare Zeit. Die Vertriebenen hungerten und sehnten sich nach ihrem alten Vaterland. Da aber stand ein Prophet auf unter ihnen, Jeremias, er schalt sein Volk, er zog es empor an den Haaren. Nur wer Mut hat, der verdient zu leben und heimzukehren! lehrte er. Und Daniel […] sprach: ‚Viele, die in der Erde Staub schlafen, werden erwachen und befreit werden!'
> […] Sie wurden befreit […].
> Professor: […] weil sie endlich erkannten, dass man um die Freiheit nicht betteln, sondern kämpfen muss.[23]

In einigen Teilen konzentriert sich das Drama – durchaus ungewöhnlich für das literarische Werk Wolfs, der den politischen Kampf fast immer als dominantes Thema in den Vordergrund stellte – auf die durch Unrecht und Barbarei gefährdete Schönheit des Lebens und der Liebe:

> Sepp: Und unser Leben? Unser schönes, junges Leben, Hanna, das sie uns stehlen, das dann vor die Hunde geht […]?[24]

Zwischen Herbst 1939 und Frühling 1940 arbeitete Wolf im Internierungslager Le Vernet an *Beaumarchais oder Die Geburt des Figaro* unter äußerst schweren Lebens- und Arbeitsbedingungen. Obwohl sich Wolf in diesem Stück für ein historisches Thema entschied, beschäftigte er sich weiterhin mit der politischen Gegenwart. Im Drama erscheint Frankreich, trotz der schwierigen Lage Wolfs in Le Vernet, als vorbildlich – hinsichtlich seiner revolutionären Tradition, seiner demokratischen Kultur und seiner Lebensfreude.
Wolf ging es in *Beaumarchais* darum, die gegenwärtig bedrohten Werte der französischen Revolution hochzuhalten und die

23 Wolf: Das Schiff auf der Donau, S. 372.
24 Ebd., S. 403.

Notwendigkeit des Widerstands und der Zivilcourage aufzuzeigen.[25] In einem 1935 vom *Daily Worker* veröffentlichten Interview schilderte Wolf die Rolle des Intellektuellen wie folgt:

> 'Writers are the conscience of the world.' This is […] what the left writers of today must be at this crucial time of imminent war and rampant Fascism. I believe that the left writer has a very great and peculiar responsibility to the workers. […]
> I had many friends in Germany, well known as liberal writers, who believed in waiting, in neutrality. They said they were writing good books and that was all that mattered. That it was unimportant who came into power as long as they could go on writing. They were the non-political writers in Germany. Now they are political because they have learned that it was impossible to be non-partisan. They have seen with their own eyes and felt with their own flesh that it was necessary either to crawl under Hitler and to endure Fascism with patience and so indirectly help Fascism, or else to fight to their very last breath with their entire art and personality against this barbarism.[26]

Auch Mamlock gehörte der Bildungsschicht an. So wie er hatten auch viele Intellektuelle bis zum Schluss gehofft, dass sie ihre wissenschaftliche Arbeit oder ihre Kunst von der Politik getrennt halten könnten. Dagegen wandte Wolf ein, dass der Intellektuelle, möchte er seiner Rolle gerecht werden, seine Zeit zu Bewusstsein bringen müsste und gegen den Faschismus zu kämpfen hätte. So hätte auch Beaumarchais im Moment der Revolution mit dem Volk marschieren sollen; stattdessen blieb er der apolitische Intellektuelle in einer höchst politischen Zeit. Nachdem er gegen die Privilegien der *Comédie Française* gekämpft hatte, schrieb Beaumarchais sein berühmtestes Stück und geriet damit in einen Konflikt mit dem Hof. *Die Hochzeit des Figaro* verlieh dem Volk eine Stimme und wurde von der Obrigkeit wegen seiner Gleichheitsforderungen verurteilt. Besonders umstritten war die Szene, in der sich Figaro gegen die Privilegien des Adels stellt:

> Richelieu: […] Adel, Glück, Rang, das alles macht Sie stolz, Herr Graf? Was haben Sie eigentlich getan für so viele Güter? Sie haben sich die Mühe genommen, geboren zu werden, und weiter nichts![27]

25 Vgl. Schiller: Vom „Mamlock" zum „Beaumarchais", S. 74.

26 [Friedrich Wolf:] Writers Must be Conscience of World. Says Friedrich Wolf. In: *Daily Worker*, 26.04.1935.

27 Friedrich Wolf: Beaumarchais oder Die Geburt des „Figaro". In: Ders.: *Gesammelte Werke in sechzehn Bänden*, Bd. 5: Dramen: Beaumarchais. Patrioten. Dr. Lilli Wanner. Was der Mensch säet, hrsg. v. Else Wolf / Walter Pollatschek. Berlin: Aufbau 1960, S. 5–138, hier S. 47.

Nachdem er gegen die Ende des 18. Jahrhunderts in Frankreich existierenden Privilegien gekämpft hatte, arbeitete Beaumarchais als Geschäftsmann und bereicherte sich an der Armut anderer. Im wichtigsten Moment der Revolution lief er schließlich davon und verriet damit sein Volk und sein eigenes Werk. *Beaumarchais* ist aber nicht nur ein Drama über die Rolle der Intellektuellen, sondern auch ein Beispiel dafür, was revolutionäre Kunst bewirken kann. *Figaro* wurde zum Drama der Revolution, obwohl sein Autor vor dem revoltierenden Volk die Flucht ergriff. Beaumarchais selbst hatte nicht die Kraft der von ihm erschaffenen Figuren, die nun, selbständig geworden, den Aufstand begleiteten.

Beaumarchais diente Wolf mithin als abschreckendes Beispiel. Anders als er müsse der Schriftsteller seinem eigenen Werk treu bleiben und sich in seinen besten Figuren widerspiegeln. Er sollte Vertreter seiner Epoche sein und dürfte sich seiner eigenen Mission nicht entziehen – wie Wolf in einem Brief an Carl Ebert aus dem Jahr 1943 erläuterte: „Es ist die Tragödie des ‚unpolitischen Dichters' in einer hochpolitischen Zeit. Wissen Sie, dass Hasenclever 1940 in Frankreich Selbstmord beging und wie noch einige emigrierte Dramatiker sich dem ‚Tageskampf' entzogen?"[28]

Einige Jahre später erklärte Wolf, er habe sich in dem Stück mit dem Thema der Renegaten beschäftigen wollen. Die in dem Brief erwähnten Exilschriftsteller, die sich dem „Tageskampf" entzogen hätten, waren Arthur Koestler und Gustav Regler. Von Regler war allerdings später zu erfahren, dass Wolf in der Verzweiflung seiner französischen Lagergefangenschaft eben diese „Renegaten" um Unterstützung gebeten hatte, um seinem Schicksal zu entkommen.[29]

28 Friedrich Wolf: Brief an Carl Ebert, 29.12.1943. In: Ders.: *Briefe. Eine Auswahl*, S. 196.

29 Gustav Regler, der sich Mitte der 1930er Jahre von der KPD distanziert hatte, war wie Wolf im Internierungslager Le Vernet inhaftiert. Von seinem letzten Treffen mit Friedrich Wolf berichtet er, dass Wolf ihm einen Kassiber mit folgendem Inhalt zusteckte: „Sie sind wie Leichen, ich werde hier ersticken. Tu etwas für mich in New York! Es ist beschlossen, dich als Verräter zu brandmarken. Mach dir nichts draus! Die Welt wird sie nicht siegen lassen. Die Idee braucht saubere Instrumente. Tu was für mich!" (Gustav Regler zit. n. Hoffmann: *Der andere Wolf*, S. 259.) 1950 äußerte sich Wolf zur Lage der Gefangenen im Lager sowie zur Auswanderung Reglers und Koestlers in die USA: „*Wir sollten einen Revers unterschreiben, dass wir ‚nicht Stalinisten' seien.* [...] *Ich unterschrieb also nicht und blieb im Lager. Arthur Koestler und Gustav Regler unterschrieben und gingen in Freiheit. Was aus den beiden geworden ist, dürfte bekannt sein.*" (Friedrich Wolf: Der Auftrag des Schriftstellers. Diskussion

Die Worte Wolfs an Ebert aus dem Jahre 1943 können vor diesem Hintergrund als Versuch interpretiert werden, sich Jahre später von Koestler und Regler zu distanzieren, um die eigene Sicherheit und die seiner Familie in der Sowjetunion zu schützen.

Nachdem er in die Sowjetunion zurückkehrte, widmete sich Wolf zwischen 1941 und 1945 intensiv der Produktion von Propagandamaterial für die Front.[30] Sein Einsatz für den Krieg gegen den Nationalsozialismus ließ ihm wenig Zeit für die literarische Arbeit. Trotzdem entstanden in diesen Jahren einige Theaterstücke.

In diesen Dramen aus der Kriegszeit erscheint die politische Einstellung Wolfs zunächst unverändert. Nahezu unermüdlich ruft er zum antifaschistischen Kampf und Widerstand auf. Mut heißt für Wolf in erster Linie: Mut zum Kampf. Schritt für Schritt vollzieht sich nun aber eine Veränderung, und der vom Autor geforderte Mut wird zunehmend auch der „Mut zum Leben". In seinen letzten Dramen finden Themen wie Lebensfreude und Glück immer mehr Platz. Leben, Freude und Liebe geraten als universelle Werte immer stärker in den Fokus. Einerseits wollte Wolf damit den Todesmystizismus nationalsozialistischer Prägung bekämpfen. Andererseits spiegelten sich in diesen Themen seine Erfahrungen im französischen Exil wieder. In einer schwierigen Phase seines Lebens kam Wolf in Kontakt mit dem französischen Volk und seiner Kultur – und entdeckte dabei seine Liebe zu Frankreich, das für ihn die Ideale von Zivilcourage und Mut zum Leben verkörperte. „Es gibt kaum ein friedliebenderes (und genießerisches) Volk im Westen."[31], schrieb Wolf an den Freund Wischnewski im Mai 1939.

In der Sowjetunion dieser Jahre hatte die Theaterproduktion des Autors keine großen Chancen. Das Stück *Beaumarchais* wurde nicht inszeniert. Die Produktions- und Vertriebsbedingungen seines darauffolgenden Dramas waren schwierig. In einem Brief

zu „Beaumarchais". In: Ders.: *Gesammelte Werke in sechzehn Bänden*, Bd. 16: Aufsätze 1945–1953, hrsg. v. Else Wolf / Walter Pollatschek. Berlin: Aufbau 1960, S. 309–314, hier S. 313.) Anfang der fünfziger Jahre hielt es Wolf, auch in Anbetracht des wachsenden sowjetischen Antisemitismus, offenbar für nötig, seine Position in der DDR zu festigen, weshalb er sich von den ehemaligen Genossen Regler und Koestler öffentlich distanzierte.

30 Vgl. Müller (Hrsg.): *Wer war Wolf?*, S. 183–184.

31 Friedrich Wolf: Brief an Wsewolod Wischnewski, 07.05.1939. In: Ders.: *Briefwechsel. Eine Auswahl*, S. 219–222, hier S. 220.

an Wischnewski vom 1. Mai 1941 beschrieb Wolf die Bedingungen der Theaterarbeit in der damaligen Sowjetunion. Das Projekt eines Dramas über den französischen Widerstand würde nicht realisiert, weil die Parteifunktionäre im Moment nicht daran interessiert seien. Das machte auch seine ökonomische Lage zunehmend schwierig:

> Du schreibst, ich müsse ein Stück schreiben! Richtig, Vsevolod! Man schreit nach einem Stück über den Westen, über Frankreich. Ich bin der einzige Dramatiker der S. U., der jetzt im Westen war, der dieses Stück schreiben könnte. [...] Als ich aus dem K. Z. Frankreichs heimkehrte, war man sehr freundlich zu mir [...]. Nur nach einem fragte man nicht: Du hast eine große Familie; hast Du genügend Mittel um zu leben? Auch unsre Dram-sectio fragte das nicht. Sie fragte nicht einmal: Was für eine Arbeit hast Du vor? Hat man Deinen ‚Beaumarchais' plaziert? Können wir Dir, unserm Freund und Mitglied, dabei etwas helfen? Was planst Du für ein neues Stück, Du, der Dramatiker, der jetzt aus dem Westen kommt? [...] Nur ich rannte herum, ich antechambrierte [...]; man ließ mir [...] sagen, ich solle ein Exposé machen. Ich sandte dem Comitét [Isskustwo] vor 3–4 Wochen dies Exposé, ich höre seither nichts mehr. Mag das Exposé gut oder schlecht sein, ich glaube, [...] wenn man wirklich von mir ein Stück über Frankreich ernsthaft wollte, dass man sich dann persönlich mit mir unterhalten müsste [...]. [...] habe ich jetzt beschlossen, dieses Handwerk auf bessere Tage zu verlegen, und mich dem Roman zuzuwenden. Einmal, weil ich meine Familie ernähren muss und nicht [...] für die Schublade schreiben kann (wir sind 5 Köpfe [...] und nur ich verdiene); dann aber weil im Gegensatz zu den Theaterinstanzen die Verlage in Moskau ein wirklich ehrliches und positives Interesse an meiner Arbeit zeigten [...]. Ich habe als Dramaturg überall in Moskau an die Thüren [sic!] geklopft; aber man hatte dort kein Interesse.[32]

Ein Jahr darauf, 1942, legte Wolf schließlich *Patrioten* vor, ein Zeitstück über den französischen Widerstand. Die Helden des Dramas sind französische Partisanen, die gegen die deutsche Besatzung kämpfen. Durch ihre Sabotageaktionen wollen die Patrioten dem Krieg und der von den Besatzern durchgeführten Plünderung ihres Landes ein Ende setzen. Die Hauptfigur ist der französische Offizier François, der sich dem Widerstand anschließt. Auf diese Weise gerät er aber in einen Konflikt mit seinem Vater, der als treuer Staatsangestellter die Entscheidung des Sohnes nicht akzeptiert. Der Vater, Dubois, fühlt sich weiterhin an die Gesetze und Regeln

32 Friedrich Wolf: [Brief an Vsevolod Wischnewski, Jalta, 19.05.1941]. Manuskript, 2 Bl., 2 S., unveröffentlicht. Archiv der Akademie der Künste, Nachlass Friedrich Wolf, Sign. 322a, S. 1–2.

gebunden, obwohl es sich um die Regeln eines fremden Regimes handelt. Doch der Sohn widersetzt sich und versucht, gemeinsam mit den Partisanen die Zugverbindung zur russischen Front zu unterbrechen. Die Sabotageaktion gelingt, und am Ende rebelliert auch Dubois und greift wie alle anderen zum Gewehr.

Der Schluss des Dramas erinnert an *Professor Mamlock*. So wie Mamlock ist auch Dubois ein vorbildlicher Beamter, der dem Staat und seinen Gesetzen treu bleibt. Seine Loyalität gegenüber dem Staat macht ihn blind. Für ihn sind Gesetze wichtiger als alles andere. Er folgt geduldig den Vorschriften des Staates, selbst dann noch, als er den Deutschen sein eigenes Haus zur Verfügung stellen und seinen Sohn verstecken muss, der als Offizier einer geschlagenen Armee deportiert zu werden droht. Wie in *Professor Mamlock* gibt es auch in *Patrioten* keine Alternative als den Tod für diejenigen, die den ‚richtigen Weg' nicht rechtzeitig erkennen. Erst ganz zum Schluss sieht Dubois ein, dass es keinen anderen Weg als den bewaffneten Widerstand gibt. So wie Mamlock erkennt auch Dubois schließlich, dass der Weg des Sohnes der richtige und einzig mögliche ist: „[…] hattest recht, François, da gibt's nur einen Weg…"[33].

Die Patrioten kämpfen für das eigene Land gegen das nationalsozialistische Regime. Im Drama stehen Franzosen und Deutsche im Kampf gegeneinander. Aber es gibt auch gute Deutsche in diesem Stück, wie zum Beispiel einen Soldaten, der die illegalen Waffen der Franzosen bei seinen Offizieren nicht meldet und auf diese Weise den Partisanen hilft. Durch solche Figuren möchte der Autor auf die Möglichkeiten des Widerstands in Deutschland hinweisen.

Dem Drama vorangestellt ist ein Zitat aus dem Dialog des dritten Akts zwischen Geneviève (François' Frau) und dem deutschen Offizier Rauch:

> Rauch: […] wir sollen euch zuliebe die Instrumente beiseite stellen, durch die wir mächtig geworden sind?
> Geneviève: Mächtig! Aber sind Sie dadurch glücklicher geworden, dass immer mehr Tod vor und hinter Ihnen grinst? Haben Sie nur einen einzigen Menschen dadurch glücklicher gemacht?[34]

33 Friedrich Wolf: Patrioten. In: Ders.: *Gesammelte Werke in sechzehn Bänden*, Bd. 5, S. 139–232, hier S. 231.

34 Ebd., S. 139.

So wie später in *Was der Mensch säet* wollte der Autor auch in *Patrioten* dem seit Stalingrad von deutscher Seite gefeierten Todesmystizismus die Schönheit des Lebens als Ideal entgegensetzen. Und dieses Motiv drängte im Lauf dieser Jahre immer stärker in den Vordergrund.

Im Drama *Dr. Lilli Wanner* (1944) wird Frankreich in seiner Freiheitsliebe und seiner Lebenslust erneut als Ideal dargestellt. *Dr. Lilli Wanner* spielt während des Krieges in einer Klinik in Süddeutschland. Lilli ist die französische Heldin, sie liebt das Leben und kämpft für Freiheit und Glück. In der von ihrem Ehemann Dr. Wanner geleiteten Klinik führt die Ärztin Lilli einige Sabotageaktionen durch, in deren Folge einige französischen Zwangsarbeiter nach Hause zurückkehren können. Dr. Wanner geht freiwillig in den Krieg und wird an der Front als Chirurg eingesetzt. Als er im Kampf seinen Arm verliert und nach Hause zurückkommt, erkennt er die Sinnlosigkeit des Krieges. Nachdem die von Lilli und ihrem Komplizen Gaston durchgeführten Sabotageaktionen zur Rettung von Franzosen und gegen den Krieg auffliegen, schlägt sich Dr. Wanner auf die Seite seiner Frau. Zum Schluss gelingt den Patrioten nach einer gefährlichen Auseinandersetzung mit SS und Gestapo die Flucht.

Im Drama werden zwei Lager geschildert. Auf der einen Seite stehen die Partisanen des antifaschistischen Kampfes mit Lilli Wanner an der Spitze, auf der anderen der Gestapo-Inspektor Dr. Klemm, die Mutter Dr. Wanners und einige andere. Auf der einen Seite stehen Leben und Liebe und auf der anderen der Todesmystizismus. Es ist klar, welcher Seite Wolf den Vorzug gab. Jede Gesellschaft müsse auf den Prinzipien Leben und Liebe beruhen. So beginnt das Stück mit zwei Zitaten. Das erste stammt aus der Zeit des Bauernkrieges, der für Wolf den Beginn des langwierigen Kampfes markierte, an dessen Ende Gerechtigkeit und Freiheit herrschen sollten:

> Alle Menschen sollen frei sein, und der Mensch sei erlöst! Bruder Arnold im Deutschen Bauernkrieg 1524[35]

35 Friedrich Wolf: Dr. Lilli Wanner. In: Ders.: *Gesammelte Werke in sechzehn Bänden*, Bd. 5, S. 233–325, hier S. 233.

Das zweite Zitat spielt auf einen Artikel der französischen Verfassung aus dem Jahr 1793 an, in dem das Glück als Ziel der menschlichen Gesellschaft definiert wird:

> Das Ziel der menschlichen Gesellschaft ist das allgemeine Glück.[36]

Und um solches Glück zu erreichen, braucht es Mut, Mut zum Leben. Als Dr. Wanner freiwillig in den Krieg geht, sagt der deutsche Arzt Ohm Eugen, der sich zum Schluss auf die Seite der Patrioten schlägt:

> Ohm Eugen: Mut, Jungchen, Mut! Das Säbelfechten, die Mensuren, der Krieg… pah, immer den Mut zum Sterben, nie den Mut zum Leben. […] … weil das Leben heilig ist, furchtbar heilig, und weil man einen furchtbaren Mut dazu haben muss […], weil zum Leben Mut gehört.[37]

Auch in *Dr. Lilli Wanner* wird – wie später in *Was der Mensch säet* – das Ende des Dritten Reiches und seiner Lügen in einer apokalyptischen Vision angekündigt. Zum Schluss entzieht sich die mutige Lilli nicht mehr der offenen Auseinandersetzung mit dem Nationalsozialisten Klemm. Sie prophezeit ihm, dass die Nationalsozialisten für ihre Schuld und ihre Verbrechen bestraft werden. Das Blut der Opfer werde aus der Erde emporsteigen, um die Lügen des Regimes zu zerstören:

> Lilli: Glauben Sie, dass alle diese Millionen Toter und Ermordeter still unter der Erde liegen werden? […] Dass man sie umlügen kann in menschlich Gestorbene und Niegewesene? Nein, das Blut all dieser Gewesenen wird unter der Erde zu gären und zu schäumen beginnen, ihre zerfallenden Gebeine werden zu einem gefährlichen Pulver werden, das mit der Kraft des Dynamits die gesamte Lügenkruste zu tausend Atomen in die Luft sprengen wird![38]

In der Figur Dr. Wanners thematisierte Wolf in diesem Drama erstmals ganz direkt die Schuldfrage. Die schreckliche Erfahrung des Krieges macht ihn zu einem anderen Menschen mit einem neuen Bewusstsein. Nur passiv dem Horror beizuwohnen, das erkennt er jetzt, heißt, Mittäter zu sein. Er wird sich seiner eigenen Schuld bewusst und akzeptiert die damit verbundene Strafe:

36 Ebd.

37 Ebd., S. 267.

38 Ebd., S. 308.

> Dr. Wanner: Ich habe mitgemacht und meinen Lohn erhalten! […] Als Arzt… […] ich bin bloß dabeigestanden, aber dabeistehen, mitansehen und schweigen – das ist nichts anderes als mitmachen, es nützt nichts, dass ich mir bloß einredete, dass ich bloß als Arzt ging… […] Du warst hier der bessere Arzt, Lilli, du hast hier den Deinen das Leben gerettet, du warst der bessere Arzt, der bessere Patriot![39]

Am Anfang seines Exils erkannte Wolf vor allem die Notwendigkeit des Widerstands. Am Ende stand eher die Schuldfrage im Vordergrund. Von *Professor Mamlock* bis *Dr. Lilli Wanner* wollte Wolf das Publikum vor allem zum Kampf und zum Widerstand aufrufen. Anfang 1945 hatte er jedoch die Hoffnung aufgegeben, dass das deutsche Proletariat gegen Hitler rebellieren würde. In *Was der Mensch säet* nahm der Autor daher eine neue Perspektive ein. Am Ende des Krieges sollten die Deutschen die eigene Schuld und Verantwortung einsehen, damit ein neuer Anfang überhaupt möglich werden könnte. Und dazu brauchte man mehr Mut, als für ein politisches Ziel zu kämpfen.
Was der Mensch säet entstand kurz vor Kriegsende. Das Drama beginnt mit zwei Zitaten, die der Enttäuschung des Schriftstellers dramatisch Ausdruck verleihen. Bis dahin hatte Wolf seine literarische Arbeit in erster Linie als Agitationsmittel gesehen. Inzwischen musste er sich eingestehen, gescheitert zu sein, und machte das Ausmaß seiner Enttäuschung mit einem Zitat aus dem Lukas Evangelium (23,35) deutlich: „Und das Volk stand und sah zu.“[40]
Seine politische Informationsarbeit, die Aufrufe zum Widerstand und zur Zivilcourage hatten keinen Widerhall im Kampf gegen die nationalsozialistische Barbarei gefunden. Vor den Trümmern des Krieges, den all sein Wirken nicht hatte verhindern können, ließ Wolf deshalb in einem zweiten Zitat Schiller zu Wort kommen: „Die Weltgeschichte ist das Weltgericht.“[41]
Der religiöse Glaube an die Gerechtigkeit Gottes wird durch die Idee der Geschichte als logische Ereigniskette ersetzt. Die Handlungen der Menschen haben Folgen. Die historischen Ereignisse

39 Wolf: Dr. Lilli Wanner, S. 311.

40 Friedrich Wolf: Was der Mensch säet. In: Ders.: *Gesammelte Werke in sechzehn Bänden*, Bd. 5, S. 327–415, hier S. 327.

41 Friedrich Schiller: Resignation. In: Ders.: *Sämtliche Werke in zehn Bänden*, Bd. 1, hrsg. v. Hans-Günther Thalheim et al. Berlin: Aufbau 2005, S. 156–159, hier S. 159.

sind in einer Sequenz von Ursachen und Konsequenzen miteinander verbunden.

Was der Mensch säet stellt im Vergleich zu den früheren Werken Wolfs, in denen der Autor die Kunst als Waffe zur Veränderung der Geschichte einzubringen hoffte, einen Perspektivwechsel dar. Anders als die früheren Exildramen war dieses Stück nicht in erster Linie als Aufruf zu Kampf und Widerstand konzipiert. Im Vordergrund stand nicht mehr die Notwendigkeit der Handlung, sondern die Demut angesichts des Scheiterns. Und Demut hieß, nicht nur das eigene Schicksal zu akzeptieren, sondern auch die eigene Verantwortung einzusehen. Für die begangenen Taten gibt es keine Verzeihung, das Weltgericht verlangt Strafe: „Denn was der Mensch sät, das wird er auch ernten".[42]

Zu Ostern 1942 hatte sich Wolf noch einmal in einem Flugblatt an die Deutschen gewandt. Er hatte darin an das wahre Deutschland appelliert und seine Landsleute zum aktiven Widerstand gegen die nationalsozialistische Barbarei aufgefordert:

> Es gibt in Deutschland – wie überall in der Welt – verschiedene Überzeugungen und Bekenntnisse. Aber es gibt kein menschenwürdiges Bekenntnis, das nicht zur Grundlage hätte: *Die Achtung vor jedem Wesen, das Menschenantlitz trägt!* Wer diese Achtung schändet, ist kein wahrer Deutscher![43]

Doch Schritt für Schritt war im Laufe des Krieges deutlich geworden, dass die Deutschen nicht rebellieren und damit den Krieg beenden würden. Entsprechend groß war nun die Enttäuschung über die absurde Grausamkeit der „Deutschen". In einem Brief an seine Frau Else vom 2. Oktober 1943 erklärte Wolf: „Ich bin oft verzweifelt, wenn ich diese ‚Deutschen' sehe!"[44]

Und diese Verzweiflung war in Anbetracht des systematischen Vernichtungsfeldzugs „dieser Deutschen" in der Sowjetunion durchaus verständlich:

> Ich hatte doch selbst im Winter nur eine geringe Vorstellung davon, was die Hitlerschweine alles anstellen können! Ganz Mariupol verbrannt, gesprengt. Wir waren dort 10 Stunden nach den Deutschen. In alle Häuser waren Minen

42 Paulus: Brief an die Galater. In: *Die Heilige Schrift des Alten und Neuen Testaments.* Zürich: Verlag der Zürcher Bibel 1955, S. 243–248, hier S. 248.

43 Friedrich Wolf zit. n. Müller (Hrsg.): *Wer war Wolf?*, S. 186.

44 Friedrich Wolf: Brief an Else Wolf, 02.10.1943. In: Ders.: *Briefwechsel. Eine Auswahl*, S. 115–117, hier S. 116.

> gelegt, alles systematisch in die Luft gesprengt, rücksichtslos, ob sich alte Frauen und Kinder noch drin befanden. Das große Krankenhaus gesprengt. In Rostow das wunderbare große Theater, das Paed Institut, unterwegs alle Dörfer, die kleinste Hütte. Dort wurden die Leute einfach aufs Feld getrieben, die Kühe und Schafe, die man nicht mitnehmen konnte, mit MG zusammengeschossen. In dem kleinen Dorf Nowopeokrowskaja hier vor Melitopul hat man den kleinen Kindern mit den Kolben den Schädel eingeschlagen, gemordet und gebrandschatzt wie im dreißigjährigen Krieg.[45]

Für Friedrich Wolf ist der Krieg, wie er in Russland geführt wurde, unmittelbarer Beweis für das historisch einzigartige Verbrechertum des nationalsozialistischen Regimes. Was er 1943 bis 1945 in den zerstörten russischen Gebieten sehen musste, durch die die Wehrmacht gezogen war, und was er von den deutschen Gefangenen erfuhr, war nicht mehr „Kriegsführung" zu nennen, sondern diente der systematischen Vernichtung des für „minderwertig", „nutzlos" oder „unwert" befundenen Lebens. Es war ein rohes und gleichgültiges Töten wehrloser Zivilisten, mithin planvolle Ausrottung.[46]
Nach diesem furchtbaren Krieg konnte eine Zukunft für Deutschland – nach Wolf – erst dann möglich werden, wenn die Deutschen die eigene Verantwortung für das von ihnen in Europa verursachte Leiden einzusehen bereit wären. Und diese Einsicht der individuellen Schuld sollte mit einer neu entdeckten Liebe für die Wahrheit gekoppelt werden. Lügen, Mittäterschaft und Verantwortung der Deutschen sollten ans Licht gebracht werden. Ein neuer Anfang wäre nur für diejenigen möglich, die sich der eigenen Schuld stellen würden. Doch dafür brauchte man viel mehr Mut als für die begangenen Taten.
Was der Mensch säet schildert Deutschland am Kriegsende als Horrorszenarium. Das Drama beginnt 1941, als Deutschland den Angriff gegen die Sowjetunion startet. In den Figuren des Dramas sind die in der damaligen deutschen Gesellschaft verbreiteten Unsitten verkörpert: Schweigen und Lügen, Angst, Feigheit und Komplizenschaft. Die Schilderung dieser faulen Konstellation belegt die große Enttäuschung Wolfs gegenüber seinen Landsleuten, ihrer Ignoranz und Grausamkeit.

45 Wolf: Brief an Else Wolf, 02.10.1943, S. 115–116.

46 Vgl. Karin Schlootz: Die Wurzeln von Friedrich Wolfs Poesie und Dramatik in der jüdischen Ethik. In: Renate Heuer / Ludger Heid (Hrsg.): *Deutsche Kultur – Jüdische Ethik. Abgebrochene Lebenswege deutsch-jüdischer Schriftsteller nach 1933.* Frankfurt am Main / New York: Campus 2011, S. 47–72, hier S. 63–64.

Dr. Feld und der alte Andrä sind die einzigen Figuren in *Was der Mensch säet*, die die drohende Katastrophe voraussehen und ihre Landsleute davor warnen. Für diesen „Verrat" wird Dr. Feld von der Hitlerjugend ermordet, während fast alle anderen dabei zu Mittätern werden. Pastor Kranz versucht zwar anfangs, Dr. Feld vor der Wut der Hitlerjugend zu schützen, und begleitet ihn deswegen in die Schneiderei von Pannwitz. Er hat aber nicht den Mut, ihm bis ans Ende zu helfen. Für diese Schuld wird er im Laufe des Dramas bestraft. Auch General Westernhagen, ein vorbildlicher deutscher Offizier, macht sich der Feigheit und Passivität schuldig. Auch er steht einfach dabei und guckt zu, wie Dr. Feld an die Nazis ausgeliefert und von ihnen getötet wird. Pannwitz wiederum ist ein Opportunist. Nicht nur tut er nichts, um den barbarischen Horror zu stoppen, er profitiert sogar davon.

Das Ganze endet unausweichlich in der Katastrophe. Deutschland wird besiegt, und jeder muss für seine Taten bezahlen. All diejenigen, die dem Tod Dr. Felds passiv zugeschaut haben, werden für ihre Feigheit bestraft. Schuld und Strafe sind im Stück eng miteinander verknüpft. Die Deutschen von *Was der Mensch säet* sind meistens passive Mittäter: Sie haben dabeigestanden, während Tod und Schrecken kamen. Ihr Leiden ist die Folge ihres Schweigens, ihrer Lügen, ihrer Angst und ihrer Feigheit. Ähnlich sind auch alle Deutschen für die Raubaktionen verantwortlich, die in Deutschland und in den besetzten Ländern durchgeführt wurden.

Dr. Feld und der alte Andrä, der als Schneider bei Pannwitz arbeitet, sind zwei gute und gerechte Menschen. Ihnen steht die Aufgabe zu, die Wahrheit zu sagen, vor der drohenden Katastrophe zu warnen, auf Schuld und Verantwortung hinzuweisen, zum Leben zu ermutigen. Nach dem Tode Dr. Felds erkennt Andrä als einziger, dass die Toten, der Krieg und das verursachte Elend nicht folgenlos bleiben werden. Der jungen Marga, die ihren Freund an der russischen Front erreichen möchte, sagt der alte Andrä:

> Andrä: Auch Sie hören es nicht, Fräulein, wie es schreit gegen jeden, der seinen kleinen Finger dazu gibt, wie es schreit, das Blut der Frauen und der Kinder… das wird nicht mehr trocken, das klebt an den Händen und an der Erde, das schreit aus der Erde, das schreit aus der Erde draußen in Russland, das gibt keine Ruhe, das will gehört werden.[47]

47 Wolf: Was der Mensch säet, S. 368.

Der Sohn vom General Westernhagen, Manfred, durchläuft im Laufe des Dramas einen Bewusstseinswandel und wird vom mutigen Soldaten zum Pazifisten. Durch ihn kommen die antimilitaristischen Ideale Wolfs zu Wort. Die Überzeugung Manfreds als Soldat wird durch den Anblick der Leichen seiner Feinde erschüttert. Zum Schluss rettet der Offizier Manfred seine Soldaten vor dem sicheren wie sinnlosen Tod. Er befiehlt ihnen, den Vorschriften Hitlers nicht mehr zu folgen und den Kampf gegen die Russen aufzugeben.
Um den vor allem in der letzten Phase des Krieges gefeierten Todesmystizismus zu bekämpfen, stellt der Schriftsteller neue Werte in den Vordergrund: die Zivilcourage und den Mut zum Leben. Denn der größte Mut ist eben – laut Wolf – der Mut zum Leben.
Manfred und Marga entscheiden sich schließlich für die Liebe und das Leben. Beide fungieren im Drama als Hoffnungssymbol, ihnen steht die Aufgabe zu, Deutschland aus seinen Trümmern wieder aufzubauen und an einem neuen Anfang zu arbeiten. Dazu bedarf es, als eines ersten Schritts, der Wahrheit. Die Schuld darf nicht verschwiegen und geleugnet werden. Keiner darf sich der eigenen Verantwortung entziehen und die eigene Schuld verdrängen:

> Ceux qui subissent le mal, sont aussi criminels que ceux qui le font.[48]

Diese Worte Romain Rollands eröffnen das Drama. Obwohl die meisten keine direkten Mörder waren, haben sie sich an der Barbarei passiv beteiligt. Aus diesem Grund sind sie schuldig. Andrä sagt zu Manfred: „[…] was tun wir alle? – Dabeistehen, mitansehen, schweigen und unser eigenes Grab graben."[49]
Das Urteil des Schriftstellers fiel nun auf das ganze Volk. Das dürfte auch der Hauptgrund sein, weshalb sein letztes Exildrama keine Publikumsresonanz im Deutschland der Nachkriegszeit fand. Seine Interpretation der Schuldfrage – eine biblische Vision, die das Individuum ins Zentrum der Verantwortungsfrage stellt – wurde von der SED nicht mitgetragen. Nach der von der Partei vertretenen These war das deutsche Volk vielmehr ein von Hitler manipuliertes

48 Wolf: Was der Mensch säet, S. 327.
49 Ebd., S. 380.

Opfer. Nur die wichtigsten Funktionäre des Regimes hatten sich vor Gericht zu verantworten.[50]

Nach Kriegsende wurden alle Stücke Wolfs in Deutschland inszeniert. Sein *Professor Mamlock*[51] zählt mit Lessings *Nathan der Weise* zu den am meisten inszenierten Stücken dieser Zeit. Weniger erfolgreich waren allerdings die anderen antifaschistischen Dramen Wolfs, die der Autor eigentlich für seine besseren Stücke hielt. Insbesondere *Was der Mensch säet* wurde von Journalisten und Theaterexperten stark kritisiert. Alle wollten den Horror der nahen Vergangenheit vergessen. Kaum jemand war dazu bereit, sich mit der Frage der allgemeinen und individuellen Schuld auseinanderzusetzen.

Das aber war für Wolf geradezu die Voraussetzung für einen neuen Anfang. Doch seine Hoffnung auf eine solche Erneuerung, eine Katharsis, blieb unerfüllt. Stattdessen geriet der Autor in der Nachkriegszeit immer wieder in Konflikt mit dem herrschenden Kulturapparat. In den Theatern wurden lauter nihilistische Stücke inszeniert, während das Thema der Verantwortung keinen Platz fand. In einem Brief an Piscator vom 17. März 1947 brachte Wolf seine Enttäuschung zum Ausdruck:

> Im allgemeinen herrscht im Bühnenleben eine babylonische Verwirrung, die natürlich mit der Gesamtsituation zusammenhängt. Man flüchtet sich hinter die Todesmystik von Sartre bis Anhouil und Wilder oder spielt mystizierende Puddings […]. Fr[iedrich] W[olf] wird wie eine ägyptische Mumie von Archäologen ausgegraben; zur Zeit läuft ‚Cyankali' […] ‚Die Matrosen von Cattaro' […], ‚Mamlock' […]; aber meine besseren Sachen ‚Was der Mensch säet…', ‚Patrioten' […] und ‚Doktor Wanner' […] dazu fehlt den Rampenwarten der nötige Mumm. Grund: in diesen Stücken wird die Schuldfrage unsrer Landsleute aufgeworfen, und das ist zur Zeit unerwünscht. […] solch ein vermurkstes, selbstgerechtes, unbelehrbares Volk wie unsres das kann man sich auf sämtlichen Planeten suchen! Überall sind die alten Mächte wieder ganz vorn.[52]

Aber auch *Professor Mamlock* wurde bald in einigen Theatern in den von der Sowjetunion besetzten Gebieten zensiert. Unbequem

50 Vgl. Schlootz: Die moralischen Wurzeln Friedrich Wolfs in der jüdischen Ethik, S. 22–24.

51 *Professor Mamlock* wird zum ersten Mal in Deutschland am 9. Januar 1946 am Berliner Hebbeltheater aufgeführt.

52 Friedrich Wolf: Brief an Erwin Piscator, 17.03.1947. In: Ders.: *Briefe. Eine Auswahl*, S. 223–225, hier S. 223–224.

war nicht nur das Schuldthema, auch die ‚Judenfrage' blieb in der Sowjetunion weiterhin umstritten:

> Heute [...] üben in der Sowjetzone reaktionäre Theaterleiter – milde gesagt – passive Resistenz, weil sie ein solches Stück mit einem „deutschen Juden", wie man mir in Leipzig andeutete, nicht auf ihrer Bühne wünschen.
> Es geht mir wirklich nicht darum, dass der „Mamlock" nun an der letzten deutschen Bühne gespielt wird. (Uebrigens [sic!] im amerikan[ischen] westlichen Sektor spielen Stuttgart, Karlsruhe, Düsseldorf u.a. das Stück ohne diese Bedenken). Es geht um die ideologische Seite! Diese gewissen Bühnenleiter wollen, obschon sie wissen, dass bisher der „Mamlock" auch geschäftlich überall ein Erfolgsstück war, „die Rassefrage" nichtmehr [sic!] behandelt wissen. Und das, obschon die Alliierten im Nürnberger Prozess dieser Frage grosse Bedeutung beimessen. Es geht hier um eine wesentliche Frage der Umerziehung unsres Volkes.[53]

53 Friedrich Wolf: Weshalb spielen gewisse Theater in der sowjet[ischen] Zone gewisse Stücke nicht?. Typoskript undatiert [ca. 1945], 1 Bl., 2 S., unveröffentlicht. Archiv der Akademie der Künste, Nachlass Friedrich Wolf, Sign. 139/5, S. 1–2.

Das Drama im Exil

In seinen Exildramen distanzierte sich Friedrich Wolf endgültig vom Agitprop. Die Experimente der Weimarer Zeit wurden nicht fortgesetzt. Am Ende der ersten deutschen Republik hatte sich die historische Konstellation aufgelöst, die die Avantgarden hervorgebracht hatte. Das Publikum von Piscator, Brecht und Wolf,[1] das die Experimente der 1920er Jahre unterstützt hatte, gab es nicht mehr. Das Proletariat, an das sich Wolf in seinen Stücken gerichtet hatte, war unerreichbar geworden. Der Autor musste ein neues Publikum finden und sein Theater neu gestalten. Obwohl er durchaus der Ansicht war, dass das Agitprop eine eigene revolutionäre Qualität hatte, hatte sich Wolf dieser Form hauptsächlich bedient, weil sich die bürgerlichen Theater Ende der zwanziger Jahre seinen Stücken verschlossen hatten. Gleichwohl blieb seine dramatische Arbeit einer traditionelleren, auf Identifikation beruhenden Struktur verpflichtet. Im Exil verzichtete er dann endgültig auf die epischen Elemente, die er noch Ende der zwanziger Jahre eingesetzt hatte.

Für das Theatre Union veränderte Wolf die erste Fassung von *Professor Mamlock* im Sinne des Agitpropstils. Das Drama bekam nun Kommentare und Informationen, politische und historische Begebenheiten wurden erläutert. Die Veränderungen entsprachen allerdings nicht den Vorstellungen des Autors, wie aus dem Briefwechsel mit der amerikanischen Theatergruppe hervorgeht. Mit seinem antifaschistischen Zeitstück wollte sich Wolf an die Mittelschicht

1 Vgl. Haarmann: *Erwin Piscator und die Schicksale der Berliner Dramaturgie*, S. 16–17.

wenden. Aus diesem Grund bediente er sich noch einmal der Form des aristotelischen Theaters. Das Unglück des Helden wird durch seine Fehler verursacht. Der Zuschauer erlebt eine Katharsis durch die von den tragischen Ereignissen bewirkten Gefühle von Mitleid und Angst. Die Fehler der Hauptfigur produzieren sein Unglück. Dadurch wird aber der Lernprozess im Zuschauer eingeleitet.

Auf die in *Professor Mamlock* verwendete „indirekte Technik" verzichtete der Autor dann allerdings schon in *Floridsdorf*. Die Geschichte Mamlocks sollte den Zuschauer zu bestimmten Schlussfolgerungen führen, indem die Fehler der Hauptfigur offenbar wurden. In *Floridsdorf* hingegen wurde die These nicht mehr indirekt erläutert, sondern – so wie früher schon in *Die Matrosen von Cattaro* – direkt dargestellt. In *Floridsdorf* und in *Das trojanische Pferd* wurde die dramatische Form vereinfacht und der politische Inhalt direkt ausgesprochen. Die psychologische Charakterisierung der Figuren ist weniger komplex, und die Stücke haben kein tragisches Ende. Die Niederlage des österreichischen Aufstands bedeutete die Niederlage der Arbeiterbewegung in Europa in den 1930er Jahren.

In *Floridsdorf* gibt es keinen tragischen Helden. Weissel scheitert nicht aufgrund eigener Fehler, sondern durch Dollfuß' Repressalien. Der eigentliche Antagonist Weissels ist allerdings Otto Bauer. Im Drama verkörpert er die Kräfte, die sich der positiven Entwicklung der politischen Lage widersetzen. Auch in *Das trojanische Pferd* fehlt ein tragisches Ende. Der direkte Konflikt löst sich in der Auseinandersetzung zwischen ungleichen Fronten auf. Unglaubwürdig wirkt die Einschätzung der Kräfte in den zwei Lagern, weil die antifaschistische Zelle im Drama stärker als die Gruppe der Nationalsozialisten erscheint. Der in einer ersten Version von Wolf konzipierte tragische Widerstandsheld wird durch einen Helden des Schweigens ersetzt. Die Tragödie wird zu einem Drama des versteckten Kampfes.

In *Peter kehrt heim* schilderte Wolf noch einmal einen Lernprozess. Der Held hat kein tragisches Schicksal, sondern lernt zusammen mit dem Publikum. Die Auseinandersetzung zwischen Helden und Antihelden wird im Kampf zwischen Bauern und Soldaten auf der einen Seite sowie Großeigentümern und Offizieren auf der anderen Seite widergespiegelt. Die Charakterisierung der Figuren verläuft entlang ihrer sozialen Schicht.

In *Das Schiff auf der Donau* verwendete der Schriftsteller neue ästhetische Formen. Waren seine Dramen bis dahin eher durch eine psychologische Vereinfachung der Figuren und durch eine gewisse Detailarmut gekennzeichnet, werden das dramatische Geschehen und die handelnden Akteure hier erstmals komplexer. Die ästhetische Seite des Lebens hatte in Wolfs bislang vorwiegend politisch-didaktischer Dramaturgie keinen Platz. So gehört *Das Schiff auf der Donau* zu den wenigen Dramen Wolfs, die eine ästhetische Dynamik entwickeln. In einigen Szenen des Stücks gerät die Politik in den Hintergrund, um die Liebe der beiden Hauptfiguren zu zeigen. Bis dahin hat die Liebe bei Friedrich Wolf nie im Vordergrund gestanden, so wie nun in einigen Szenen in *Das Schiff auf der Donau*. Das zeigt einerseits den Einstellungswandel Wolfs – vom Mut zum Kampf zum Mut zum Leben –, erklärt sich aber andererseits zum Teil daraus, dass das Drama zunächst als Drehbuch für einen in den USA zu produzierenden Film konzipiert wurde. Wolf schrieb also für das amerikanische Kinopublikum und versuchte, sich dessen ästhetischem Geschmack anzunähern.
In der Figur Beaumarchais konzipierte Wolf dann erstmals einen umstrittenen Helden. Das Verhalten der Hauptfigur ist verwerflich. Während Beaumarchais aus seinen Erfahrungen nicht lernt und politisch konservativ wird, sollte der Zuschauer im Gegenteil aus den Fehlern des negativen Helden lernen.
In den letzten drei Dramen der Kriegszeit wurden Themen wie die Lebenslust und der Mut zum Leben immer wichtiger. In *Patrioten* durchläuft die Figur des Dubois eine Bildungsgeschichte, er lernt aus seinen Fehlern, auch wenn es schon zu spät ist. Dubois' Tod macht das Drama allerdings nicht zu einer Tragödie. Diese Figur ist nicht wie Mamlock der tragische Held und steht nicht als Hauptperson im Vordergrund. Im Zentrum steht vielmehr der Widerstandsheld François in seinem Kampf gegen den nationalsozialistischen Feind. Das Werk endet optimistisch, und die französischen Patrioten erringen den Sieg.
Was der Mensch säet scheint in diesem Zusammenhang nicht den üblichen Formen und Inhalten des Schriftstellers zu entsprechen. In diesem Drama ist weder ein Widerstandsheld noch ein tragischer Held zu finden. Da stirbt ein Mann wegen seines Mutes, die Wahrheit auszusprechen. Die den Horror bedeckenden Lügen verurteilen ihn zum Tod. Und niemand sonst hat den Mut, Dr. Feld vor

dem nationalsozialistischen Mob zu schützen. Zum Schluss werden sowohl die Täter als auch die passiven Mittäter bestraft. In dem Stück selber lernt niemand etwas. Aber der Zuschauer sollte durch das Drama lernen, sich der eigenen Verantwortung zu stellen.

Am Anfang seines Exils stellte Friedrich Wolf den Widerstand und den antifaschistischen Kampf in seinen Dramen in den Vordergrund. Am Ende wurden Themen wie der Mut zum Leben und die Schuldfrage wichtiger. Die menschliche Handlung beruhte nach Wolf auf der Frage der Verantwortung des Individuums.

Diese Akzentverschiebung im Werk Wolfs – hin zum Einzelnen und seiner Identität – hatte zweifellos auch mit der Exilerfahrung des Autors zu tun. Im Exil zersplitterte sich die Identität Wolfs in verschiedene Fragmente: deutscher Schriftsteller, Jude, Kommunist. Wolf war zerrissen zwischen der unerreichbaren Heimat, seiner jüdischen Identität und dem Nicht-Ort des Exils. Daher flüchtete er in die Utopie der Literatur. Schon vor 1933 hatten seine Werke messianische Akzente. In seiner expressionistischen Phase ist der „Dichter“ der Prophet der Wahrheit, der dem Volk den Weg weist. Später richtete sich die utopische Qualität seiner Dramen auf den politischen Helden, der den „richtigen Weg“ kennt.

Doch die politische Utopie des unermüdlich ersehnten Widerstands verlor sich im Horror des Krieges. Die Aufrufe Wolfs zur Zivilcourage blieben unerhört. Seine Enttäuschung wurde vor allem in seinem letzten Drama vor Kriegsende offensichtlich.

Obwohl Friedrich Wolf häufig als Reportage- und Tendenzautor an den Pranger gestellt wurde, ist er im Grunde immer ein traditioneller Schriftsteller geblieben. Die tradierten Formen und Inhalte des Theaters bestimmen sein Werk: Aufklärung, Gerechtigkeit, der Kampf zwischen Gut und Böse, die Verantwortung des Einzelnen und nicht zuletzt die Liebe.

Aber Wolf war und blieb ein Autor seiner Zeit. Nichts trieb ihn mehr um als die deutsche Verherrlichung des Staates, die Europa in der ersten Hälfte des 20. Jahrhunderts mehrfach in die Katastrophe führte. Im Namen des Staates und der Gesetze sterben Mamlock und Dubois, weil sie die drohende Gefahr zu spät erkennen. Dagegen wollte Wolf eine neue Idee von Heimatliebe und Mut in Stellung bringen: Und Mut hieß für ihn, der Menschheit treu zu bleiben. Nichts kann wichtiger sein. Gesetze und Staat dürfen uns nicht vergessen lassen, vor allem Menschen zu sein.

Dass Wolf Recht hatte, zeigt die Entwicklung Deutschlands in der Nachkriegszeit deutlich. Wie Wolf verzweifelt beobachtete, drängten alte Nazis erneut an die Macht, während die nach Deutschland zurückgekehrten Emigranten nicht eben willkommen waren und sogar als Verräter beschimpft wurden.

Der Aufruf Wolfs zur Zivilcourage bleibt bis heute aktuell. Seine universelle Warnung passt auch in unsere Zeit, in der Millionen Migranten weltweit auf der Suche nach ‚ihrem' Ort sind.

Durch den Kalten Krieg wurde der Autor bald im Westen nicht mehr inszeniert. Und obwohl er als Exil- und Widerstandsikone im Osten gefeiert wurde, verschwanden seine Stücke auch hier langsam aus den Spielplänen der Theater. Sein Publikum aus der Weimarer Republik existierte nicht mehr. Die Dramen Wolfs waren als Waffe für die Veränderung der Gesellschaft konzipiert und erzählten von der Weimarer Republik. Doch im Exil wurde ihm die deutsche Realität immer fremder.

Der überwiegende Teil seiner Produktion ist eng an die politischen und gesellschaftlichen Umstände seiner eigenen Lebenszeit gebunden, weshalb heutige Leser und Zuschauer zu seinen Dramen kaum noch Zugang finden. Interessant und aufschlussreich ist allerdings die höchst bewegte Biografie des Schriftstellers als Spiegel seiner Zeit und ihrer Zerrissenheit. Wolf bewegte sich auf der Grenze zwischen verschiedenen Identitäten, konnte aber seine Leser nur teilweise von seiner Kunst überzeugen. Sie gewann jedoch deutlich an Qualität, als er sich von den Zwängen der Parteiideologie befreite und die Dramen der Menschheit schilderte – wie zum Beispiel in *Cyankali* mit der Darstellung der Probleme von Frauen aus dem Proletariat. Interessant für den heutigen Leser und Zuschauer bleiben die Werke, die nicht zu stark ideologisch geprägt sind. In diesen Stücken erscheinen seine Figuren nicht als Marionetten und sprechen die Sprache der Menschen. In diesen Momenten erreicht uns stark und klar der Aufruf Mamlocks zur Zivilcourage.

Die Grenzen der Kunst

Nur selten wirkt die Produktion Wolfs ästhetisch raffiniert. Viele seiner sozialistischen Dramen beeindrucken wegen der psychologischen Vereinfachung ihrer Figuren (wie zum Beispiel *Die Matrosen von Cattaro*, *Floridsdorf*). Die Details, die dem Zuschauer den Anschein von Wirklichkeit vermitteln sollen, erscheinen oftmals – mit den Worten Theodor W. Adornos und Max Horkheimers – wie

> ein gesellschaftlich bedingtes Monopolgut, das als natürliches vorgespielt wird [...] gleichsam Fingerabdrücke auf den sonst gleichen Ausweiskarten, in die Leben und Gesicht aller Einzelnen [...] vor der Macht des Allgemeinen sich verwandeln[.][1]

Wolf erfindet in seinen Werken häufig Pseudoindividualitäten, an denen nichts Tragisches haftet. Die vom Autor dargestellten Individuen sind keine Individuen, sondern Verkehrsknotenpunkte der Tendenzen des Allgemeinen. Aus diesem Grund kann man sie bruchlos in die Allgemeinheit zurücknehmen.

Im illusionistischen Theater Wolfs lassen sich Fantasie und Gedanken nicht frei entfalten. Da seine Dramen das Allgemeine darstellen wollen, wird die Handlung der Geschichte als Wirklichkeit ausgegeben, büßt dadurch aber jedes kritische Potential ein. Denn Wolf möchte seinem Publikum durch sein Theater fertige Lösungen offerieren. Er konzipiert sein Theater als Handbuch für den politischen Kampf. Dadurch aber verliert die Kunst ihr

1 Theodor W. Adorno / Max Horkheimer: *Dialektik der Aufklärung*. Frankfurt am Main: Fischer 1981, S. 139.

Vermögen, die Wirklichkeit neu zu denken, und wird zum bloßen Manipulationsmittel.

In ihrem Kapitel über die Kulturindustrie bezeichnen Adorno und Horkheimer den Stil als Versprechen, Wahrheit zu stiften. Auch die herrschenden Formen der Allgemeinheit vermitteln dem Konsumenten das Versprechen, Wahrheit zu stiften. Allerdings besteht das wesentliche Moment am Kunstwerk, durch das es über die Wirklichkeit hinausgeht, eben nicht in einer wie immer gearteten Harmonie, nicht in der fragwürdigen Einheit von Form und Inhalt, Innen und Außen, Individuum und Gesellschaft, sondern in jenen Zügen, in denen die Diskrepanz aufscheint:

> In jedem Kunstwerk ist sein Stil ein Versprechen. Indem das Ausgedrückte durch Stil in die herrschenden Formen der Allgemeinheit, die musikalische, malerische, verbale Sprache eingeht, soll es mit der Idee der richtigen Allgemeinheit sich versöhnen. Dies Versprechen des Kunstwerks, durch Einprägung der Gestalt in die gesellschaftlich tradierten Formen Wahrheit zu stiften, ist so notwendig wie gleißnerisch. Es setzt die realen Formen des Bestehenden absolut, indem es vorgibt, in ihren ästhetischen Derivaten die Erfüllung vorwegzunehmen. Insofern ist der Anspruch der Kunst stets auch Ideologie. Auf keine andere Weise jedoch als in jener Auseinandersetzung mit der Tradition, die im Stil sich niederschlägt, findet Kunst Ausdruck für das Leiden. Das Moment am Kunstwerk, durch das es über die Wirklichkeit hinausgeht, ist in der Tat vom Stil nicht abzulösen; doch es besteht nicht in der geleisteten Harmonie, der fragwürdigen Einheit von Form und Inhalt, Innen und Außen, Individuum und Gesellschaft, sondern in jenen Zügen, in denen die Diskrepanz erscheint, im notwendigen Scheitern der leidenschaftlichen Anstrengung zur Identität. Anstatt diesem Scheitern sich auszusetzen, in dem der Stil des großen Kunstwerks seit je sich negierte, hat das schwache immer an die Ähnlichkeit mit anderen sich gehalten, an das Surrogat der Identität.[2]

Nur selten findet man in den Werken Wolfs solche Diskrepanz. Zumeist bedient er sich in seiner Arbeit der herrschenden Formen der Tradition, die auf diese Weise eben nicht in Frage gestellt wird. Obwohl die vom Autor vertretene politische Utopie die herrschenden ökonomischen Strukturen radikal ändern und eine neue Gesellschaft begründen will, entscheidet sich der Schriftsteller für traditionelle Kunstformen. Diese Diskrepanz zwischen Form und politischer Utopie entblößt die Widersprüche dieses Autors. Die politische Idee der Befreiung führt Wolf zum utopischen Bild des Paradieses und des messianischen Reichs der Gerechtigkeit. Doch

2 Adorno / Horkheimer: *Dialektik der Aufklärung*, S. 117.

der Messias, der Dichter und der kommunistische Held zeigen stets Spuren einer autoritären Ideologie.

Doch der Autor von Zeitstücken ist auch selber ein Geschöpf seiner Zeit. Insofern spiegeln sich im dramatischen Werk Friedrich Wolfs immer auch die Widersprüche einer ganzen Epoche. Das zivile und politische Engagement des Arztes, Kommunisten und deutsch-jüdischen Intellektuellen Friedrich Wolf darf darüber jedoch nicht vergessen werden.

Danksagung

Mein besonderer Dank geht

- an die Friedrich-Wolf-Gesellschaft für ihre Unterstützung bei meinen Recherchen und das zahlreiche Material, das mir zur Verfügung gestellt wurde;
- an die Familie Wolf und an Thomas Naumann, der mich durch unsere Gespräche immer ermutigt hat, weiter zu machen;
- an Henning Müller für viele wichtigen Informationen;
- an die Archivmitarbeiterinnen und -mitarbeiter der Akademie der Künste, deren Professionalität und Hilfsbereitschaft meine Recherchen erst ermöglicht haben;
- an meinen Mann Rüdiger Dammann für seine Unterstützung und die vielen Gespräche über Literatur und Exil;
- sowie, an letzter und dadurch hervorgehobener Stelle, an meinen Doktorvater Prof. Momme Brodersen an der Universität Palermo, der mich in den langen Jahren unserer Freundschaft immer ermutigt hat, meinen Wünschen und Träumen nachzugehen und somit dieses Buch zu schreiben.

Literaturverzeichnis

Friedrich Wolf

Der Mann im Dunkel. Stuttgart: Chronos 1925.

Die Natur als Arzt und Helfer. Das neue naturärztliche Hausbuch. Mit 455 Abbildungen und 8 Farbtafeln. Stuttgart / Berlin / Leipzig: DVA 1928.

Marsch auf Mossul. Typoskript, undatiert [ca. 1928], 32 Bl., 32 S., unveröffentlicht. Archiv der Akademie der Künste, Nachlass Friedrich Wolf, Sign. 7.

Doktor M's Ausweg. Manuskript, undatiert [ca. 1933], 128 S., unveröffentlicht. Archiv der Akademie der Künste, Nachlass Friedrich Wolf, Sign. 16/2.

Doktor Mamlocks Ausweg. Ein Schauspiel aus Deutschland 1934. Typoskript, undatiert [ca. 1933], 149 S. (durchgehend paginiert von S. 56–143), unveröffentlicht. Bundesarchiv Berlin, Nachlass Arthur Pieck, Sign. NY4130.

[Ergänzungen und Korrekturen zu Professor Mannheim (Beilage zum Brief Hirschfelds)]. Typoskript undatiert [ca. 1934], 6 Bl., 6 S., unveröffentlicht. Archiv der Akademie der Künste, Nachlass Leopold Lindtberg, Sign. 230.

Doktor Mamlocks Ausweg. Tragödie der westlichen Demokratie. Zürich: Oprecht & Helbling 1935.

Brief an Else Wolf, Stockholm, 07.03.1935. Manuskript, 1 Bl., 2 S., unveröffentlicht. Archiv der Akademie der Künste, Nachlass Friedrich Wolf, Sign. 280.

Brief an Else Wolf, im Zug von Gothenburg, 08.03.1935. Manuskript, 1 Bl., 2 S., unveröffentlicht. Archiv der Akademie der Künste, Nachlass Friedrich Wolf, Sign. 280.

Fascism Killing Talent. Religion and Ancient History Supplant Social Problems in Theater. In: *New York World-Telegram*, 30.03.1935, S. 20.

Brief an Else Wolf, Moskau, 01.04.1935. Manuskript, 1 Doppelbl., 3 S., unveröffentlicht. Archiv der Akademie der Künste, Nachlass Friedrich Wolf, Sign. 280.

Writers Must Be Conscience of World. Says Friedrich Wolf. In: *Daily Worker*, 26.04.1935.

Brief an Vsevolod Wischnewski, M[oskau], 26.11.1935. Typoskript, 2 Bl., 2 S., unveröffentlicht. Archiv der Akademie der Künste, Nachlass Friedrich Wolf, Sign. 202/3.

[Floridsdorf:] Inhaltsangabe und Kommentar von Friedrich Wolf. Typoskript undatiert [ca. 1935], 3 Bl., 3 S., unveröffentlicht. Archiv der Akademie der Künste, Nachlass Friedrich Wolf. Sign. 201.

Brief an Ann und Leonard Mins, Moskau, 27.08.1937. Typoskript, 1 Bl., 2 S., unveröffentlicht. Archiv der Akademie der Künste, Nachlass Friedrich Wolf, Sign. 380/1/3.

Brief an Ann und Leonard Mins, Sanary sur mer, 25.04.1938. Typoskript mit handschriftlichen Anmerkungen, 1 Bl., 1 S., unveröffentlicht. Archiv der Akademie der Künste, Nachlass Friedrich Wolf, Sign. 380/1/3.

Brief an Ann und Leonard Mins, Sanary sur mer, 12.07.1938. Typoskript mit handschriftlichen Anmerkungen, 1 Bl., 1 S., unveröffentlicht. Archiv der Akademie der Künste, Nachlass Friedrich Wolf, Sign. 380/1/3.

Brief an Leonard Mins, Paris, 07.02.1939–08.02.1939. Typoskript, 2 Bl., 2 S., unveröffentlicht. Archiv der Akademie der Künste, Nachlass Friedrich Wolf, Sign. 380/1.

Brief an Franklin Folson, Paris, 21.02.1939. Typoskript, 1 Bl., 1 S., unveröffentlicht. Archiv der Akademie der Künste, Nachlass Friedrich Wolf, Sign. 380/1.

Brief an Leonard Mins, Paris, 21.02.1939. Typoskript, 1 Bl., 1 S., unveröffentlicht. Archiv der Akademie der Künste, Nachlass Friedrich Wolf, Sign. 380/1.

Brief an Leonard Mins, Paris, 17.03.1939. Manuskript, 1 Bl., 2 S., unveröffentlicht. Archiv der Akademie der Künste, Nachlass Friedrich Wolf, Sign. 380/1/3.

Brief an Donald Ogden Stewart, Camp du Vernet d'Ariège, 05.02.1940. Manuskript, 2 Bl., 2 S., unveröffentlicht. Archiv der Akademie der Künste, Nachlass Friedrich Wolf, Sign. 380/1.

Brief an Franklin Folson, Camp du Vernet, 18.04.1940. Manuskript, 2 Bl., 2 S., unveröffentlicht. Archiv der Akademie der Künste, Nachlass Friedrich Wolf, Sign. 380/1.

Brief an Vsevolod Wischnewski, Jalta, 19.05.1941. Manuskript, 2 Bl., 2 S., unveröffentlicht. Archiv der Akademie der Künste, Nachlass Friedrich Wolf, Sign. 322a.

Weshalb spielen gewisse Theater in der sowjet[ischen] Zone gewisse Stücke nicht? Typoskript undatiert [ca. 1945], 1 Bl., 2 S., unveröffentlicht. Archiv der Akademie der Künste, Nachlass Friedrich Wolf, Sign. 139/5.

Dramen, Bd. IV: Besinnung. Vier Dramen: Professor Mamlock. Patrioten. Doktor Wanner. Was der Mensch säet. Berlin: Aufbau 1946.

Kiki. In: Ders.: *Kiki und Cora Buntauge. Zwei Hundegeschichten*. Berlin: Volk und Wissen 1949.

Ausgewählte Werke in Einzelausgaben, Bd. 13: Aufsätze über Theater, hrsg. v. Else Wolf / Walter Pollatschek. Berlin: Aufbau 1957.

Gesammelte Werke in sechzehn Bänden, Bd. 1: Dramen: Mohammed. Das bist Du. Der Unbedingte. Die Schwarze Sonne. Tamar. Die Schrankkomödie, hrsg. v. Else Wolf / Walter Pollatschek. Berlin: Aufbau 1960.

Gesammelte Werke in sechzehn Bänden, Bd. 2: Dramen: Der arme Konrad. Kolonne Hund. Koritke. Vor- und Nachspiel zu „Und das Licht leuchtet…". Cyankali, hrsg. v. Else Wolf / Walter Pollatschek. Berlin: Aufbau 1960.

Gesammelte Werke in sechzehn Bänden, Bd. 3: Dramen: Die Matrosen von Cattaro. Tai Yang erwacht. Die Jungens von Mons. Professor Mamlock. Laurencia, hrsg. v. Else Wolf / Walter Pollatschek. Berlin: Aufbau 1960.

Gesammelte Werke in sechzehn Bänden, Bd. 4: Dramen: Floridsdorf. Das trojanische Pferd. Peter kehrt heim. Das Schiff auf der Donau, hrsg. v. Else Wolf / Walter Pollatschek. Berlin: Aufbau 1960.

Gesammelte Werke in sechzehn Bänden, Bd. 5: Dramen: Beaumarchais. Patrioten. Dr. Lilli Wanner. Was der Mensch säet, hrsg. v. Else Wolf / Walter Pollatschek. Berlin: Aufbau 1960.

Gesammelte Werke in sechzehn Bänden, Bd. 6: Dramen: Die letzte Probe. Wie Tiere des Waldes. Bürgermeister Anna. Thomas Müntzer, hrsg. v. Else Wolf / Walter Pollatschek. Berlin: Aufbau 1960.

Gesammelte Werke in sechzehn Bänden, Bd. 7: Hörspiele, Laienspiele, Szenen, hrsg. v. Else Wolf / Walter Pollatschek. Berlin: Aufbau 1965.

Gesammelte Werke in sechzehn Bänden, Bd. 8: Filmerzählungen, hrsg. v. Else Wolf / Walter Pollatschek. Berlin: Aufbau 1963.

Gesammelte Werke in sechzehn Bänden, Bd. 9: Vier Romane: Kreatur. Kampf im Kohlenpott. Der Russenpelz. Heimkehr der Söhne, hrsg. v. Else Wolf / Walter Pollatschek. Berlin / Weimar: Aufbau 1965.

Gesammelte Werke in sechzehn Bänden, Bd. 11: Menetekel oder Die fliegenden Untertassen, hrsg. v. Else Wolf / Walter Pollatschek. Berlin: Aufbau 1961.

Gesammelte Werke in sechzehn Bänden, Bd. 13: Erzählungen 1941–1953, hrsg. v. Else Wolf / Walter Pollatschek. Berlin: Aufbau 1963

Gesammelte Werke in sechzehn Bänden, Bd. 15: Aufsätze 1919–1944, hrsg. v. Else Wolf / Walter Pollatschek. Berlin / Weimar: Aufbau 1967.

Gesammelte Werke in sechzehn Bänden, Bd. 16: Aufsätze 1945–1953, hrsg. v. Else Wolf / Walter Pollatschek. Berlin: Aufbau 1960.

Briefwechsel. Eine Auswahl, hrsg. v. Else Wolf / Walter Pollatschek. Berlin / Weimar: Aufbau 1968.

Briefe. Eine Auswahl, hrsg. v. Else Wolf / Walter Pollatschek. Berlin / Weimar: Aufbau 1969.

Das Heldenepos des Alten Bundes, hrsg. v. Jürgen Seim. Neuwied: Kehrein 1993.

Archivbestände

Akademie der Künste, Berlin

Nachlass Leopold Lindtberg:

Hirschfeld, Kurt [?]: Brief an Leopold Lindtberg, o. O., 1934. Manuskript, 1 Bl., 1 S., unveröffentlicht; Archiv der Akademie der Künste, Nachlass Leopold Lindtberg, Sign. 230.

Hirschfeld, Kurt: Brief an Friedrich Wolf, Zürich, 27.3.1936. Typoskript mit handschriftlichen Anmerkungen, 1 Bl., 2 S., unveröffentlicht; Archiv der Akademie der Künste, Nachlass Friedrich Wolf, Sign. 231/ 2.

Pieck, Wilhelm: Brief an Erwin Piscator, [Moskau], 08.10.1934. Typoskript, 1 Bl., 1 S. Archiv der Akademie der Künste, Nachlass Erwin Piscator Center, Sign. 2039

Nachlass Friedrich Wolf:

[„Der gelbe Fleck“, Zeitungsausschnitte (1934)]. Typoskript, 1 Bl., 1 S. Archiv der Akademie der Künste, Nachlass Friedrich Wolf, Sign. S 380/10.

Diament, Heinrich: Schöpferische Probleme des selbsttätigen Revolutionären THEATERS. Bericht des Genossen Heinrich Diament [1933]. Typoskript, 8 Bl., 8 S., unveröffentlicht. Archiv der Akademie der Künste, Nachlass Friedrich Wolf, Sign. 292a.

Diament, [Hei]nrich: Fr. Wolf's "Doktor Mamlock" auf der Bühne des Warschauer Theaters [1934]. Typoskript, 6 Bl., 6 S., unveröffentlicht. Archiv der Akademie der Künste, Nachlass Friedrich Wolf, Sign. 196/2a.

Einschätzung der österreichischen Sektion der Komintern. Typoskript sowie handschriftliche Anmerkungen, 19.11.1934, 2 Bl., 2 S., unveröffentlicht. Archiv der Akademie der Künste, Nachlass Friedrich Wolf, Sign. 201/2.

Folson, Franklin: Brief an den amerikanischen Generalkonsul, o. O., 20.01.1939. Typoskript, 1 Bl., 1 S., unveröffentlicht. Archiv der Akademie der Künste, Nachlass Friedrich Wolf, Sign. 380/1.

Graf, Oskar Maria: Brief an Karl Schmückle, Brno (C.S.R.), 27.09.1935. Typoskript mit Unterstreichungen von Friedrich Wolf, 1 Bl., 2 S., unveröffentlicht. Archiv der Akademie der Künste, Nachlass Friedrich Wolf, Sign. 202/2.

Hammer, Walter: Brief an Astrid Andersson, Kopenhagen, 23.12.1937. Typoskript, 1 Bl., 1 S., unveröffentlicht. Archiv der Akademie der Künste, Nachlass Friedrich Wolf, Sign. S 380/12.

Hammer, Walter: Brief an Astrid Andersson, Kopenhagen, 03.01.1938. Typoskript, 1 Bl., 1 S., unveröffentlicht; Archiv der Akademie der Künste, Nachlass Friedrich Wolf, Sign. S 380/12.

SCHWEDISCHE PRESSE UEBER FRIEDRICH WOLFS "PROFESSOR MAMLOCK" [1938]. Typoskript, 9 Bl., 9 S. Archiv der Akademie der Künste, Nachlass Friedrich Wolf, Sign. 196/8.

Trepte, Curt: Begegnungen mit Friedrich Wolf. Typoskript, 2 Bl., 2 S., unveröffentlicht. Archiv der Akademie der Künste, Nachlass Friedrich Wolf, Sign. S 379/1.

Wolf, Else: [Brief an Burian, Moskau, 07.02.1935]. Typoskript, 1 Bl., 1 S., unveröffentlicht. Archiv der Akademie der Künste, Nachlass Friedrich Wolf, Sign. 389.

Wolf, Else: [Brief an Friedrich Wolf, Moskau, 14.03.1935]. Typoskript, 2 Bl., 2 S., unveröffentlicht. Archiv der Akademie der Künste, Nachlass Friedrich Wolf, Sign. 282.

Wolf, Else: [Brief an Friedrich Wolf, Moskau, 03.04.1935]. Typoskript, 3 Bl., 3 S., unveröffentlicht. Archiv der Akademie der Künste, Nachlass Friedrich Wolf, Sign. 282.

Wolf, Else: [Brief an Ann und Leonard Mins, Moskau, 12.6.1938]. Typoskript, 1 Bl., 1 S., unveröffentlicht. Archiv der Akademie der Künste, Nachlass Friedrich Wolf, Sign. 380/1.

Archiv für Zeitgeschichte Zürich

Braunschweig, Saly (Präsident) / Dr. G. Guggenheim (Aktuar): Brief des Vorstandes der Israelitischen Cultusgemeinde Zürich und des Lokalcomités Zürich des Schweiz. Israel. Gemeindebundes an den Regierungsrat des Kantons Zürich, Zürich, 23.01.1935. Typoskript, 19 Bl., 19 S., unveröffentlicht. Archiv für Zeitgeschichte Zürich, Nachlass des SIG (Schweizerischer Israelitischer Gemeindebund), Sign. A21.

Keller, Paul (Staatsschreiber): [Aus dem Protokoll des Regierungsrates 1935. Sitzung vom 7. März 1935]. Typoskript, 4 S., unveröffentlicht. Archiv für Zeitgeschichte Zürich, Nachlass des SIG (Schweizerischer Israelitischer Gemeindebund), Sign. A21.

Stadtarchiv Zürich

„Auszug aus dem Protokoll des Stadtrates von Zürich vom 2. Dezember 1933" (Protokoll des Stadtrates Zürich, S. 1043–1047). Typoskript, 5 Bl., 5 S., unveröffentlicht. Stadtarchiv Zürich, Nachlass Zürcher Schauspielhaus, Sign. VII. 200.

"Geehrte Damen und Herren des Schweiz[erischen] Schriftsteller-Vereins! Geehrte Versammlung!". Typoskript, 6 Bl., 6 S., unveröffentlicht. Stadtarchiv Zürich, Nachlass Theater AG, Verschiedene Akten 1930/39; Propaganda 1933/34, Sign. VII. 12. 3.1.102.

Veröffentlichte Literatur

Adorno, Theodor W.: *Minima Moralia. Reflexionen aus dem beschädigten Leben.* Berlin / Frankfurt am Main: Suhrkamp 1951.

Adorno, Theodor W. / Max Horkheimer: *Dialektik der Aufklärung.* Frankfurt am Main: Fischer 1981.

Amrein, Ursula: Kulturpolitik und Geistige Landesverteidigung – das Zürcher Schauspielhaus. In: Sigrid Weigel / Birgit R. Erdle (Hrsg.): *Fünfzig Jahre danach. Zur Nachgeschichte des Nationalsozialismus.* Zürich: Verlag der Fachvereine 1996, S. 281–324.

—: *Los von Berlin! Die Literatur- und Theaterpolitik der Schweiz und das „Dritte Reich".* Zürich: Chronos 2004.

Bachmann, Dieter / Rolf Schneider (Hrsg.): *Das verschonte Haus. Das Zürcher Schauspielhaus im Zweiten Weltkrieg.* Zürich: Ammann 1987.

Badia, Gilbert: Frankreichs Haltung gegenüber den deutschsprachigen Emigranten zwischen 1933 und 1940. In: Anne Saint Sauver-Henn (Hrsg.): *Fluchtziel Paris. Die deutschsprachige Emigration 1933–1940.* Berlin: Metropol 2002, S. 29–40.

Barck, Simone / Klaus Jarmatz: *Kunst und Literatur im antifaschistischen Exil 1933–1945*, Bd. 1.I–II: Exil in der UdSSR., völlig neu bearb. Aufl. Leipzig: Reclam 1989.

Barker, Andrew: Anna Seghers, Friedrich Wolf, and the Austrian Civil War of 1934. In: *The Modern Language Review* 95,1 (2000), S. 144–153.

Becher, Johannes R. / Georg Lukács / Friedrich Wolf et al.: *Die Säuberung. Moskau 1936: Stenogramm einer geschlossenen Parteiversammlung,* hrsg. v. Reinhard Müller. Reinbek: Rowohlt 1991.

Bergier, Jean-François / Wladyslaw Bartoszewski / Saul Friedländer / Harold James / Georg Kreis / Sybil Milton / Jacques Picard / Jakob Tanner / Joseph Voyame (Hrsg.): *Die Schweiz und die Flüchtlinge zur Zeit des Nationalsozialismus.* Bern: BBL / EDMZ 1999.

— (Hrsg.): *La Svizzera, il Nazionalsocialismo e la Seconda Guerra mondiale. Rapporto finale.* Zürich: Pendo 2002.

Berlau, Ruth: *Brechts Lai-Tu. Erinnerungen und Notate*, hrsg. u. mit einem Nachw. v. Hans Bunge. Darmstadt / Neuwied: Luchterhand 1985.

Berninger, Frank / Ulrike Voswinckel: *Exil am Mittelmeer. Deutsche Schriftsteller in Südfrankreich von 1933–1941.* München: Allitera 2005.

Bh: Geschichte und Gegenwart. In: *Schauspielhaus Extra* 8 (1987/1988), S. 7.

Brecht, Bertolt: *Flüchtlingsgespräche.* Berlin / Frankfurt am Main: Suhrkamp 1961.

Colin, Amy / Elisabeth Strenger (Hrsg.): *Brücken über dem Abgrund. Auseinandersetzungen mit jüdischer Leidenserfahrung, Antisemitismus und Exil. Festschrift für Harry Zohn.* München: Fink 1994.

Conter, Claude D.: „Alle Kommunisten sind Juden, alle Juden können Kommunisten werden." Über das Verhältnis von Juden und antifaschistischem Widerstand in der sozialistischen Literatur. In: Pòl O'Dochartaigh (Hrsg.): *Jews in German Literature since 1945: German-Jewish Literature?* Amsterdam / Atlanta: Rodopi 2000, S. 295–313.

Diezel, Peter: *Exiltheater in der Sowjetunion 1932–1937.* Berlin: Henschel 1978.

—: Theater im sowjetischen Exil. In: *Handbuch des deutschsprachigen Exiltheaters 1933–1945*, hrsg. v. Frithjof Trapp / Werner Mittenzwei / Henning Rischbieter / Hansjörg Schneider, Bd. 1: Verfolgung und Exil deutschsprachiger Theaterkünstler. München: Saur 1999, S. 289–318.

—: „dieses Land können wir nur von außen verteidigen. hier brauchen sie uns nicht…". Maxim Vallentin und das deutschsprachige Theater im sowjetischen Exil. In: Ders. (Hrsg.): *„hier brauchen sie uns nicht". Maxim Vallentin und das deutschsprachige Theater in der Sowjetunion 1935–1937. Briefe und Dokumente.* Berlin: Bostelmann & Siebenhaar 2000, S. 15–53.

Ditschek, Eduard: *Politisches Engagement und Medienexperiment. Theater und Film der russischen und deutschen Avantgarde der zwanziger Jahre.* Tübingen: Narr 1989.

Dr. H.: „Professor Mannheim" Premiere im Zürcher Schauspielhaus. In: *Tagesanzeiger*, 10.11.1934, S. 9.

Dreifuss, Alfred / Volker Frank / Wolfgang Gersch / Thea Kirfel-Lenk / Eike Middell / Jürgen Schebera: *Kunst und Literatur im antifaschistischen Exil 1933–1945*, Bd. 3: Exil in den USA. Mit einem Bericht „Schanghai – Eine Emigration am Rande". Frankfurt am Main: Röderberg 1980.

Drewniak, Boguslaw: Exiltheater in Polen. In: *Handbuch des deutschsprachigen Exiltheaters 1933–1945*, hrsg. v. Frithjof Trapp / Werner Mittenzwei / Henning Rischbieter / Hansjörg Schneider, Bd. 1: Verfolgung und Exil deutschsprachiger Theaterkünstler. München: Saur 1999, S. 245–249.

Dumont, Hervé: *Das Zürcher Schauspielhaus von 1921 bis 1938.* Lausanne: Editions Publi 1973.

Düwel, Gudrun: *Friedrich Wolf und Wsewolod Wischnewski. Eine Untersuchung zur Internationalität sozialistisch-realistischer Dramatik.* Berlin: Akademie 1975.

Dvorak, Paul: Die Geschichte der österreichischen Sozialdemokratie 1930–1938. Ein Forschungsüberblick. In: *Das Dollfuss/Schuschnigg-Regime 1933–1938. Vermessung eines Forschungsfeldes*, hrsg. v. Lucile Dreidemy / Florian Wenninger. Wien / Köln / Weimar: Böhlau 2013.

Englmann, Bettina: *Poetik des Exils. Die Modernität der deutschsprachigen Exilliteratur.* Tübingen: Niemeyer 2001.

Exinger, Peter: *Die Narretei eines Idealisten oder schillernd, böse, großartig. Ferdinand Rieser und das Schauspielhaus Zürich.* Dissertation, Universität Wien, Fakultät der Grund- und Integrativwissenschaft 1996.

Exinger, Peter / Ute Kröger: *In welchen Zeiten leben wir! Das Schauspielhaus Zürich 1938–1998.* Zürich: Limmat 1998.

Fähnders, Walter: Friedrich Wolf, Worpswede und *Kolonne Hund.* In: Hermann Haarmann / Christoph Hesse (Hrsg.): *Friedrich Wolf. „Was bleibt und was lohnt!"* (*Einspruch. Schriftenreihe der Friedrich Wolf Gesellschaft* 3). Marburg: Tectum 2014, S. 79–110.

Franke, Julia: „Von Haien umgeben". Existenzerhaltung jüdischer Emigranten in Paris. In: Anne Saint Sauver Henn (Hrsg.): *Fluchtziel Paris. Die deutschsprachige Emigration 1933–1940*. Berlin: Metropol 2002, S. 62–72.

Frontistische Radaupolitik. In: *Neue Zürcher Zeitung*, 18.11.1934 (Zweite Sonntagsausgabe), S. 2.

Gegen die Wühlerei der Emigranten! Öffentliche Protestkundgebung in der STADTHALLE ZÜRICH, Mittwoch, 21. Nov. Es sprechen: Henne, Tobler, Wirz. In: *Die Front. Zentrales Kampfblatt der Nationalen Front*, 19.11.1934, S. 1.

Gallas, Helga: *Marxistische Literaturtheorie. Kontroversen im Bund proletarisch-revolutionärer Schriftsteller*. Berlin / Neuwied: Luchterhand 1971.

Greiner, Bernhard: Exil und Literatur im jüdischen Horizont. In: Ders. (Hrsg.): *Placeless Topographies. Jewish Perspectives on the Literature of Exile*. Tübingen: Niemeyer 2003, S. 5–21.

Geis, Manfred: Großer Erfolg der Habimah. In: *Jüdische Rundschau*, 10.08.1934, S. 11.

Grunewald, Michel: Strategien und Diskurs der deutschen Literaturkritik im Exil (1933–1939). Versuch einer Bilanz. In: Corista Grimm / Ilse Nagelschmidt / Ludwig Stockinger (Hrsg.): *Konzepte und Perspektiven Germanistischer Literaturwissenschaft*. Leipzig: Leipziger Universitätsverlag 1999, S. 183–197.

Haarmann, Hermann: *Das „Engels"-Projekt. Ein antifaschistisches Theater deutscher Emigranten in der UdSSR (1936/1941)*. Worms: Heintz 1975.

—: *Erwin Piscator und die Schicksale der Berliner Dramaturgie. Nachträge zu einem Kapitel deutscher Theatergeschichte*. München: Fink 1991.

Haider Pregler, Hilde: Exilland Österreich? In: Edita Koch / Frithjof Trapp (Hrsg.): *Exiltheater und Exildramatik 1933–1945. Tagung der Hamburger Arbeitsstelle für deutsche Exilliteratur 1990*. Maintal: Exil 1991, S. 13–40.

—: Exilland Österreich. In: *Handbuch des deutschsprachigen Exiltheaters 1933–1945*, hrsg. v. Frithjof Trapp / Werner Mittenzwei / Henning Rischbieter / Hansjörg Schneider, Bd. 1: Verfolgung und Exil deutschsprachiger Theaterkünstler. München: Saur 1999, S. 97–155.

Halperin, Josef: Professor Mannheim. Ein Schauspiel aus dem Deutschland von heute. Von Friedrich Wolf. In: *Deutsche Stimmen. Beilage zur Deutschen Freiheit*, 18./19.11.1934.

Handbuch des deutschsprachigen Exiltheaters 1933–1945, hrsg. v. ders. / Werner Mittenzwei / Henning Rischbieter / Hansjörg Schneider, Bd. 1: Verfolgung und Exil deutschsprachiger Theaterkünstler. München: Saur 1999.

Handbuch des deutschsprachigen Exiltheaters 1933–1945, hrsg. v. Trapp, Frithjof / Werner Mittenzwei / Henning Rischbieter / Hansjörg Schneider. Bd. 2: Biographisches Lexikon der Theaterkünstler. München: Saur 1999.

Heinelt, Peer: Die Entflechtung und Nachkriegsgeschichte der I. G. Farbenindustrie AG. http://www.wollheim-memorial.de/files/994/original/pdf_Peer_Heinelt_Die_Entflechtung_und_Nachkriegsgeschichte_der_IG_Farbenindustrie_AG.pdf (Zugriff am 21.10.2014).

Hermand, Jost: *Kultur in finsteren Zeiten. Nazifaschismus, Innere Emigration, Exil*. Köln: Böhlau 2010.

Herrmann, Regine / Manfred Hahn / Karlheinz Pech / Dieter Schiller: *Kunst und Literatur im antifaschistischen Exil 1933–1945*, Bd. 7: Exil in Frankreich. Leipzig: Reclam 1981.

Heuer, Lutz: *Arthur Pieck (1899–1970). Ein Leben im Schatten des Vaters.* Berlin: Trafo 2005.

Hilty, Hans Rudolf (Hrsg.): *Regiearbeit Leopold Lindtberg.* St. Gallen / Stuttgart: Tschudy 1962.

Hindermann, Mario (Hrsg.): *Dank an Kurt Hirschfeld.* St. Gallen / Stuttgart: Tschudy 1964.

Hinze, Sibylle: *Antifaschisten im Camp Le Vernet. Abriss der Geschichte des Konzentrationslagers Le Vernet 1939–1944.* Berlin: Militärverlag der DDR 1988.

Hirschfeld, Kurt: Dramaturgische Bilanz. In: *Theater. Meinungen und Erfahrungen von Therese Giehse, Ernst Ginsberg, Wolfgang Heinz, Kurt Hirschfeld, Kurt Horwitz, Leopold Lindtberg, Teo Otto, Karl Paryla, Leonard Steckel, Oskar Wälterlin. Mitglieder des Schauspielhauses.* Ascona: Edizioni San Pietro 1988 [Reprint der Ausg. v. 1945].

Hoffmann, Stefan Gotthelf: *Der andere Wolf. Fremde Einblicke in Leben und Werk Friedrich Wolfs (1888–1953).* Berlin: Edition Schwarzdruck 2011.

Hohmann, Lew (Hrsg.): *Friedrich Wolf: Bilder einer deutschen Biographie.* Berlin: Das Europäische Buch 1988.

Horkheimer, Max: Dialektik der Aufklärung und Schriften 1940–1950. In: Ders.: *Gesammelte Schriften*, Bd. 5, hrsg. v. Gunzelin Schmid Noerr. Frankfurt am Main: Fischer 1987.

—: Nachgelassene Schriften 1949–1972. In: Ders.: *Gesammelte Schriften*, Bd. 14, hrsg. v. Gunzelin Schmid Noerr. Frankfurt am Main: Fischer 1988.

Huder, Walter: Zur Ausstellung, Filmretrospektive und Konferenz ‚Theater im Exil 1933–1945'. In: Lothar Schirmer (Hrsg.): *Theater im Exil 1933–1945. Ein Symposium der Akademie der Künste.* Berlin: Akademie der Künste 1979, S. 12–19.

Humm, Rudolf Jakob: *Bei uns im Rabenhaus. Literaten, Leute und Literatur im Zürich der Dreissigerjahre.* Zürich: Schweizer Verlagshaus 1982.

Huonker, Gustav: *Literaturszene in Zürich. Menschen, Geschichten und Bilder von 1914 bis 1945.* Zürich: Unionsverlag 1985.

—: Emigranten – Wege, Schicksale, Wirkungen. In: Dieter Bachmann / Rolf Schneider (Hrsg.): *Das verschonte Haus. Das Zürcher Schauspielhaus im Zweiten Weltkrieg.* Zürich: Ammann 1987, S. 107–139.

Jackson, Hendrik: Friedrich Wolf und Professor Mamlock. In: Rainhard May / Hendrik Jackson (Hrsg.): *Filme für die Volksfront. Erwin Piscator, Gustav von Wangenheim, Friedrich Wolf – antifaschistische Filmemacher im sowjetischen Exil.* Berlin: Stattkino Berlin e. V. 2001, S. 188–198.

Jacob, Paul Walter / Louis Naef / Jürgen Rühle / Walther Schmieding / Roman Szydlowski: Diskussion. In: Lothar Schirmer (Hrsg.): *Theater im Exil 1933–1945. Ein Symposium der Akademie der Künste.* Berlin: Akademie der Künste 1979, S. 98–104.

Jakobi, Carsten: Antisemitismuskritik und Judendarstellung im deutschsprachigen Exildrama 1933–1945. Anmerkungen zu drei Stücken von Wolf, Brecht und Hasenclever. In: Christopher Balme (Hrsg.): *Das Theater der Anderen. Alterität und Theater zwischen Antike und Gegenwart.* Tübingen / Basel: Francke 2001, S. 205–227.

—: *Der kleine Sieg über den Antisemitismus. Darstellung und Deutung der nationalsozialistischen Judenverfolgung im deutschsprachigen Zeitstück des Exils 1933–1945.* Tübingen: Niemeyer 2005.

Jasper, Willi: *Deutsch-jüdischer Parnas. Literaturgeschichte eines Mythos.* Berlin: Propyläen 2004.

Jauslin, Christian / Louis Naef (Hrsg.): *Ausgangspunkt Schweiz – Nachwirkungen des Exiltheaters.* Willisau: Theaterkultur 1989.

Jehser, Werner: *Friedrich Wolf. Leben und Werk.* Berlin: Volk und Wissen 1977.

Jost, Hans Ulrich: Interpretationsmuster zum Nationalsozialismus in der Geschichtsschreibung der Schweiz. In: Birgit R. Erdle / Sigrid Weigel (Hrsg.): *Fünfzig Jahre danach. Zur Nachgeschichte des Nationalsozialismus.* Zürich: Verlag der Fachvereine 1996, S. 325–346.

Kießling, Wolfgang: Es begann mit der „Galgentoni" – Theater im Heinrich-Heine-Klub (Mexiko). In: *Handbuch des deutschsprachigen Exiltheaters 1933–1945*, hrsg. v. Frithjof Trapp / Werner Mittenzwei / Henning Rischbieter / Hansjörg Schneider, Bd. 1: Verfolgung und Exil deutschsprachiger Theaterkünstler. München: Saur 1999, S. 423–435.

Klotz, Volker: *Dramaturgie des Publikums.* München: Hanser 1976.

Knigge, Volkhard / Hoffmann, Detlef: Die südfranzösischen Lager. In: *Das Gedächtnis der Dinge. KZ-Relikte und KZ-Denkmäler 1945–1995*, hrsg. v. Detlef Hoffmann. Frankfurt am Main / New York: Campus 1998.

Koch, Edita / Frithjof Trapp (Hrsg.): *Exiltheater und Exildramatik 1933–1945. Tagung der Hamburger Arbeitsstelle für deutsche Exilliteratur 1990.* Maintal: Exil 1991.

Koestler, Arthur: Professor Mannheims Bekehrung. In: *Das Neue Tagebuch*, 30.03.1935, S. 307.

Koopmann, Helmut: „Geschichte ist die Sinngebung des Sinnlosen". Zur Ästhetik des historischen Romans im Exil. In: Alexander Stephan / Hans Wagener (Hrsg.): *Schreiben im Exil. Zur Ästhetik der deutschen Exilliteratur 1933–1945.* Bonn: Bouvier 1985, S. 18–39.

Lendenmann, Fritz (Hrsg.): *Eine große Zeit. Das Schauspielhaus Zürich in der Ära Wälterlin 1938/39–1960/61.* Zürich: Orell Füssli 1995.

Lindtberg, Leopold: *Das Schauspielhaus in den Dreißiger- und Vierzigerjahren. Referat gehalten am 21. März 1982 im Theater am Hechtplatz in Zürich, im Auftrag des Vereins Omanut, der Präsidialabteilung der Stadt Zürich und des Schweizerischen Israelitischen Gemeindebundes im Rahmen der Dokumentation „Juden in der Schweiz".* Bern: Schweizerische Landesbibliothek 2003.

Loewy, Hanno: Der Spielfilm *Der Rat der Götter* (DDR 1950, R: Kurt Maetzig). http://www.wollheim-memorial.de/de/der_spielfilm_der_rat_der_goetter_ddr_1950_r_kurt_maetzig (Zugriff am 01.08.2015).

Maaß, Ingrid: *Repertoire der deutschsprachigen Exilbühnen 1933–1945.* Hamburg: Hamburger Arbeitsstelle für deutsche Exilliteratur 2000.

Maaß, Ingrid / Nicole Suhl: Exil in der Provinz – Luxemburg. In: *Handbuch des deutschsprachigen Exiltheaters 1933–1945*, hrsg. v. Frithjof Trapp / Werner Mittenzwei / Henning Rischbieter / Hansjörg Schneider, Bd. 1: Verfolgung und Exil deutschsprachiger Theaterkünstler. München: Saur 1999, S. 235–243.

Mann, Erika / Klaus Mann: *Escape to life. Deutsche Kultur im Exil.* Reinbek: Rowohlt 2001.

Marx, Henry: Exiltheater in den USA. In: *Handbuch des deutschsprachigen Exiltheaters 1933–1945*, hrsg. v. Frithjof Trapp / Werner Mittenzwei / Henning Rischbieter / Hansjörg Schneider, Bd. 1: Verfolgung und Exil deutschsprachiger Theaterkünstler. München: Saur 1999, S. 397–421.

Mehr Takt! [1]. In: *Neue Zürcher Zeitung*, 19.11.1934 (Morgenausgabe), S. 1.

Mehr Takt [2]. In: *Neue Zürcher Zeitung*, 20.11.1934 (Morgenausgabe), S. 1.

Meier, Peter: Der Glanz der Emigrantenbühne ermattete in Friedenszeiten. Die Neue Schauspiel AG feiert ihr fünfzigjähriges Jubiläum – Rückblick und Analyse. In: *Sonntagszeitung*, 26.06.1988, S. 37.

Meiszies, Winrich: Wendepunkte der Moderne. Das Düsseldorfer Theater bis 1933 und im Exil. In: Dieter Breuer / Gertrude Cepl-Kaufmann (Hrsg.): *Moderne und Nationalsozialismus im Rheinland. Vorträge des Interdisziplinären Arbeitskreises zur Erforschung der Moderne im Rheinland.* Paderborn: Schöningh 1997, S. 231–257.

Menges, Karl: Georg Lukács. Die Exilliteratur und das Problem der Modernität. In: Alexander Stephan / Hans Wagener (Hrsg.): *Schreiben im Exil. Zur Ästhetik der deutschen Exilliteratur 1933–1945.* Bonn: Bouvier 1985, S. 49–62.

Mierendorff, Marta / Walter Wicclair: *Im Rampenlicht der ‚dunklen Jahre'. Aufsätze zum Theater im „Dritten Reich", Exil und Nachkrieg.* Berlin: Edition Sigma 1989.

Mittenzwei, Werner: *Das Schicksal des deutschen Theaters im Exil (1933 bis 1945).* Berlin: Akademie 1978.

—: *Das Zürcher Schauspielhaus 1933–1945 oder die letzte Chance. Deutsches Theater im Exil.* Berlin: Henschel 1979.

—: *Kunst und Literatur im antifaschistischen Exil 1933–1945*, Bd. 2: Exil in der Schweiz. Leipzig: Reclam 1981.

—: Verfolgung und Vertreibung deutscher Bühnenkünstler durch den Nationalsozialismus In: *Handbuch des deutschsprachigen Exiltheaters 1933–1945*, hrsg. v. Frithjof Trapp / Werner Mittenzwei / Henning Rischbieter / Hansjörg Schneider, Bd. 1: Verfolgung und Exil deutschsprachiger Theaterkünstler. München: Saur 1999, S. 7–79.

—: „Exiltheater in der Schweiz". In: Ebd., S. 259–288.

[Müller, Eugen:] Aus der Festrede von Prof. Dr. Eugen Müller, dem Präsidenten des Zürcher Theatervereins, bei dem Festakte zur Feier des zehnjährigen Jubiläums des Schauspielhauses am 23. April 1936. In: *Schauspielhaus Zürich* (Spielzeit 1936/37), S. 8–9.

Müller, Henning: *„Der jüdische Arzt und Kommunist Dr. Friedrich Wolf". Dokumente des Terrors und der Verfolgung 1931–1944. Ein Memorial anlässlich des Jahres der 50. Wiederkehr der „Reichspogromnacht" vom 9. November 1938. Zum 100. Geburtstag Friedrich Wolfs aus Neuwied im Jahre 1988*, hrsg. v. der Stadt Neuwied. Neuwied: Strüder 1988.

— (Hrsg.): *Wer war Wolf? Friedrich Wolf (1888–1953) in Selbstzeugnissen, Bilddokumenten und Erinnerungen.* Köln: Rugenstein 1988.

—: „Ich warte nicht, bis man mich hier verhaftet" Das Moskauer Exil der Familie Friedrich Wolf. In: *Tel Aviver Jahrbuch für deutsche Geschichte* 24 (1995): Deutschland und Russland, S. 193–216.

—: „Ist es weil ich Jude bin?" Jüdische Traditionslinie bei Friedrich Wolf. In: *Einspruch. Mitteilungen für die Mitglieder und Freunde der Friedrich–Wolf-Gesellschaft e. V.* 6 (1998), S. 48–57.

—: *„Das Allerheiligste ist der Mensch!" Friedrich Wolf – Weltbürger aus Neuwied. Eine kritisch-solidarische Würdigung anlässlich des 50. Todestages des Dichters*, hrsg. v. Deutsch-Israelischer Freundeskreis Neuwied e. V. / Friedrich-Wolf-Gesellschaft e. V. in Zusammenarbeit mit der Landeszentrale für politische Bildung Rheinland-Pfalz. Neuwied: Deutsch-Israelischer Freundeskreis Neuwied e. V. 2003.

—: *Friedrich Wolf (1888–1953). Deutscher Jude – Schriftsteller, Sozialist.* Berlin: Hentrich & Hentrich 2009.

Müller, Reinhard: *Menschenfalle Moskau. Exil und stalinistische Verfolgung.* Hamburg: Hamburger Edition 2001.

Müssener, Helmut: Deutschsprachiges Theater im skandinavischen Exil. In: *Handbuch des deutschsprachigen Exiltheaters 1933–1945*, hrsg. v. Frithjof Trapp / Werner Mittenzwei / Henning Rischbieter / Hansjörg Schneider, Bd. 1: Verfolgung und Exil deutschsprachiger Theaterkünstler. München: Saur 1999, S. 319–339.

Naef, Louis: Theater der deutschen Schweiz. In: Hans Christoph Wächter: *Theater im Exil. Sozialgeschichte des deutschen Exiltheaters 1933–1945.* München: Hanser 1973, S. 241–264.

—: Theater der deutschen Schweiz und die Einflüsse der ‚Reichstheaterkammer'. In: Lothar Schirmer (Hrsg.): The*ater im Exil 1933–1945. Ein Symposium der Akademie der Künste.* Berlin: Akademie der Künste 1979, S. 84–97.

Neitzert, Lutz: *Verzeiht, daß ich ein Mensch bin. Die Kunst dem Tage. Leben und Werk des Arztes und Dramatikers Friedrich Wolf. Eine illustrierte Retrospektive zum 110. Geburtstag Friedrich Wolfs 1998. 23. Dezember 1888 – 5. Oktober* 1953, hrsg. v. Roland R. Knapp. Neuwied: Kehrein 1998.

Neue Demonstrationen vor dem Kursaal. Wieder 18 Verhaftungen. In: *Tagesanzeiger*, 20.11.1934, S. 5.

Neureuter, Hans Peter: *Brecht in Finnland. Studien zu Leben und Werk 1940–1941.* Frankfurt am Main: Suhrkamp 2007.

Obschernitzki, Doris: „Friedrich Wolf mit seiner Frau Else am 19.03.1941, 3 Uhr bei mir. Angekommen in Moskau am 17.3.1941." Unbekannte Dokumente zu Friedrich Wolfs Rückkehr in die Sowjetunion (März/April 1941). In: *Friedrich Wolf 2003. Zum 50. Todestag Friedrich Wolfs. Beiträge zu den Friedrich-Wolf-Kulturtagen 2003 in Berlin, Lehnitz und Potsdam*, hrsg. v. d. Friedrich-Wolf-Gesellschaft e. V., Lehnitz. Lehnitz: Friedrich-Wolf-Gesellschaft e. V. [2004], S. 76–128.

Parker, Erwin: *Mein Schauspielhaus. Erinnerungen an die Zürcher Theaterjahre 1933–1947.* Zürich: Pendo 1983.

Philipp, Michael: Exiltheater in Shanghai 1939–1947. In: *Handbuch des deutschsprachigen Exiltheaters 1933–1945*, hrsg. v. Frithjof Trapp / Werner Mittenzwei / Henning Rischbieter / Hansjörg Schneider, Bd. 1: Verfolgung und Exil deutschsprachiger Theaterkünstler. München: Saur 1999, S. 457–476.

Pieck, Arthur: Das trojanische Pferd. In: *Deutsche Zentral-Zeitung*, 15.01.1937, S. 3.

[Piscator, Erwin]: Friedrich Wolfs Bühnenwerke im Auslande. Aus einem Vortrag des Gen. E. Piscator im Moskauer Radio. In: *Deutsche Zentralzeitung*, 23.12.1934, S. 3.

Pollatschek, Walter: *Friedrich Wolf. Sein Leben in Bildern*. Leipzig: Verlag Enzyklopädie 1960.

—: *Friedrich Wolf. Leben und Schaffen*. Leipzig: Reclam 1974

Professor Mannheim. In: *Basler Vorwärts*, 18.06.1935, S. 3.

„Professor Mannheim“. In: *Zürcher Volkszeitung*, 09.11.1934.

„Professor Mannheim“. Schauspielhaus (8. November). In: *Neue Zürcher Zeitung*, 10.11.1934 (Morgenausgabe), S. 3.

Protest-Demonstrationen in der „Pfeffermühle“. 26 Verhaftungen. In: *Tagesanzeiger*, 17.11.1934, S. 9.

Richardson, Michael D.: *Revolutionary Theater and the Classical Heritage. Inheritance and Appropriation from Weimar to the GDR*. Bern: Lang 2007.

Riess, Curt: *Sein oder nicht Sein. Roman eines Theaters*. Zürich: Ex Libris 1963.

Ritchie, James: Exiltheater in Großbritannien. In: *Handbuch des deutschsprachigen Exiltheaters 1933–1945*, hrsg. v. Frithjof Trapp / Werner Mittenzwei / Henning Rischbieter / Hansjörg Schneider, Bd. 1: Verfolgung und Exil deutschsprachiger Theaterkünstler. München: Saur 1999, S. 341–364.

Roberts, Peter: Friedrich Wolf. Floridsdorf. Ein Schauspiel aus den Februarkämpfen der Wiener Arbeiter. In: *Der Kampf*, 09.09.1935, S. 1–2.

Rosenthal, Christoph: Operation am offenen Herzen. Friedrich Wolfs Mitarbeit am DEFA-Drehbuch *Der Rat der Götter* (1950). In: Hermann Haarmann / Christoph Hesse (Hrsg.): *Friedrich Wolf. „Was bleibt und was lohnt!“* (*Einspruch. Schriftenreihe der Friedrich Wolf Gesellschaft* 3). Marburg: Tectum 2014, S. 179–205.

Ross, Jonathan Maurice: *Anti-Fascist Literature and Authors of Jewish Origin in the Early German Democratic Republic*. London: University of London King's College 2002.

Sahl, Hans: *Jemand. Ein Chorwerk. Nach dem Holzschnittzyklus „Die Passion eines Menschen“ von Frans Masereel. Mit der Musik von Tibor Kasics. Materialien und Selbstzeugnisse*, hrsg. v. Gregor Ackermann / Momme Brodersen. Berlin: Bostelmann & Siebenhaar 2003.

Saint Sauver-Henn, Anne: Paris in den dreißiger Jahren: Mittelpunkt des europäischen Exils? In: Dies. (Hrsg.): *Fluchtziel Paris. Die deutschsprachige Emigration 1933–1940*. Berlin: Metropol 2002, S. 14–28.

Schiller, Dieter: Vom „Mamlock“ zum „Beaumarchais“. Friedrich Wolf im Exil 1933 bis 1940. In: *Friedrich Wolf 2003. Zum 50. Todestag Friedrich Wolfs. Beiträge zu den Friedrich-Wolf-Kulturtagen 2003 in Berlin, Lehnitz und Potsdam*, hrsg. v. d. Friedrich-Wolf-Gesellschaft e. V., Lehnitz. Lehnitz: Friedrich-Wolf-Gesellschaft e. V. [2004], S. 61–75.

—: *Der Traum von Hitlers Sturz. Studien zur deutschen Exilliteratur 1933–1945*. Frankfurt am Main: Lang 2010.

Schiller, Friedrich: Resignation. In: Ders.: *Sämtliche Werke in zehn Bänden*, Bd. 1, hrsg. v. Hans-Günther Thalheim et al. Berlin: Aufbau 2005.

Schirmer, Lothar (Hrsg.): *Theater im Exil 1933–1945. Ein Symposium der Akademie der Künste*. Berlin: Akademie der Künste 1979.

Schirrmeister, Sebastian: *Das Gastspiel. Friedrich Lobe und das hebräische Theater 1933–1950*. Berlin: Neofelis 2012.

—: Der erste Mamlock. Eine Spurensuche. Das hebräische Bühnenmanuskript von *Professor Mamlock* im Kontext der verschiedenen Fassungen des Dramas. In: Hermann Haarmann / Christoph Hesse (Hrsg.): *Friedrich Wolf. „Was bleibt und was lohnt!"* (*Einspruch. Schriftenreihe der Friedrich Wolf Gesellschaft* 3). Marburg: Tectum 2014, S. 117–153.

Schlootz, Karin: Die moralischen Wurzeln Friedrich Wolfs in der jüdischen Ethik. In: *Einspruch. Mitteilungen für die Mitglieder und Freunde der Friedrich-Wolf-Gesellschaft e. V.* 6 (1998), S. 22–29.

—: Die Wurzeln von Friedrich Wolfs Poesie und Dramatik in der jüdischen Ethik. In: Renate Heuer / Ludger Heid (Hrsg.): *Deutsche Kultur – Jüdische Ethik. Abgebrochene Lebenswege deutsch-jüdischer Schriftsteller nach 1933.* Frankfurt am Main / New York: Campus 2011, S. 63–64.

Schneider, Hansjörg: Exiltheater in der Tschechoslowakei. In: *Handbuch des deutschsprachigen Exiltheaters 1933–1945*, hrsg. v. Frithjof Trapp / Werner Mittenzwei / Henning Rischbieter / Hansjörg Schneider, Bd. 1: Verfolgung und Exil deutschsprachiger Theaterkünstler. München: Saur 1999, S. 157–192.

Schoop, Günther: *Das Zürcher Schauspielhaus im zweiten Weltkrieg.* Zürich: Oprecht 1957.

Schreckenberger, Helga (Hrsg.): *Ästhetiken des Exils.* Amsterdam / New York: Rodopi 2003.

Schulz, Georg-Michael: Kampfstück und Bibelrevue. Die Auseinandersetzung mit dem Antisemitismus im Drama jüdischer Autoren während der 30er Jahre. In: Hans-Peter Bayerdörfer (Hrsg.): *Theatralia Judaica. Emanzipation und Antisemitismus als Momente der Theatergeschichte. Von der Lessing-Zeit bis zur Shoah.* Tübingen: Niemeyer 1992, S. 339–356.

Seelbach, Susanne: *Proletarisch-Revolutionäres Theater in Düsseldorf 1930–1933. Die Bühne als politisches Medium.* Frankfurt am Main: Lang 1994.

Sevin, Dieter (Hrsg.): *Die Resonanz des Exils.* Amsterdam: Rodopi 1992.

Shedletzky, Itta (Hrsg.): *Deutsch-jüdische Exil- und Emigrationsliteratur im 20. Jahrhundert.* Tübingen: Niemeyer 1993.

Slevogt, Esther: *Den Kommunismus mit der Seele suchen. Wolfgang Langhoff – ein deutsches Künstlerleben im 20. Jahrhundert.* Köln: Kiepenheuer & Witsch 2011.

Spörk, Ingrid: Zum Bild des „Anderen". Überlegungen zu Darstellungen von Juden in der österreichischen Literatur. In: Mark H. Gelber / Klaus Zelewitz (Hrsg.): *Stefan Zweig – Exil und Suche nach dem Weltfrieden.* Riverside: Ariane 1995, S. 233–237.

Der Stadtrat zu den Demonstrationen gegen „Pfeffermühle" und Schauspielhaus. In: *Tagesanzeiger*, 27.11.1934, S. 1.

Stephan, Alexander: *Im Visier des FBI. Deutsche Exilschriftsteller in den Akten amerikanischer Geheimdienste.* Stuttgart / Weimar: Metzler 1995.

Stephan, Alexander / Hans Wagener (Hrsg.): *Schreiben im Exil. Zur Ästhetik der deutschen Exilliteratur 1933–1945.* Bonn: Bouvier 1985.

Stern, Guy: *Literarische Kultur im Exil. Gesammelte Beiträge zur Exilforschung. Literature and Culture in Exile. Collected Essays on the German-Speaking Emigration after 1933. (1989–1997).* Dresden / München: Dresden UP 1998.

Stern, Martin: Die letzte Insel deutscher Sprache. Zur Exildramatik in der Schweiz 1933–1945. In: Nicole Rosenberger / Norbert Staub (Hrsg.): *Prekäre Freiheit. Deutschsprachige Autoren im Schweizer Exil. Eine Publikation der Volkshochschule des Kantons Zürich*. Zürich: Chronos 2002, S. 109–134.

Stuzyk, Brigitte / Emmi Wolf (Hrsg.): *Auf wieviel Pferden ich geritten: Der junge Friedrich Wolf: eine Dokumentation*. Berlin / Weimar: Aufbau 1988.

Szondi, Peter: *Theorie des modernen Dramas*. Frankfurt am Main: Suhrkamp 1994.

Teroni, Sandra (Hrsg.): *Per la difesa della cultura. Scrittori a Parigi nel 1935*. Rom: Carocci 2002.

Die Theaterkrawalle vor dem Zürcher Gemeinderat. In: *Neue Zürcher Zeitung*, 05.01.1935 (Morgenausgabe), S. 1.

Thurner, Christina: *Der andere Ort des Erzählens. Exil und Utopie in der Literatur deutscher Emigrantinnen und Emigranten 1933–1945*. Köln / Weimar / Wien: Böhlau 2003.

Trapp, Frithjof: Entstehung und Konzeption des Projekts. In: *Handbuch des deutschsprachigen Exiltheaters 1933–1945*, hrsg. v. ders. / Werner Mittenzwei / Henning Rischbieter / Hansjörg Schneider, Bd. 1: Verfolgung und Exil deutschsprachiger Theaterkünstler. München: Saur 1999, S. 3–6.

—: Exiltheater in Südamerika. In: Ebd., S. 437–455.

Villard, Claudie: Exiltheater in Frankreich. In: *Handbuch des deutschsprachigen Exiltheaters 1933–1945*, hrsg. v. Frithjof Trapp / Werner Mittenzwei / Henning Rischbieter / Hansjörg Schneider, Bd. 1: Verfolgung und Exil deutschsprachiger Theaterkünstler. München: Saur 1999, S. 193–218.

Vormeier, Barbara: Die Schaffung eines internationalen Flüchtlingsstatus und die Rolle der Pariser Asylrechts- und Flüchtlingskomitees. In: Anne Saint Sauver-Henn (Hrsg.): *Fluchtziel Paris. Die deutschsprachige Emigration 1933–1940*. Berlin: Metropol 2002, S. 41–50.

Wächter, Hans Christoph: *Theater im Exil. Sozialgeschichte des deutschen Exiltheaters 1933–1945*. München: Hanser 1973.

Wälterlin, Oskar: *Bekenntnis zum Theater. Reden und Aufsätze*. Zürich: Oprecht 1955.

Wende, Frank (Hrsg.): *Deutschsprachige Schriftsteller im Schweizer Exil 1933–1950. Eine Ausstellung des Deutschen Exilarchivs 1933–1945 der Deutschen Bibliothek*. Wiesbaden: Harrassowitz 2002.

Wichers, Hermann: *Im Kampf gegen Hitler. Deutsche Sozialisten im Schweizer Exil 1933–1940*. Zürich: Chronos 1994.

Winter, Paul: Friedrich Wolf: Doktor Mamlocks Ausweg. In: *Deutsche Hochschulwarte*, Oktober 1935.

Wolf, Emmi (Hrsg.): *Friedrich Wolfs Auseinandersetzung mit dem Faschismus und seiner Ideologie. Materialien des wissenschaftlichen Kolloquiums der Akademie der Künste der DDR am 6. und 7. Dezember 1983 anlässlich des 95. Geburtstages und 30. Todestages von Friedrich Wolf*. Berlin: Akademie der Künste der Deutschen Demokratischen Republik 1987.

Wüthrich, Werner: *Bertolt Brecht und die Schweiz*. Zürich: Chronos 2003.

Zu den Straßendemonstrationen. In: *Tagesanzeiger*, 29.11.1934, S. 7.

Zürcher Gemeinderat / Sitzung vom 23. November. Hausse in Interpellationen. In: *Tagesanzeiger*, 24.11.1934, S. 9.

Zürcher Schauspielhaus. Professor Mannheim. Schauspiel von Friedrich Wolf. In: *Neue Zürcher Nachrichten*, 10.11.1934, S. 1.